国家出版基金项目
NATIONAL PUBLICATION FOUNDATION

大国产业

中国产业现代化转型升级与时代机遇

时红秀　杨振◎编著

北京工业大学出版社

图书在版编目（CIP）数据

大国产业：中国产业现代化转型升级与时代机遇 / 时红秀，杨振编著 . -- 北京：北京工业大学出版社，2024. 10. -- ISBN 978-7-5639-8707-8

Ⅰ. F269. 2

中国国家版本馆 CIP 数据核字第 20246GK288 号

大国产业：中国产业现代化转型升级与时代机遇

DAGUO CHANYE：ZHONGGUO CHANYE XIANDAIHUA ZHUANXING SHENGJI YU SHIDAI JIYU

编　　著： 时红秀　杨　振
选题策划： 马　超
责任编辑： 马　超
封面设计： 红杉林文化
出版发行： 北京工业大学出版社
（北京市朝阳区平乐园 100 号　邮编：100124）
010-67391722（传真）
经销单位： 全国各地新华书店
承印单位： 三河市元兴印务有限公司
开　　本： 710 毫米×1000 毫米　1/16
印　　张： 19
字　　数： 292 千字
版　　次： 2024 年 10 月第 1 版
印　　次： 2024 年 10 月第 1 次印刷
标准书号： ISBN 978-7-5639-8707-8
定　　价： 79.00 元

前 言

2010年上半年，本书作者之一参与单位承担的关于我国民用飞机产业发展战略的重大课题。中国民用飞机的发展历史可谓一波三折。20世纪70年代，在物资极其匮乏的条件下，中国成功研制出大飞机（即著名的“运-10”）。虽然该项目出于种种原因而被迫下马，但是让自主研制的大飞机翱翔蓝天，一直是几代航天人的梦想。2008年新组建的中国商用飞机有限责任公司（以下简称“中国商飞”），以“主制造商+供应商”模式，启动中国自主研发的民用干线飞机C919项目，同时承接了在研两年的支线客机ARJ21-700项目，首次以“国际标准+全球集成”的方式研制民用客机。

大型民用飞机被称为“现代工业之花”，具有高技术集成、高风险投资、高附加值回报、广辐射带动等特点。无论是单个项目还是整个产业，都集资本密集、技术密集、风险密集、管理密集于一身。对此，国内已有丰富且有深度的研究成果，那么这次大飞机项目再启，从研制成功到下一步的商业成功有何出路？这是业界包括决策层和学术界必须搞明白的问题。

在课题调研中，一位中国商飞领导的建议颇具启发意义。课题组可以从两个项目的发展总结规律：一个是总结中国的气象卫星怎么从“积小步”到“成大步”，再到“成功突破”；另一个是总结高铁怎么在短短几年间，从引进到消化吸收，再到自主创新，快速形成产业崛起。对从事经济学的研究者来说，这两个行业的工程技术知识都存在不低的门槛。尤其对于卫星行业来说，我们接触的机会更少。从铁路发展史，高铁发展史，航空工业发展史，波音、空客、通用电气等民用飞机巨头的发展史，以及飞机发动机技术演变脉络来看，我们发现，对于高铁、大飞机这样通过技术演变形成的有竞争力的产业，“国家规模”因素非常重要。“大国产业”和“大国技术”这两个术语的提炼，成为当时整个课题报告的立论基础。这项课题后来也成为案例课程“从高铁到大飞机——大国技术与大国产业突破之路”的重要支撑。本书的作者之一先后在不同领域和单位讲授了该案例式教学课程十余个年头。一位学术前辈也是老领导曾经鼓励他说：“每一个成功的案例都可以被写成一本书。”如此说来，关于“大国产业”思考的书，岂非在十年前就该出版？

一、本书的出版

本书本来早该面世，但迟至今日付梓，却也恰逢其时。若这本书十年前出版，那么我们也会有不少缺憾。

首先，十年前以“大国产业”推测中国大飞机产业的前景，不会比现在更令人信服。在这种形势下，一国没有足够的规模，越来越成为某些技术、某些产业发展的制约条件。这也是中央提出“新发展格局”中“双循环”的逻辑基础。

其次，这十年来，理论文献和史料梳理的陆续出现，有力支持和巩固了当初某些略显稚嫩的提法。湖南师范大学欧阳峣教授率先开启了对“大国经济”“大国产业”在国内的理论研究和传播。他的文章和论著有助于“国家规模影响产业发展”的论点融入国内产业经济学界。1957年，国际经济协会在海牙举办学术会议，会议论文集《国家规模的经济影响》的中文版于2022年2月由上海人民出版社出版，书中的学术讨论和文献回顾，使我们再提“大国产业”一语时，不再会有“学术上会不会显得另类”的顾虑。中金公司研究院、中金研究部编写的《大国产业链——新格局下的宏观经济与行业趋势》，由中信出版集团于2023年3月出版，揭示了以两次世界大战为代表的“逆全球化”潮流，早就验证了国家规模对产业链的韧性和产业分工协作特征的影响。出于全球性的“产业安全焦虑”，当下各经济体也在纷纷调整政策。这背后存在哪些规律，在何种条件下会产生何种后果，尤其作为大国的中国需要如何审视或调整已有的产业政策，企业家在此形势下应该如何谋划，这些十分值得探讨。这也是我动员自己的博士生撰写该主题论文的初衷。

最后，大飞机成功交付运营，真正由研制成功迈向商业成功新阶段。十年前基于“大国技术”和“大国产业”的推测部分得到验证，而剩余部分也已经进入验证。学者在史料和文献阅读中尝试提出“国家规模”因素的影响，融入产业经济学理论，如今都被中国航天、中国高铁、大飞机、特高压、5G通信等的发展所验证。

二、如何理解“大国产业”

“大国产业”一词尚未形成一致认同的理论定义。它究竟“是什么”需要理论界的广泛讨论，但它“不是什么”则可以提前明确。首先要澄清的是，“大国产业”不能被理解为“存在于大国之内的产业”，像农业、手工业、渔业、畜牧业，以及软件业、餐饮业等，似乎无论在大国、小国都可以存在，甚至很发达。“大国产业”被独立提出来，是指“单个最终产品的供应链和技术配套可在一国范围内保持相对完整的”那类产业。也就是说“大国产业”，既要从国家规模大小，也要从产业特征来定义：“大国产业”是大国必须发展，否则不能称该国为大国（必要性），且只有大国才能胜任（可能性）的产业。这就是说，“大国产业”的含义必须从“产业”和“国家规模”之间的关系进行如此把握。如果把“产业”（industry）和“大国”（big country）并列，二者之间的关系可以有三种：一是产业服务于大国地位和利益（industry for big country）；二是只有大国才可以胜任的产业（industry by big country）；三是因为上述两种关系，大国产业，即 industry of big country，不同于“存在于大国之内的产业”（industry in big country）。

三、本书的写作构思和主要内容

本书围绕产业发展与国家规模之间的关系，探讨在全球化新形势下，我国产业未来发展方向何在，产业政策如何定位，企业有哪些机遇。我们希望在已有的理论基础上，纳入国家规模因素，提出一个新的观察视角，以期为现有的产业经济学做出一点增量贡献。

从写作构思或体例上来看，本书分为两大部分：一部分可称为宏观篇（第一章至第五章及第十二章），另一部分可称为产业篇（第六章至第十一章）。宏观篇主要呈现理论知识和形势分析，讨论逆全球化背景下产业链配置如何转变，规模优势如何成为大国经济新的增长点，贸易规则的演变趋势与改革机遇，以及新技术的创新如何驱动产业链的重构，以此说明产业政策调整和企业在产业中的选择依据。产业篇则具体列举若干产业从技术研发到形成产业竞争力的过程，说明产业链扩展过程中市场与政府的不同功能及其发挥作用的条件。当然宏观篇和微观篇都会涉及如何改善供应链管理以应对产业链风险。

从写作内容上看，本书引入国家规模因素，从经济学视角探究大国产业发展的底层逻辑。以此为基础，讨论新发展格局下中国现代化产业体系构建，包括国家如何发挥新型举国体制优势，企业如何在双循环格局下抓住高质量发展的机遇。从安全与稳定着眼，讨论如何提升产业链、供应链的韧性和水平。本书在作者的前期大型课题研究基础上呈现中国高铁、大飞机从项目启动到产业培育的过程，并扩展介绍了特高压、核电、通信以及若干大国工程案例，解构其产业价值、行业格局与新时代机遇。作者期冀本书为中国产业现代化转型提供有益的政策参考，为企业运用科技创新成果跻身新赛道、增加竞争力提供新思路。

四、读者可能的收获及如何使用本书

本书试图为读者提供一个全面而深入的视角，来理解在当前全球产业链调整的大背景下，中国如何利用其大国优势，通过战略性的产业策略，不仅保障国家安全，也促进经济高质量发展。本书既是对中国产业发展现状的记录，也是对未来发展趋势的预判和展望。

正如党的二十大报告中指出的，加快现代化经济体系的建设是当前和未来一个时期内中国经济工作的重点之一。在这一过程中，制造业产业链的优化升级，无疑是关键所在。因此，本书不仅力图成为一本政策制定者和学者的参考书，也希望成为所有关注中国及全球产业发展态势的各界读者的应读之作。

在经济波动和不确定性日益增加的形势下，企业家们迫切希望寻找确定的亮点。在我国全力推动实体经济高质量发展的形势下，在中国由制造业大国迈向制造业强国的进程中，无论是从事创业投资的金融人士还是致力于制造业转型升级的实业人士，以“大国产业”视角观察，都有可能看到应有的前景、机遇与挑战。作者也希望本书能激发各界以大国产业视角更多思考和积极行动，共同推动中国乃至全球产业链的健康发展与重塑。

本书得以出版，离不开“天时、地利、人和”。感谢老同事曹江秋和刘水女士，她们曾作为班主任见证过“从高铁到大飞机”案例式教学课堂的效果，于是推动本书尽快成稿。感谢愿意与我们分享学术乐趣的同事们，徐杰、马小芳、汪彬、李蕾。

中共中央党校研究生院博士生邬嘉晟、姜招朋、王薇等积极参与本书多个章节内容的整理并为本书出版补充了大量的文献和数据，使得本书的内容质量大大提升。王薇还主动承担了这本书编著过程中大部分本应由作者完成的任务，包括资料的更新、补充和校订，尤其是与本书责任编辑的沟通、协调。

感谢北京工业大学出版社马超女士。谈起“大国经济”“大国产业”的话题，她与我们一拍即合。正是她的倾力推动才有了这本书的面世。其间，她对一些内容的取舍、术语的提炼、资料的订正、篇幅的平衡等，与作者通力合作，让我们领略了一个有专业素养且富有报国情怀的编辑展现的风采。

本书写作中难免有偏差或不当之处，敬请广大读者批评、指正。

时红秀　杨振

2024 年 6 月

目　录

第一章

大国产业与大国担当

本书之谓“大国产业”，是指大国必须发展且只有大国才能发展得起来的产业。前者是指“必要性”，后者是指“可能性”。就必要性而言，基于国家安全战略需求，大国必须拥有这些产业。尤其在逆全球化趋势下，作为大国，有些产业必须发展，否则在全球竞争中难以立足。这些产业可能需要通过发挥举国体制来发展。就可能性而言，有些产业必须满足一定条件才能发展起来，小国单靠自身条件难以拥有发展起来的基础，比如缺乏大国具备的市场规模、产业配套、应用场景以及资源供给等因素。由此可见，大国产业背后必有大国担当。

第一节　大国产业的内涵和外延

如何定义大国，学术界尚未得出权威且一致的概念。针对不同的研究问题，不同学者从不同角度界定了大国的含义。

第一，以人口数量衡量，如库兹涅茨和钱纳里分别提出过的，随着时间推移，1971 年人口超过 1000 万的国家可视为大国；1989 年，人口在 5000 万以上的国家可视为大国。①

第二，从国土面积角度看，通常将 100 万平方公里②以上、耕地面积

① 欧阳峣．大国经济发展理论的研究范式[J]．经济学动态，2012（12）：48-53.

② 1 平方公里=1 000 000 平方米。

在 11 万平方公里以上的国家称为大国。①

第三，从国际政治角度看，大国意味着更大的国际影响力，联合国安全理事会常任理事国席位可以看作大国的典型标识。②

综合上述多个指标，根据国土面积、人口规模、经济总量、国际竞争综合性实力，可将地球上的国家分为特大国、中等大国、一般大国。③ 其中，国际竞争综合性实力体现为资源优势、分工优势、劳动力优势、市场优势、技术发展优势、规模经济优势。还有学者认为，矿产储量潜在价值、国内市场规模也是衡量大国的重要指标。

大国之“大”，也可从自然和社会两方面来衡量：就自然禀赋而言，人口、面积、资源等为主要因素；就社会发展水平而言，人均收入、要素供给、产业配套等为主要因素。从经济发展角度看，所谓“大国”，须有资源禀赋④优势、市场规模优势、产业配套⑤优势以及技术迭代升级所需要的场景多样性优势。

一、作为大国必须具备的产业：发展与安全的考量

纵观世界各国产业发展史，“大国”与“小国”的产业选择各有不同。大国产业是指大国基于国家安全、产业安全角度必须发展，否则会影响大国在世界立足的产业。

（一）保障国家安全战略需求的产业

一个国家之所以被称为大国，意味着该国幅员辽阔、国土空间大。幅

---

① 陈佳贵，黄群慧，等．工业大国国情与工业强国战略[M]．北京：社会科学文献出版社，2012.

② 肖翔，武力．大国视角下中国产业结构与经济发展方式演变研究[J]．教学与研究，2015(1)：5-15.

③ 欧阳峣，罗会华．大国的概念：涵义、层次及类型[J]．经济学动态，2010（8）：20-24.

④ 资源禀赋又称要素禀赋，指一国拥有的各种生产要素，包括劳动力、资本、土地、技术、管理等方面。

⑤ 产业配套是指区域经济发展方面的相关产业条件。具体是指围绕该区域内主导产业和龙头企业，与企业生产、经营、销售过程具有内在经济联系的上游和下游的相关产业、产品、人力资源、技术资源、消费市场主体等因素的支持情况。

员辽阔有利于发展健全的工业体系，在战略竞争中有足够的回旋余地，这是该国成为经济强国不可或缺的条件。但是，幅员辽阔对于一个国家的国土安全是巨大考验。习近平总书记在2014年提出国家安全观①之后，又在2020年深刻指出，面临重大冲击时，要实现产业安全，即“产业链、供应链关键时刻不能掉链子”②。对于产业安全，我们可归结为“极端条件下实现正常”以及“正常条件下应对极端”。也就是说，当极端条件出现时，一国经济依然可以正常运行，产业链、供应链的安全居于首位。如图1-1所示，新冠疫情曾经带来的挑战，以及俄乌冲突的加剧，使各国对于国家安全的担忧大幅上升。

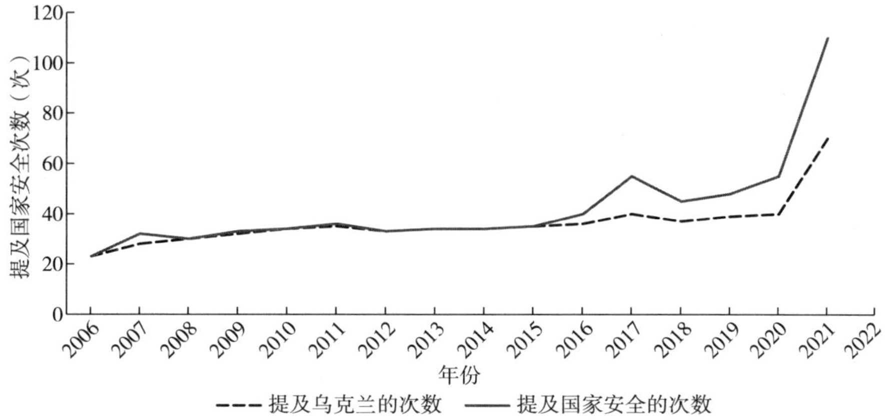

图1-1 各国对国家安全的担忧情况

资料来源：国际货币基金组织，《国际货币基金组织汇总安排与汇总限制年报》。

就传统国家安全来说，中国国土空间南北跨度约5 500公里③，东西跨度约5 200公里。国土空间安全需要有效的快速通达能力，即以最快的速度到达准确的地点并加以应对，这十分考验一个大国的国力。如应对重大自然灾害，必须有快速通达和应急救援能力。同时，也要求大国必须具

① 新华社. 中央国家安全委员会第一次会议召开 习近平发表重要讲话[EB/OL].(2014-04-15)[2023-10-01]. https://www.gov.cn/xinwen/2014-04/15/content-2659641.htm.

② 习近平. 国家中长期经济社会发展战略若干重大问题[J]. 求是，2020（21）.

③ 1公里=1000米

有可靠、大规模的交通工具，如大飞机、高铁等。

从全球要素呈现极化分布特征来看，随着城市化进程的推进，单位面积上的人口、技术、资本等要素越来越密集。通常情况下，越密集越有吸引力，这导致中心城市越来越大，人口越来越集聚在一定的狭小范围内。例如，美国、日本、法国、英国等国家都呈现要素极化分布趋势。纽约市拥有美国3%的人口，而美国经济活动量的一半主要分布在纽约、洛杉矶等东、西海岸的大城市。2016年，学者陆铭指出，要素出现极化分布，意味着人口越来越向发达地区、大都市和城市群积聚，这已成为全球现象。① 正如习近平总书记指出的："发展动力极化现象日益突出。经济和人口向大城市及城市群集聚的趋势比较明显。""中心城市和城市群正在成为承载发展要素的主要空间形式。"②《中共中央关于制定国民经济和社会发展第十四个五年规划和二〇三五年远景目标的建议》提出，要"发挥中心城市和城市群带动作用，建设现代化都市圈"。中心城市和城市群将承载我国80%左右的人口和GDP，是推动创新和增长的主要空间载体。那么对于人烟稀少的西部及西北部地区，要维持传统的国土安全防卫力量、在国居民——无论是定居的还是流动的，"遍在"就变得非常重要。考虑到要素极化分布趋势，流动的居民遍在，更离不开大规模、快速有效通达的交通能力，诸如高铁、大飞机、重型交通设施等，这些都需要以自主发展实力作为保障。

（二）保障产业安全需求的产业体系

习近平总书记曾指出，新冠疫情冲击暴露出我国产业链、供应链存在的风险隐患。面对重大冲击，大国必须确保"产业链、供应链在关键时刻不能掉链子"。③ 在逆全球化背景下，大国要占据主导地位，必须掌握关键产业链的核心技术，如大飞机产业的发动机技术、通信产业中的芯片技术等。打造自主可控、安全可靠的产业链、供应链，力争重要产品和供应渠道都至少有一个替代来源，形成必要的产业备份系统，确保"产业链、

① 陆铭．大国大城：当代中国的统一、发展与平衡[M]．上海：上海人民出版社，2016.

② 习近平．推动形成优势互补高质量发展的区域经济布局[J]．求是，2019（24）．

③ 习近平．国家中长期经济社会发展战略若干重大问题[J]．求是，2020（21）．

供应链在关键时刻不能掉链子”是大国经济必须具备的重要保障。

在过去的产业发展战略理论中，主流经济学的比较优势理论一直居于主导地位。该理论认为，各个国家应该发挥自己的资源禀赋，如技术、人力、资源等方面的优势。如果只发展本国具有比较优势的产业，那么一旦地缘政治对抗与冲突发生或者全球竞争格局发生变化，要么正常运行的产业循环突然中断，要么领先国家会对后起追赶者进行遏制。2008 年全球金融危机后，全球市场需求收缩，世界经济陷入持续低迷的状态，国际经济大循环动能弱化。近年来，西方主要国家民粹主义盛行、贸易保护主义抬头，经济全球化遭遇逆流。新冠疫情影响广泛深远，逆全球化趋势更加明显，全球产业链、供应链面临重大冲击，风险加大。一些技术领先大国先后对中国发起贸易战，并在芯片和多个高技术领域对中国“卡脖子”。各经济体能否按照比较优势在全球分工链条上定位，已经不再单纯遵循经济学逻辑。

作为大型经济体，中国必须持续推动传统产业转型升级，发展在全球领先或者有影响力的产业。这些产业通常包括：以高端装备制造、电子信息、新材料、新能源等为代表的先进制造业，以信息技术、人工智能、生物科技等为代表的有核心竞争力的高新技术产业，以油气、煤炭、核能等为代表的关系到国家稳定和可持续发展的资源能源产业，以银行、证券、保险、风险投资等为代表的现代金融服务业。此外，还需要具备一系列基础设施和公共服务，如交通运输、教育、医疗以及社会保障等。

二、只有大国才能发展得起来的产业：大国的优势

所谓只有大国才能发展得起来的产业，是指从“可能性”方面考虑必须满足一定条件才能发展的产业。大国因为具备市场规模、产业配套、应用场景以及资源供应的多样性等优势，使有些产业的发展具备天然条件。

（一）超大规模市场优势是大国产业发展的底气

所谓“市场规模”，即人口数量和消费的规模，也取决于这个国家的对外贸易开放度。亚当·斯密指出“分工受市场规模的限制”，深刻揭示

了市场规模对一国技术进步的影响。在全球化时代，一个企业面对的市场规模可以比本国市场规模大很多，由此小型经济体通过聚焦并做大某个产业而享受到规模经济效应。在逆全球化时代，地缘政治因素上升，一个经济体的市场规模对其产业的发展具有决定性影响。此时大国因具有市场规模优势，抗冲击能力和维护持续分工的能力更强。

一是超大规模市场意味着巨大的发展动能。市场是全球最稀缺的资源，我们构建新发展格局和扩大内需，可以释放巨大而持久的动能。[①] 中国是全球第二大经济体，人口总量居世界第一。2021 年世界银行公布的数据显示：中国劳动力规模相当于印度、美国、印度尼西亚这三个人口大国的总和，拥有中等收入群体 4 亿人。中国的超大规模市场本身可以催生分工朝着更细密、更深层演进，孕育出新的产业生长点。而依托巨大内循环的支撑，超大规模市场的产业发展成熟的条件更稳定，从而提升一国参与外循环、打开国际市场的竞争力。

二是超大规模市场意味着巨大的规模经济效应。规模经济是指在给定技术水平上，随着规模的扩大和技术水平的增加，平均成本（单位产出成本）逐步下降。市场规模大，也意味着可以降低该产品的成本，容纳更高强度的企业竞争和创新，有利于培育更大、更有竞争力的产业。如果只有一枚钉子，那么发明锤子的成本就太高了。而如果有 1 万枚、10 万枚甚至上百万枚钉子，则发明锤子的平均成本就大幅度降低了。一方面，试错成本可以被平摊；另一方面，新技术、新产品迅速产业化和规模化，可以促进更多私人投资加入创新产业领域，从而推动技术进步。

（二）完备的产业配套能力是大国产业发展的基础

大国需要在工业化初期就建立起门类齐全的产业结构和国民经济体系，这种产业结构及经济体系有利于国家经济自主发展和自立自强，因而成为大国经济发展的重要优势。特别是依托庞大的国内市场规模，大国不但可以支

① 刘鹤．加快构建以国内大循环为主体、国内国际双循环相互促进的新发展格局［N］．人民日报，2020-11-25（6）．

撑众多产业和行业发展，而且可以构建系统、高效运行的产业链，从而形成自立自强的产业体系和内循环体系。大国更有条件培育出产业配套完善、基础条件完备的庞大工业体系。这种体系的完整性不是考量某项或者某些技术的领先程度，而是对于国家工业基础的综合、系统评价。

（三）要素和资源优势有利于提升大国产业可持续发展水平

大国具有资源优势，众多的人口可以提供相对充足的人力资源，幅员辽阔可以提供较为丰裕的自然资源，这些是进行生产活动的前提条件。然而，这仅是一般的理论逻辑，在具体某个国家的经济发展过程中，自然资源和人力资源所发挥的作用并不相同：有的国家依靠自然资源获得短期的经济繁荣，但却因为路径依赖而落入自然资源“诅咒”；有的国家依靠人力资源获得初期的经济增长，但却在进入更高阶段后陷入经济停滞。因此，大国不仅要重视发挥自然资源的作用，更要重视技术创新驱动；不仅要重视增加人力资源的数量，更要重视提升人力资源的质量。总体来说，初级自然资源和低素质人力资源主要在工业化初级阶段发挥重要作用，而到了经济发展的高级阶段，必须依靠技术进步促进自然资源的加工和增值，依靠教育促进人力资源质量的提升，从而培育和增强大国经济发展优势。

第二节　大国产业发展的历史脉络与中国机遇

大国产业发展的充要条件包括：一是必须坚持创新驱动发展战略，要从要素供给端和组织推动端进行改革；二是充分发挥市场经济条件下新型举国体制优势，集中力量、协同攻关。纵观第一次工业革命以来大国崛起的产业演变历史，我们发现美国和德国的国内超大规模市场为其产业发展提供了契机。因此，面对百年未有之大变局和中华民族伟大复兴的关键时点，我国应该总结发达国家主导产业的特点和演替过程，发挥发展中国家的比较优势和后发优势，坚持把实现中国式现代化作为新时代的使命任务，着重发展现代化产业。

一、大国产业发展的充分条件与必要条件

面对日益严峻的地缘政治环境，对于大国来说，在引进高新技术上不能抱有任何幻想，核心技术是花钱买不到的。大国必须走自主创新之路，特别是在涉及国家安全和产业安全的领域，创造良好条件来发展大国产业。一般来说，大国产业发展需要具备以下条件。

（一）坚持创新驱动发展战略，要从要素供给端和组织推进端进行改革

1. 要素供给——教育和科技

1987 年诺贝尔经济学奖得主罗伯特·索洛认为，人类生活水平的提高主要来自学习和科技的进步。内生性学习和知识性生产带来创造发明，推动科技进步，提高劳动生产率，劳动产品的丰富导致社会生活水平的提高。对于发展中国家来说，社会进步更多地体现在对科技的学习和经济发展的追赶上，也就是涉及外部性学习。对于人类社会而言，只有知识的生产和外溢扩散才能推动人类社会发展。在经济发展中，后起国家总是通过知识学习和技术溢出效应，不断追赶领先国家，甚至在模仿中创新，也叫模仿创新。而当这个后起国家成为大国后，它的模仿学习潜力越来越小，因此，必须自己攻克新的技术领域。2001 年诺贝尔经济学奖得主约瑟夫·斯蒂格利茨在 2017 年提出，必须破除比较优势神话，创建学习型社会。

一个国家想要创新，首先需要在要素供给上进行改革，实施科教兴国战略，坚持科技是第一生产力，人才是第一资源，创新是第一动力。在教育方面，应该减轻孩子的升学考试压力。一个孩子若没有好奇心，则很难创新。在科技方面，应该加大知识产权保护力度，充分保护科技研发者的知识产权，加大产学研合作，加大科技成果转化和产业化力度，大力开展决策咨询服务，为国家和地方经济建设和社会发展提供越来越多的科研成果。

2. 组织推动——企业家与企业家精神

关于企业家理论，熊彼特在 1912 年提出，创新是把一种新的生产要

素和生产条件的“新组合”引入生产体系，其中发挥主导作用的是企业家。1921年，奈特提出，创新是在不确定性条件下的冒险行动，从而带来利润。企业家则是克服不确定性的关键。市场经济充满了不确定性，企业家通过努力，把确定的税收给政府，把确定的利息给银行，把确定的货款给供应商，把确定的工资给员工，而自己承担不确定过程中的风险后果，获得不确定的报酬。从这个意义上讲，企业家处于一个社会“悲壮”的阶层。诺贝尔经济学奖得主威廉·诺德豪斯有个测算：20世纪，企业家通过创新得到的收益是总收益的2.3%，绝大部分收益由全社会分享。不同于科学家的科学发现以及技术发明，企业家推动的创新需要大规模、具有可靠性的工程验证，更需要推向全社会的市场开拓，因此真正的产业创新是创新发展的支柱。这要求企业家具备不同于普通人的警觉性判断和原创性想象力，而且还要有坚韧不拔的意志品质。主流经济学最大的悲哀，就是以大量的数学模型去论证市场均衡的存在性，忽视了企业家因不断制造不均衡而推动经济社会进步的功能。这些模型中没有企业家，甚至在后来扩展的产权理论、产业经济学理论里，似乎都没有企业家。

大家对在第一次工业革命中，瓦特改良蒸汽机的伟大壮举耳熟能详，但是瓦特只是个技术员，改良蒸汽机的行为属于技术改良范畴。真正对他改良蒸汽机这一事件起举足轻重作用的，是在背后资助他干这件事的两个人——约翰·罗巴克和马修·博尔顿。罗巴克因为资助瓦特而破产，他破产之后，将合同转移给博尔顿。博尔顿一直资助瓦特进行蒸汽机改良研究，最终获得成功。在谈及创新时，我们要记住科研人员，也要记住背后的企业家，是他们把创新变为现实。企业家在创新中、在增长和产业升级中起的作用十分重要。我们呼唤创新型企业家，打破旧均衡，创造不均衡。

（二）发挥市场经济条件下新型举国体制优势，集中力量、协同攻关

大国产业的发展除了需要创新推动，在研发阶段还需要大量的资金投入。由于前期很难看到成果，因此需要国家的资金投入和产业政策支持。纵观西方发达国家，在工业革命初期都是有产业政策支持的。2019年，国际货币基金组织发布了一篇题为《一个不能明言的政策回归：产业政策的原

则》的文章，为什么不能明言？因为过去40年的经济政策以“华盛顿共识”为导向，强调小政府、大市场。而实际上各国都有产业政策支持，以美国的《芯片与科学法案》为例，美国实行527亿美元资金补贴，240亿美元投资税收抵免，并且要求所有获得美国政府资金优惠的厂商在10年内不得在中国投资设厂。不仅美国，欧盟、韩国、日本等也都出台了相应的芯片法案。产业政策回归已成共识，这必将对全球产业链的发展产生重大影响。党的十八大以来，习近平总书记强调要“发挥市场经济条件下新型举国体制优势，集中力量、协同攻关”。[①] 我国大部分制造业还处于相对传统的领域，被“卡脖子”的可能性较高。在高新技术领域，一是技术一般为多个发达国家所拥有，二是新技术的研发需要大量投入。因此，对于一些的确会“卡脖子”的技术，可以通过新型举国体制的优势来攻关。

二、工业革命以来大国崛起中的产业演变

自第二次工业革命以来，全球贸易份额受市场规模变化，发生了五次重大转变。如图1-2所示，在这五次重大转变中，一些国家开始崛起。一是1870—1914年，即在第一次世界大战前（1914年前），各国主要采取贸易保护政策来发展本国工业。当工业发展到一定程度后，开始进行海外扩张，开拓货物销售市场，从而极大地发展本国工业。英国凭借海外殖民地和工业革命推动本国工业化进程，在此期间迅速崛起。二是1914—1945年，即两次世界大战期间，受战争的影响，各国海外贸易受损，只能借助本国市场发展本国经济。在此期间，美国开始崛起。三是1945—1980年，自第二次世界大战结束，美国开启了布雷顿森林体系，为全球化贸易奠定了结算基础。四是1980—2008年，全球开启了新一轮全球化贸易，全球贸易总额占GDP的比例一度高达50%，“亚洲四小龙”以及日本等国家和地区快速崛起。五是2008—2012年，自2008年全球金融危机爆发以来，

① 新华社. 中共中央关于制定国民经济和社会发展第十三个五年规划的建议[EB/OL].(2015-11-03)[2023-10-01]. https://www.gov.cn/xinwen/2015-11/03/content_2959432.htm.

各国出现了逆全球化趋势，于是，全球贸易总额占 GDP 的比例下滑，德国依托欧盟区域一体化市场优势获得了快速发展。

由此可见，在全球化背景下，小国开始崛起。在逆全球化背景下，大国开始崛起。

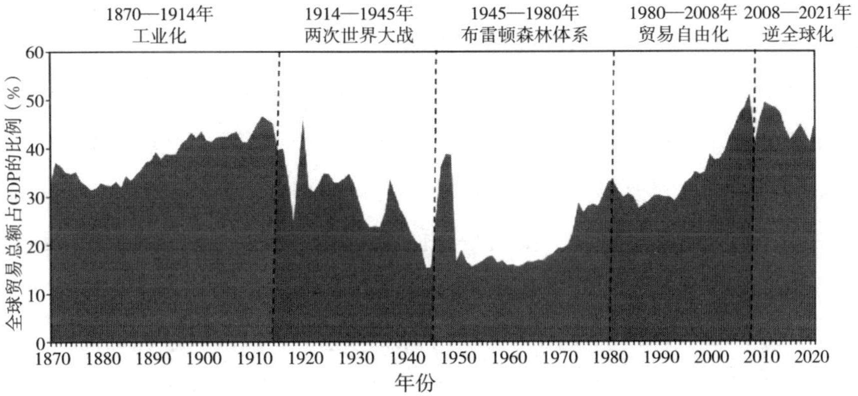

图 1-2　全球贸易总额占 GDP 的比例

资料来源：世界银行及国际货币基金组织，《宾夕法尼亚大学世界数据表》。

从产业演进来看，在崛起过程中，各个大国由农业向工业迈进，又逐步向服务业转变，再因为“产业空心化”又重新重视本国的工业。英国开启第一次工业革命之后，为了发展本国的产业，率先采用关税保护制度来促进本国工商业的发展，并通过海外殖民掠夺以扩大市场规模。不仅英国如此，后来的美国同样采取高关税政策保护本国工商业。美国的西进运动和殖民运动，使美国从原来的 13 个联邦州，一跃增加到现在的 50 个州。这样一来，美国的市场规模得到了扩展。在工业化进程中，各国优先发展铁路和通信业，如德国的工业革命首先发生于交通运输业。1835 年，在纽伦堡和菲尔特之间修筑的第一条铁路，正式吹响了德国工业化的进军号。

（一）美国凭借规模优势巩固增长领先地位

1. 1860—1914 年，美国国内市场在高关税保护下迅速发展

从美国建国到第二次工业革命前（1776 年至 19 世纪 60 年代），美国

主要以农业为主。从第二次工业革命开始到第一次世界大战前（19 世纪 60 年代至 1914 年），各国关税处于较高水平，平均关税率在 10% 到 25% 之间。而美国自内战结束后奉行贸易保护的李斯特主义，平均关税率接近 40%①，远高于同期其他国家。在高关税的有力保护下，美国的企业和产业得以依托国内大市场迅速发展起来。1992 年，纳尔逊和赖特发现，“美国本土由相对同质消费者构成的大市场，引导企业推行标准化产品的大规模生产方式，促进了专用机械行业的发展和科技创新。相比其他国家，美国企业的资本和资源普遍更加密集，并且单个企业的规模也要远大得多，美国的优势来自对资源和人口禀赋的规模化运用”。美国逐步建立起自己的工业，首先是棉纺织业，随后是制铁业、食品加工业、木材业和机械制造业等，由农业国开始向工业国过渡。

2. 1914—1945 年，美国凭借国内大市场进一步巩固竞争优势

两次世界大战期间的第一轮逆全球化时期，美国凭借国内大市场进一步巩固竞争优势，推动了本国产业和经济的发展。例如，美国汽车工业在 20 世纪初期便实现大规模生产。如图 1-3 所示，在此后约 30 年时间里，在各国间关税壁垒持续上升背景下，美国汽车出口额占全球汽车出口总额的比例不断攀升，于 1928 年达到 72. 1%。

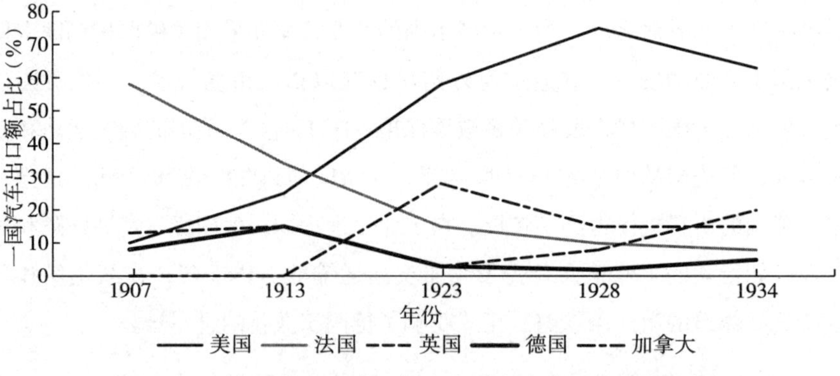

图 1-3　5 个国家汽车出口额占全球汽车出口总额的比例

资料来源：中金研究院，《逆全球化下的规模经济新优势》。

① IRWIN D A. Trade policy in American economic history [J]. Annual Review of Economics, 2020, 12: 23-44.

如图 1-4 所示，1900—1928 年，美国工业产值占全球工业产值的比例从 23.5% 上升到了 39.5%，远远超过一直以来遥遥领先的英国。

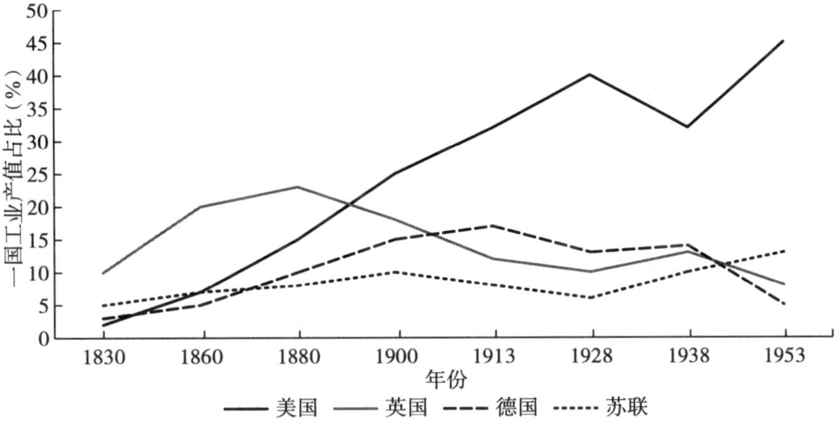

图 1-4　美国、英国、德国、苏联的工业产值占全球工业产值的比例

资料来源：中金研究院，《逆全球化下的规模经济新优势》。

第二次世界大战结束后，美国之所以能够建立起以美元为中心的国际货币体系，与战后美国经济实力的膨胀有关。美国金融体系长期以来的日趋完善以及金融结构的转型升级使美国具备了强大的金融管理能力，这也是一个不可忽视的原因。

3. 第三次工业革命时期，美国技术密集型产业发展迅猛

从 20 世纪四五十年代开始，美国的产业结构开始重点转向技术密集型产业，重点发展产业为通信、电子、计算机等，而将钢铁、纺织等传统产业逐步向日本、联邦德国等国家转移。该阶段第一产业占比不断下降，第二产业占比略有下降，第三产业占比一直呈上升趋势。20 世纪 70 年代，第三产业在产值份额中占 65.5%，其中信息传输、软件和信息技术服务业达 50% 以上。20 世纪 80 年代至今，新技术革命的影响突出地表现为第三产业的迅速发展，制造业的重心逐步向高级技术工业转移，并以尖端技术对制造业现有设备进行普遍改造。

美国产业演进模式是发达国家竞争型产业结构成长模式的代表，在工业化阶段表现为工业占比上升和农业占比下降，服务业变动不大或者稍有

上升，在服务经济化阶段则表现为服务业占比上升和工业占比下降，农业维持在低水平上。同时，压缩军工生产，推动军用技术向民用部门转移，制造业更新换代。一是把劳动力密集的和对技术的要求相对不太高的制造业转移到发展中国家去；二是制造业产品升级换代，能源消耗量大的钢铁工业等生产部门占比逐步下降，制造业中技术含量高的汽车、电子、机电产业占据了优势地位。第三产业中的高技术服务业获得了迅猛的发展，导致技术产业重心由高技术制造业向高技术服务业转移。

（二）在欧盟一体化进程中，德国深度受益于欧洲区域内市场的一体化

1998—2005 年，德国 GDP 年均增速仅有 1.2%，失业率更是从 1998 年的 9.2% 上升至 2005 年的 11.1%，这一经济表现为德国带来了“欧洲病人”的称号。2005—2019 年，德国 GDP 年均增速提高至 1.6%，成为“欧洲经济巨星”，且 2008 年金融危机和欧债危机对其增长的拖累相对有限。2010 年，德国失业率降至 7.7%，并持续下滑至 2021 年的 3.5%。2011 年，德国出口额高达 1.74 万亿美元，占 GDP 的比例接近 50%，占全球出口额的比例为 7.7%①。

德国能成为欧洲产业链的中心，深度受益于欧洲区域内市场的一体化。德国经济之所以能够在 2008 年后逆势复苏，关键是在欧洲区域一体化进程中发挥了大国规模优势。首先，德国在欧盟共同市场中扮演了关键角色。2018 年，德国从欧洲其他国家的进口额高达 5 861 亿欧元，而对欧洲其他国家的出口额则高达 6 966 亿欧元，德国已成为整个欧洲区域产业链和贸易中转的核心。贝塔斯曼基金会发布的调查报告显示：首先，得益于欧盟共同市场，德国每年增收 860 亿欧元，比其他任何一个欧盟成员国都要多。其次，德国也从欧洲共同货币中获益颇多。有研究指出，德国从欧元区货币一体化中获益 1.9 万亿欧元，人均约 23 116 欧元。最后，欧盟东扩延展了共同市场的边界，德国得以更进一步推动区域内产业链整合。

① Dustmann C，Fitzenberger B，Schönberg U，et al. From sick man of Europe to economic superstar：Germany's resurgent economy[J]. Journalof Economic Perspectives，2014，28（1）：167-188.

在此过程中，东欧和东南欧国家成为德国大企业的廉价生产基地，帮助德国产业在出口端巩固竞争优势。2017 年，德国与波兰、捷克、斯洛伐克和匈牙利四国的货物贸易规模达 2 560 亿欧元，其中大部分是在德国本土企业与中东欧国家的工厂之间进行的。

综观崛起的美国和德国，国际增长分化主要来自工业化进程带来的规模经济效应差异。在新增长理论下，对经济增长起主要作用的是规模经济效应，导致大国增长持续快于小国，从而推翻了新古典经济学绝对趋同的结论。这一理论认为经济增长的源泉在于一国启动大规模工业化进程所带来的规模经济效应，这可以解释 19 世纪后半叶以来美国与其他国家（地区）发展差距不断拉大的“大分流”（Great Divergence）现象（见图 1-5）。例如，西欧和日本在第二次世界大战后启动了工业化进程，得以触发规模经济效应，实现了对美国经济增长的追赶。而部分国家和地区的工业化进程缓慢，导致这些国家和地区出现增长滞后。

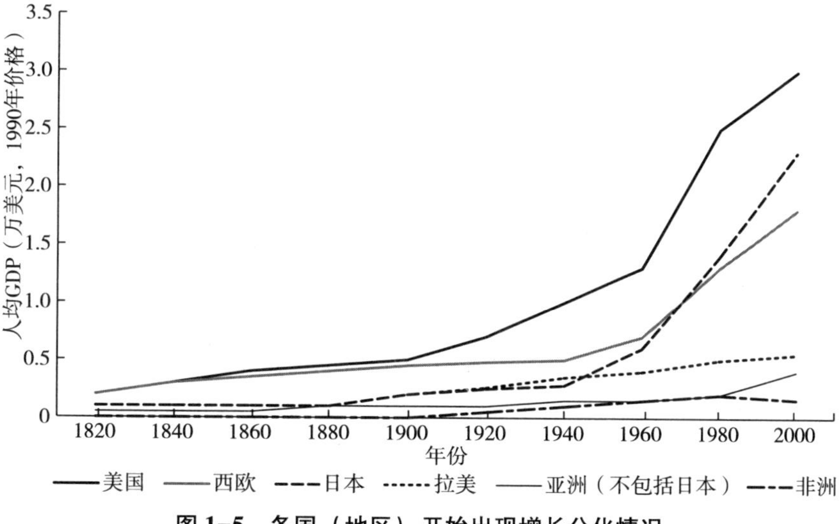

图 1-5 各国（地区）开始出现增长分化情况

资料来源：中金研究院，《逆全球化下的规模经济新优势》。

在近代西方崛起过程中，各国政府在对内经济运行上大体持自由放任的态度，而如果涉及国际贸易及对外关系，那就另当别论了。在英、德、美三国工业化进程中，各国政府在对外层面均采取了积极进取的政策。如前所述，英国曾长期实行关税保护，以照顾那些处于幼年期的工业。

三、中国产业发展面临的主要挑战与担负的使命

从全球来看，大国崛起后的产业变迁有着一定的规律，由农业主导逐渐到工业化阶段。接下来随着国内的制造业成本上升，再逐渐进行制造业转移，并发展服务业和知识密集型的高新技术产业。我国应该总结发达国家主导产业的特点和演替过程，发挥发展中国家的比较优势和后发优势，构建与经济贸易趋势相适应的主导产业演替模式。

自改革开放以来，随着国民经济持续快速增长，我国产业结构调整取得了显著成就。通过优先发展轻工业、扩大高档耐用消费品进口、加强基础产业和基础设施建设、大力发展第三产业等一系列政策和措施，我国的产业结构逐渐趋于协调，并向优化和升级的方向发展。我国三次产业结构变化基本符合世界范围的产业结构演变规律，即第一产业占比下降，而第二产业、第三产业占比上升。从增加值的比例变化上看，国民经济总量增长从主要由第一、二产业带动转为主要由第二、三产业带动。

当前，实现中国式现代化已成为新时代的使命任务，现代化产业发展是支撑实现这一使命的物质和技术基础。习近平总书记指出，中国式现代化是人口规模巨大的现代化、全体人民共同富裕的现代化、物质文明和精神文明相协调的现代化、人与自然和谐共生的现代化、走和平发展道路的现代化。[①] 作为大国的中国，这五个现代化目标既是未来的希望，也是面临的挑战，中国式现代化面临着人口规模大、全体人民共同富裕、物质文明和精神文明相协调、人与自然和谐共生以及和平发展这几大挑战。未来，想要实现这些现代化，捷径一定是高质量发展经济，建设现代化产业体系。

---

① 习近平．中国式现代化是强国建设、民族复兴的康庄大道[J]．求是，2023（16）．

如何建设现代化产业体系？著名的经济学家林毅夫先生提出，实现中国式现代化，对于“卡脖子”技术需要用新型举国体制来攻克，而对于一般产业，则应该遵循比较优势理论发展产业，实现效率与公平。因为一旦中国采纳比较优势理论，那么资本会快速积累且变得不再稀缺，加大投资后，劳动力反而由密集型变为稀缺型，这样穷人会更加富裕，富人的资本会越来越少，收入分配趋向公平。一旦收入增加了，按照马斯洛需求定理，人们对精神世界的追求就越来越高，这样就极大地丰富了物质文明和精神文明。当收入提高了，人们自然追求较高的生活质量体验，达到人与自然和谐共生。

从我国发展面临的挑战看，世界格局进入百年未有之大变局，国际秩序进入历史重塑期。在这一特殊历史时期，全球面临大国冲突、秩序失序和全球气候变暖等影响人类生存与发展的重大挑战和风险。中国作为大国，应当承担大国的担当。2017 年，习近平主席在发表题为《共同构建人类命运共同体》的主旨演讲时指出，从 360 多年前《威斯特伐利亚和约》确立的平等和主权原则，到 150 多年前日内瓦公约确立的国际人道主义精神；从 70 多年前联合国宪章明确的四大宗旨和七项原则，到 60 多年前万隆会议倡导的和平共处五项原则，国际关系演变积累了一系列公认的原则。这些原则应该成为构建人类命运共同体的基本遵循。中国作为一个拥有 14 亿人口的大国，应该积极为构建人类命运共同体贡献自己的力量，彰显大国担当。

习近平主席在第七十五届联合国大会一般性辩论会上指出，“大国更应该有大的样子，要提供更多全球公共产品，承担大国责任，展现大国担当”“中国将继续做世界和平的建设者、全球发展的贡献者、国际秩序的维护者”。中国作为大国，一是要维护世界和平与稳定，二是要维护国际秩序与多边主义，三是要为世界提供更多公共产品，四是要引领和带动全球产业繁荣发展。

第二章
中国现代化产业体系构建的必由之路

产业兴，则国兴；产业强，则国强。党的二十大报告提出“建设现代化产业体系”，共有13个强国建设任务支撑社会主义现代化强国战略目标。现代化产业体系是现代化强国的物质和技术支撑，是实现经济现代化的重要标识。在世界百年未有之大变局加速演进、我国迈上全面建设社会主义现代化国家新征程的大背景下，必须夯实大国发展的产业根基，以现代化产业体系的构建助力强国战略目标实现。

第一节　强国战略实施的大国产业基础

党的二十大对全面建设社会主义现代化国家进行了系统性战略部署，进一步明确了建设现代化强国战略目标，并提出了13个强国战略推进中国式现代化。强国战略是以习近平新时代中国特色社会主义思想为指导，以建设教育强国、科技强国、人才强国、文化强国、体育强国、制造强国、质量强国、航天强国、交通强国、网络强国、海洋强国、贸易强国、农业强国为主要内容，以创新驱动发展为引领，以高质量发展为主线，以人民至上为根本，以构建人类命运共同体为担当，以实现中华民族伟大复兴为目标的综合性战略。

每个“强国”都是一个重要领域或方面，都有其独特的含义和意义。这些“强国”不是各自孤立存在的，而是相互联系、相互支撑、相互促进的。教育强国、科技强国、人才强国三者相辅相成，共同推动创新驱动发展；文化强国、体育强国两者相得益彰，共同提升民族精神和文明程度；制造强国、质量强国两者相互依存，共同提高产品和服务水平；航天强国、交通强国两者相互补充，共同拓展空间和地面运输能力；网络强国、海洋强国两者相互融合，实现互联网、海洋经济融合发展；贸易强国、农业强国两者相互促进，共同增加对外开放度和自给自足能力。

这些“强国”构成了一个有机整体，共同支撑着我国社会主义现代化建设。强国战略对于中国现代化产业体系的构建意义重大。首先，它可以提高中国制造业的核心竞争力，增强中国在国际市场上的话语权和影响力。其次，它可以促进中国经济结构的优化升级，增加高附加值产品和服务的占比，提高经济效率和质量。最后，它可以推动中国科技创新能力的提升，培育新兴产业和战略性新兴产业，形成新的增长点和动力。此外，它可以促进中国社会的可持续发展，提高人民的生活水平和改善环境质量，实现经济、社会和生态的协调发展。根据 13 个强国战略目标的内容，可以将它们分成三个层面。

第一层面，大国产业层面。包括：制造强国、海洋强国、农业强国。这一层次主要涉及国家的物质生产能力和资源开发利用能力，是现代化强国的基础和支柱。制造强国是指建设具有全球竞争力和创新力的制造业体系，提高制造业质量和效益，实现制造业高质量发展；海洋强国是指建设具有强大海洋综合实力和海洋可持续发展能力的国家，加强海洋资源开发和保护，提升海洋治理和安全水平；农业强国是指建设具有高效率、高品质、高效益、高安全性的现代农业体系，保障粮食安全和农产品供给，促进农村经济社会发展。这些产业是现代化强国的重要组成部分，因为它们直接关系到国家的经济实力、人民生活水平、生态环境质量、国家安全等方面。只有在这些产业方面取得突破和进步，才能为中国式现代化提供坚实的物质基础和资源保障。

第二层面，大国产业基础设施层面。包括：航天强国、交通强国、网络强国。这一层次主要涉及国家的科技创新能力和基础设施建设能力，是现代化强国的动力和条件。航天强国是指建设具有自主创新能力和核心竞争力的航天事业体系，探索太空奥秘，拓展太空利用空间，提升太空安全保障能力；交通强国是指建设具有高效率、高品质、高安全性、高智能化的现代交通运输体系，促进区域协调发展，服务经济社会发展；网络强国是指建设具有自主创新能力和核心竞争力的信息网络体系，推动网络技术创新和应用，加强网络治理和安全。这些基础设施是现代化强国的重要支撑，因为它们直接关系到国家的科技进步、信息通畅、人员流动、物资运输等方面。只有在这些基础设施方面取得突破和进步，才能为中国式现代化提供有效的动力源泉和便利条件。

第三层面，大国产业振兴和强国的支撑体系层面。包括：人才强国、科技强国、教育强国、文化强国、体育强国、贸易强国、质量强国。这一层次主要涉及国家的人文素养和软实力，是现代化强国的内涵和特色。人才强国是指建设具有广泛吸引力和培养力的人才体系，汇聚各类人才资源，激发人才创新活力；科技强国是指建设具有自主创新能力和核心竞争力的科技体系，推动科技创新与经济社会发展深度融合；教育强国是指建设具有高质量、高效率、高公平性的教育体系，培养德智体美劳全面发展的社会主义建设者和接班人；文化强国是指建设具有丰富内涵、多样形式、广泛影响的文化体系，传承中华优秀传统文化，推动社会主义先进文化繁荣兴盛；体育强国是指建设具有健康生活方式、优秀运动成绩、广泛群众参与的体育体系，促进人民身心健康，提升民族自信心；贸易强国是指建设具有开放包容性、互利共赢性、平衡协调性的贸易体系，推动对外贸易转型升级，服务经济社会发展；质量强国是指建设具有高标准、高水平、高信誉的质量体系，提升产品服务质量水平，提高消费者满意度。这些支撑体系是现代化强国的重要内容，因为它们直接关系到人民幸福感、民族自豪感、文明自信感等方面。只有在这些支撑体系方面取得突破和进步，才能为中国式现代化提供丰富的内涵特色和软实力优势。

13 个强国战略相互联系、相互支撑、相互促进，共同构成了一个完整而系统的战略部署。它们既反映了在中国共产党领导下社会主义现代化所具有的共同特征，也展示了中国式现代化所独具的鲜明特色。

第二节　大国产业发展面临的突出问题

中国是一个拥有14亿人口的大国，虽然经济总量已经位居世界第二，但是在人均水平上仍然落后于许多发达国家。为实现中华民族伟大复兴的中国梦，党的二十大提出了强国战略，主要以制造业为核心，以科技创新为引领，以质量为基础，以效益为中心，以绿色发展为导向，构建具有全球竞争力的现代化产业体系。然而，在实施强国战略的过程中，也存在着一些大国产业发展面临的紧要问题，制约着强国战略目标的实现。这些问题涉及核心技术创新、产业结构调整、人才培养、环境保护和资源利用、国际市场竞争等多个方面。如果不及时解决这些问题，将会影响强国战略的顺利推进和目标达成。

一、大国产业“大而不强”

大国产业“大而不强”，表现在我国的产业规模虽然很大，但是质量、效益、创新等方面还不够强，存在一些短板和弱项，难以适应高质量发展的要求。造成这种情况的原因主要有以下四点。

一是关键核心技术缺乏自主创新。关键核心技术是指在关键领域具有自主知识产权、掌握核心专利、具有高附加值和高市场占有率、能够支撑产业发展和国家安全的技术。关键核心技术缺乏自主创新是指我国在一些重要领域还依赖外国的技术供应，如芯片、操作系统、航空发动机、高端数控机床等，一旦遭遇贸易摩擦或技术封锁，就会影响产业链的稳定运行和产品的质量安全。

二是产业结构不合理。产业结构是指各种产业在整个经济中所占的比重和地位。产业结构不合理突出表现在以下几个方面：低端制造业占比过大，高端制造业占比过小；传统产业升级不够快，新兴产业培育不够多；消费品制造业优势不突出，装备制造业不够先进；等等。这些问题导致我国的产业附加值较低，竞争力较弱，难以满足人民日益增长的对美好生活的需求。

三是创新体系不完善。创新体系是指由创新主体、创新资源、创新环境、创新机制等要素组成的创新活动的组织形式和运行方式。创新体系不完善是指我国的创新体系还存在一些问题，如科研机构和企业之间的协同创新不够，科研项目的评估和奖励机制不合理，科研人员的激励和保障不足，科研成果的转化和应用不畅。这些问题既影响了科研人员的创新动力和能力，也影响了科技创新的质量和效率。

四是人才培养不适配。人才培养是指通过教育、培训、引进等方式，为社会提供具有一定知识、技能、素质和能力的人才。人才培养不适配是指我国的人才培养还存在一些问题。例如：高端人才缺乏，尤其在关键核心技术领域；人才结构失衡，尤其在基础学科和工程技术方面；人才流动不畅，尤其在跨地区和跨部门方面；人才激励机制不完善，尤其在薪酬待遇和职业发展方面。这些问题导致了我国的人才供给与需求之间存在较大差距，难以支撑大国产业发展。

二、大国产业基础设施体系不健全

大国产业基础设施体系是支撑国家经济社会发展和保障国家安全的基础，既包括交通、能源、水利、物流等传统基础设施，也包含以信息网络为核心的新型基础设施。当前，我国的基础设施体系在规模、结构、功能、质量、效率等方面，既不能完全满足高质量发展的需要，也不能有效应对各种风险和挑战。造成这种情况的原因主要有以下五点。

一是基础设施建设的系统性、协同性水平不高。我国区域间发展不平衡，农村基础设施“欠账”较多，城市群、都市圈互联互通和共建共享水平不高。点线面不匹配不衔接，节点能力不足、功能尚不完善。各类基础设施统筹不够、平衡不足，相互替代、互补、协调、制约关系处理不到位。

二是基础设施的服务能力有待提升。重建设轻管养、重硬件轻软件普遍存在，全生命周期协同发展水平不高，精细化管理水平有待提升，设施服务供给难以适应多样化、多元化需求。

三是基础设施的智能化发展有待加快。传统领域数字化升级和新型基础设施建设刚刚起步，与发达国家还有较大差距。新型与传统基础设施融合场景还不清晰，标准规范和政策制度仍不健全。

四是基础设施的绿色发展方式尚未全面形成。发展模式可持续性不足，建设运营中的资源、环境、生态等问题考虑不足，能源结构、运输结构有待优化，基础设施节能空间尚未充分挖掘。

五是基础设施的安全保障能力不足。面对自然灾害、公共卫生、重大事故等突发事件，应急能力较弱，网络韧性有待增强，关键基础设施和技术装备“卡脖子”问题仍然突出，对国家总体安全的保障能力有待提升。

三、大国产业要素支撑不足

土地、劳动力、资本、技术、信息、管理等，是支撑大国产业发展的基本因素。通过优化资源配置和提高效率，这些要素才能够充分发挥作用，为大国产业发展提供有力保障。我国的大国产业要素还存在一些问题，表现在供给不足、质量不高、流动不畅、利用不充分等方面，这些问题制约了大国产业的竞争力和发展潜力。造成这种情况的原因主要有以下四点。

一是土地资源日益紧缺。土地资源是大国产业的重要物质基础，也是经济社会发展的重要条件。我国土地资源总量有限，人均占有量低，且分布不均。随着人口增长、城镇化进程和工业化进程的加快，土地需求日益增加，土地供给日益紧张。这导致了我国在耕地、建设用地和生态用地等土地多用途的配置中出现了一定程度的土地利用结构性失衡，以及土地生态环境恶化等。

二是劳动力老龄化问题突出。劳动力资源是大国产业的重要人力基础，也是经济社会发展的重要动力。我国劳动力资源总量庞大，但是质量不高，结构不优，流动不畅。随着人口老龄化的加剧，我国劳动年龄人口已经开始减少，劳动力市场供需矛盾日益突出。这些问题导致了我国的劳动生产率低下、劳动成本上升、劳动技能匹配困难、劳动参与率下降等。

三是资本资源瓶颈。资本资源是大国产业的重要财力基础，也是经济社会发展的重要支撑。我国资本资源总量虽然较多，但是效率不高，结构不合理，配置不优化。随着经济转型升级的需要，我国资本需求日益多元化、差异化、个性化。而我国多层次资本市场建设尚不充分，资本金融服务不到位，资本创新投入不足，资本风险防范不强。

四是技术资源缺乏。技术资源是大国产业的重要智力基础，也是经济社会发展的重要引领。我国技术资源总量虽然增长较快，但是质量不高，结构不平衡，利用不充分。随着科技革命和产业变革的深入发展，我国技术需求日益迫切、复杂。这些问题导致了我国的技术创新能力不强，技术转移交流不畅，技术知识产权保护不力，技术标准制定参与不多等。

四、大国产业科技创新能力支撑不足

大国产业科技创新能力是指大国在科学研究、技术开发、成果转化、标准制定等方面具有自主掌握、领先发展、引领变革的能力。加强科技创新体系建设，提高科技创新质量和效率，可以为大国产业发展提供有力引领和支撑。目前，我国的科技创新能力对大国产业发展的支撑还有待提升，如基础研究不够深入，原创性成果不够多，关键核心技术受制于人，国际话语权不够强等，制约了我国的科技竞争力和发展潜力。造成这种情况的原因主要有以下三点。

一是基础研究投入不足。基础研究是以探索自然规律和揭示事物本质为目的，不直接考虑实际应用的研究活动。我国对基础研究的投入占GDP的比例低于世界平均水平，也低于一些发达国家和新兴经济体。总体来看，我国的基础理论水平落后于世界前沿，基础学科人才缺乏，基础研究与应用研究融通不畅。

二是原创性成果缺乏。原创性成果是指在科学认识和技术方法上具有重大突破性、引领性、开拓性的成果。我国在一些重要领域和前沿方向上还没有形成具有全球影响力的原创性成果，科技影响力和软实力不够强，难以在全球科技竞争中占据主动地位。

三是国际话语权不强。国际话语权是指在国际社会中表达自己的观点和主张，并影响他人认知和行为的能力。我国在一些重要领域和前沿方向，还没有形成具有全球影响力的标准和规则。这些问题导致了我国的科技合作和交流受到限制，难以在全球科技治理中发挥应有作用。

第三节　强国战略下的大国产业突破

现代化产业体系是国家综合实力的重要体现。习近平总书记指出："要建设创新引领、协同发展的产业体系，实现实体经济、科技创新、现代金融、人力资源协同发展。"① 在新时代，我国面临着新的发展机遇和挑战。如何加快建设现代化产业体系，推动产业高质量发展，是一个重大课题。

从强国战略的产业支撑来看，制造强国、航天强国、交通强国、网络强国、海洋强国和农业强国在人才队伍培养、推进体制机制改革方面都有共同点。在加快培养人才队伍方面：要完善人才培养体系，加强高层次人才引进培养；要激励企业主导人才培养培训，打造一支高素质、高技能人才队伍；要营造尊重劳动、尊重知识、尊重人才、尊重创造的良好氛围。在推进体制机制改革方面：要深化"放管服"改革，优化营商环境；要深化"双创"改革试点示范区建设；要深化混合所有制改革；要深化科技体制改革。除此之外，应在以下方面分别着力。

一、以新型工业化加快建设制造强国

制造业是强国之本和立国之基，在现代化产业体系中具有基础性、战

① 王政，韩鑫．我国产业发展综合实力稳步提升（奋进新征程、建功新时代·非凡十年）[EB/OL].（2022-10-11）[2023-10-01]. politics. people. com. cn/n1/2022/1011/c1001-32542600. html.

略性作用。实现制造强国目标，需要加快推进新型工业化，具体需要从以下两个方面入手。

一是加快推进制造业技术创新。技术创新是制造强国的核心驱动力。要加大研发投入力度，加快建设一批具有全球影响力的制造业创新中心和工程技术研究中心；要加强关键核心技术攻关突破，提升自主创新能力；要加快推动数字化、网络化、智能化深度融合，在智能制造、智能产品等领域形成优势。

二是加快提升制造业质量水平。质量是制造强国的生命线。要完善质量标准体系，加强质量监管监测；要推动企业实施品牌战略，提高品牌知名度；要推动企业开展质量管理改进活动，提高产品服务质量。

制造业升级和转型是实现制造强国目标的关键环节。要按照“两个转变”的总体思路，在以下三个方面着力。

一是从中国制造向中国创造转变。这就要加快推进以数字化为核心驱动力的新一轮科技革命和产业变革，在前沿领域取得更多原创性突破，在关键领域形成更多自主可控核心技术，在传统领域实现更多跨越式超越。

二是从中国速度向中国质量转变。这就要坚持以质量为核心竞争力，在产品设计、生产过程、检验检测等各个环节提高质量标准，在消费品领域满足人民日益增长的美好生活需要，在中间品领域提升产业链现代化水平，在高端装备领域提高国际市场占有率。

三是从制造大国向制造强国转变。这就要坚持以结构优化为主攻方向，在传统产业领域推进智能化、绿色化、服务化改造，在新兴产业领域加快培育、壮大战略性新兴产业，在基础产业领域加强关键核心技术和零部件的自主可控能力，在现代服务业领域推动与制造业深度融合。

二、以科技自立自强推动建设航天强国

航天技术是国家重要的战略资源，是国家科技创新和综合实力的重要体现。实现航天强国目标需要从以下三个方面入手。

一是加快推进航天技术创新。航天技术是一项高风险、高投入、高回

报的战略性技术。要加大对航天技术研发的投入力度，加快建设一批具有全球影响力的航天科研机构和工程技术中心；要加强对航天技术攻关突破的组织协调，提升自主创新能力；要加快推动航天技术在民用领域的应用推广，在遥感、导航、通信等领域形成优势。

二是加快提升航天工程水平。航天工程是航天强国的重要标识。要加快推进载人航天、探月工程、火星探测等重大工程建设，实现更多里程碑式成就；要加快推进空间站、空间实验室、空间基础设施等长期在轨运行平台建设，实现更多科学发现；要加快推进商业航天、民用航天等多元化发展，实现更多社会效益。

三是加快推进航天国际合作交流。航天事业是人类共同的事业。要积极参与国际空间治理，维护国家利益和安全；要积极开展国际空间合作，促进共同发展和共享成果；要积极开展国际空间交流，增进相互了解和信任。

三、建设交通强国，夯实大国产业发展支撑

交通基础设施建设是促进经济发展和人民生活的重要保障，是国家综合运输体系的重要组成部分。实现交通强国目标需要从以下三个方面入手。

一是加快推进交通基础设施建设。交通基础设施是交通强国的物质基础。要加大对交通基础设施建设的投入力度，加快建设一批具有全球影响力的交通枢纽和通道；要加强对交通基础设施建设的规划指导，优化交通网络布局和结构；要加强对交通基础设施建设的质量管理，提高工程质量和安全水平。

二是加快推进交通技术创新。交通技术是交通强国的核心驱动力。要加大对交通技术研发的投入力度，加快建设一批具有全球影响力的交通科研机构和工程技术中心；要加强对交通技术攻关突破的组织协调，提升自主创新能力；要加快推动交通技术在智能化、绿色化、服务化等方面的应用推广，在高铁、城市轨道、无人驾驶等领域形成优势。

三是加快推进交通服务水平提升。交通服务是交通强国的核心竞争力。要完善交通服务体系，提供多样化、个性化、便捷化的出行选择；要完善交通服务标准，提高服务质量和效率；要完善交通服务监管，保障服务安全和公平。

四、在数字化浪潮中加快建设网络强国

网络技术是数字经济时代的重要支柱，是国家信息化和数字化发展的重要引擎。实现网络强国目标需要从以下两个方面入手。

一是加快推进网络技术创新。网络技术是网络强国的核心驱动力。要加大对网络技术研发的投入力度，加快建设一批具有全球影响力的网络科研机构和工程技术中心；要加强对网络技术攻关突破的组织协调，提升自主创新能力；要加快推动网络技术在云计算、大数据、人工智能等方面的应用推广，在网络安全、网络治理、网络文化等领域形成优势。

二是加快提升网络服务水平。网络服务是网络强国的核心竞争力。要完善网络服务体系，提供多样化、个性化、便捷化的信息服务选择；要完善网络服务标准，提高服务质量和效率；要完善网络服务监管，保障服务安全和公平。

五、发展海洋经济，加快建设海洋强国

海洋是国家的重要战略资源，是国家生态安全和海洋权益的重要保障。实现海洋强国目标需要从以下三个方面入手。

一是加快推进海洋技术创新。海洋技术是海洋强国的核心驱动力。要加大对海洋技术研发的投入力度，加快建设一批具有全球影响力的海洋科研机构和工程技术中心；要加强对海洋技术攻关突破的组织协调，提升自主创新能力；要加快推动海洋技术在海洋开发、海洋保护、海洋管理等方面的应用推广，在深海探测、海洋能源、海水淡化等领域形成优势。

二是加快提升海洋产业水平。海洋产业是海洋强国的核心竞争力。要

完善海洋产业体系，培育、壮大一批具有全球竞争力的海洋产业集群；要完善海洋产业标准，提高产业质量和效率；要完善海洋产业监管，保障产业安全和可持续。

三是加快推进海洋国际合作交流。海洋事业是人类共同的事业。要积极参与国际海洋治理，维护国家利益和安全；要积极开展国际海洋合作，促进共同发展和共享成果；要积极开展国际海洋交流，增进相互了解和信任。

六、以农业强国建设推进农业农村现代化

农业是国家的重要战略资源，是国家粮食安全和农民生活的重要保障。农业强国建设，是推进农业农村现代化的基础。实现农业强国目标需要从以下两个方面入手。

一是加快推进农业技术创新。农业技术是农业强国的核心驱动力。要加大对农业技术研发的投入力度，加快建设一批具有全球影响力的农业科研机构和工程技术中心；要加强对农业技术攻关突破的组织协调，提升自主创新能力；要加快推动农业技术在种植养殖、农产品加工、农村电商等方面的应用推广，在转基因作物、智慧农业、绿色食品等领域形成优势。

二是加快提升农业效益水平。农业效益是农业强国的核心竞争力。要完善农业效益体系，提高农产品供给质量和效率；要完善农产品价格形成机制，提高农产品市场竞争力；要完善农产品质量安全监管，保障消费者健康。

第四节　大国产业高质量发展的主要着力点

大国产业高质量发展是我国经济社会发展的必然选择，也是我国实现中华民族伟大复兴的必然途径。为此，我们必须坚持以习近平新时代中国特色社会主义思想为指导，坚持以供给侧结构性改革为主线，坚持以改革

创新为动力，在以下三个方面着力。

一、强化产业发展动力：科技创新与人才支撑

继续加大科技创新和人才培养力度，推动强国产业发展。科技创新和人才培养是强国产业发展的根本保证。我们必须坚持以创新为第一动力，不断增强自主创新能力和核心竞争力，在关键领域取得更多突破性成果，在前沿领域形成更多领先优势，在传统领域实现更多跨越式超越。我们必须坚持以人才为第一资源，不断完善人才培养体制、机制，在各个领域培养造就一大批高层次人才，在各个岗位打造一支高素质、高技能人才队伍，在各个方面营造一种尊重劳动、尊重知识、尊重人才、尊重创造的良好氛围。

二、优化产业发展环境：推动制度创新和改革

推动制度创新和改革，优化产业发展环境。制度创新和改革是强国产业发展的内在动力。我们必须坚持以市场为导向，不断优化营商环境，在简政放权、放管结合、优化服务等方面取得更多实效，在激发市场活力、增强市场信心、促进市场公平等方面取得更多成果，在建设统一、开放、竞争、有序的市场体系中发挥更大作用。我们必须坚持以改革为动力，不断深化各领域各方面改革，在“双创”改革试点示范区、混合所有制改革、科技体制改革等方面取得更多突破，在激发社会创造力、增强社会活力、促进社会公平等方面取得更多进展，在建设社会主义市场经济体制中发挥更大作用。

三、推动产业开放发展：加强国际合作和交流

加强国际合作和交流，推动共同发展。国际合作和交流是强国产业发展的外部条件。我们必须坚持以开放为导向，不断扩大对外开放，在

“一带一路”建设、自由贸易区建设、国际产能合作等方面取得更多成效，在促进贸易投资便利化、推动经济全球化、维护多边贸易体制等方面取得更多成果，在建设开放型世界经济中发挥更大作用。我们必须坚持以合作为基础，不断深化国际交流，在科技创新、人才培养、文化交流等方面取得更多突破，在增进相互了解、相互信任，促进相互学习等方面取得更多进展，在建设人类命运共同体中发挥更大作用。

第三章
大国产业发展的底层逻辑

一个大国要从贫穷落后的农业国成长为实力雄厚的先进之邦，现代化产业体系的培育与发展无疑是重要的一环。当前，在大国竞争日益激烈的背景下，建设现代化产业体系成为提升一国国际分工地位、增强自主创新能力和产业核心竞争力的关键之举，中央对此高度重视。从产业发展的现实要求看，这一重要任务涉及产业体系培育、产业结构调整、产业转型升级等多项任务。由于国家规模有大有小，各国产业发展的底层逻辑其实是不同的，在产业选择培育、产业结构调整、产业转型升级等方面的政策措施就有所不同。本章讨论的主要问题是：大国应发展哪类产业？要遵循什么规律？大国的产业发展是以国内循环为主还是以国际循环为主，到底是如何决定的？推动产业结构调整和促进产业转型升级该如何施策？

第一节 大国产业发展的逻辑起点与模式选择

对于大国产业发展来讲，第一个重大问题就是要利用有限的资源发展哪类产业。若仅从提升经济效率来看，那么，产业发展的逻辑起点是要遵循分工比较优势。然而在考虑大国产业发展路径时，不应该只考虑经济效率。如果没有完善的产业基础，那么，在全球范围利用比较优势是非常困难的。如果要素对接不了全球市场，国内市场对外不开放，那么，国家规模之大，就不能成为市场规模之大。这时，大国未必有大市场。

一、大国应该发展什么产业：专业分工与市场规模

产业是生产同类商品或提供同类服务的企业集合体，它是由社会分工引致的。如钢铁产业和汽车产业，分别是处于分工上游和下游环节的两个不同产业。一般来说，市场的规模越大，分工往往也越细致，因此所容纳的细分产业也就越多，产业体系相对更健全。大国的优势，就是更容易（但不是必然）形成大规模市场。

（一）大国更容易通过分工促进产业发展

人类经济社会发展的一个基本事实是，每个人、每个主体都不能穷尽一切商品和服务的生产，既需要独属于个人的分散知识的社会化应用，也高度依赖市场分工和交换体系。产业，正是因专业化分工而起的。

著名经济学家亚当·斯密在探求国民财富的性质和起源时，将分工视为经济增长的本源。斯密的逻辑是：国民财富的增长，归根结底是劳动生产率提高的结果，要提高劳动生产率则要依赖专业化分工。在他看来，分工程度受到市场交换能力的约束，市场交换越是广泛、频繁和可靠，分工体系就越复杂、细致。在现实生活中我们也可以观察到，城市的市场体系发育更好，交换更广泛，连流动餐车都可以利用分工体系，享受着各类原材料的专业化配送支持。那么，如何提高市场交换能力呢？斯密提供了一个重要的认识，市场交换能力也依赖市场范围的大小，市场范围越大，就越支持更有效率的市场交换。斯密提出的“分工是经济增长的源泉且分工受市场范围限制”这一观点，被经济学界称为斯密定理。

随着市场范围和规模的扩大，生产和交换会更有效率，其底层逻辑在于生产往往会表现出规模经济特性，这一特性在以制造业为主的工业领域尤为突出。产业是否具有规模经济特性，要看通过扩大该商品的生产规模，是否会使大规模的固定投资费用在更大范围内平摊，从而降低平均生产成本、增加经济效益。改革开放以后，我国对部分产业实施规模准入限制，如达不到一定的产量规模就不允许设立汽车厂或钢铁厂，背后的经济

逻辑就在于此。专业化分工是可以更好形成规模效应的。

在这样的逻辑下，我们可以观察到，大国经济和大国产业发展具有一个重要优势：国民经济内部由于自身的市场范围大，很容易具备实现国内循环的基础。由于大国市场范围相对宽广，支持的产业分工体系相对健全，在一国内部就可以支撑起比较完整的产业链上下游各个环节。经验逻辑和历史数据也表明，一个国家的经济体量越大，国内循环的占比往往越高。可以说，大国经济的重要特征就在于内需成为主导、经济可实现内部循环。

（二）资源禀赋不是产业培育的唯一决定因素

既然分工是产业形成的基础，那么一国到底适合培育和发展什么产业？经济学界的传统回答是，一国应立足资源禀赋构建产业发展优势。但从我国产业的发展实践来看，资源禀赋并不是大国产业发展的唯一逻辑。

众所周知，中华人民共和国成立后至改革开放前，我国的产业结构调整与产业政策主要围绕重化工业优先发展而设立。而中华人民共和国成立初期，国家处于“一穷二白”的境地，既没资金也没技术。这时，无论按照斯密的绝对优势理论，还是李嘉图的比较优势理论，中国都应当生产劳动密集型的产品，而非资本密集型和技术密集型的重化工产品。优先发展中国重化工业的决策，是明显与传统的产业培育规律相悖的。

为何要做这样的产业选择？主要的原因在于，这一战略不仅基于经济效率的考察，还受非经济因素的影响。一是近代中国沦为半殖民地半封建国家，“落后就要挨打”的观念深入人心。朝鲜战争爆发以及由此产生的严峻国际环境，使得国家主权安全成为第一考虑因素。二是苏联短期内快速工业化的实践以及苏联对我国的援助，提升了我国的短期要素禀赋水平，为中国走重化工业优先发展道路提供了外部支持。由此来看，在国内市场建立分工体系，还是嵌入全球产业分工体系，以国内循环为主，还是以国际循环为主的种种选择上，是不能只考虑经济因素的。

改革开放之后，中国面临的国际环境已经相对宽松，内忧外患压力减弱。改革开放前建立起的完善的基础工业体系，为改革开放后迅速融入世界分工体系奠定了良好的基础，存在充分利用比较优势发展产业的条件。与此同时，外资也逐步进入中国，资本约束在一定程度上得到缓解。用好国内和国际两个市场，积极吸引外资、优化产业布局，以市场换技术，促进中国产业高端化发展，成为这一时期我国产业培育的主要路径和制度选择。尤其在中国加入世界贸易组织（WTO）之后，越来越多的跨国公司在中国开展业务，中国已经逐步放宽商品市场准入条件，降低资本市场的进入门槛。我国的资源和要素禀赋结构发生了重大改变，技术稀缺代替资本稀缺成为首要需求，单纯的技术模仿已经难以支撑企业进行国际化竞争，本土企业对自主创新有更强烈的内在需求。优化产业供给结构、用好国际大市场，是这一阶段产业发展的重要导向。

（三）大国并非“天然”拥有超大规模市场

对外开放，让我国能够更充分地利用国际市场，使得市场规模的边界大大拓展。我国产业发展由此呈现明显的出口导向和外向型特征，这种模式和导向对快速提升我国经济实力发挥了重要作用。在这种模式下，价值链高附加值环节，以及产业链、供应链的关键环节，被发达国家牢牢占据和控制。特别是当下全球贸易在一定程度上因为贸易保护、单边主义受阻，原来分散在各个国家的不同产业环节，可能会由于新的双边和多边协议建立，重新出现地理集聚现象。中央提出构建以国内大循环为主、国内国际双循环相互促进的新发展格局，强调增强产业链、供应链自主可控，正是顺应了这一趋势。

我国产业发展的历史逻辑表明，国家规模与市场规模紧密联系，但国家规模并不天然等于市场规模。市场规模在很大程度上并不仅是疆域规模，更重要的是随着制度开放程度和外部环境调整带来的市场规模大小以及收入水平的高低。这一认识对于产业培育是至关重要的。

其实在改革开放前，我国的劳动力成本更低，但为什么没有转换成产业发展的优势？关键在于制度没有开放，计划经济体制运行成本很高，高到不允许各种廉价要素自由进入产业分工体系。“国家大但市场小”，仍然会限制产业分工体系深化。大国产业发展，虽然容易实现内部循环，但大国产业发展不可能是封闭的。市场规模优势，一定是建立在市场开放基础之上的。

二、大国产业发展模式：如何用好国内国际循环

发展中国家的产业发展，普遍要面临一个重要的模式选择，即如何处理本国产业与国际市场的关系。或者说，发展中国家的产业发展，要面临以国内循环为主还是以国际循环为主的选择。对此，经济学界一直以来有两种主流看法：进口替代与出口导向。这两种产业发展模式都不乏支持者。

（一）进口替代模式及其限制条件

进口替代是指一个国家或地区要发展本国或本地区生产的工业品，以此来取代原先主要依靠进口的工业品。主张进口替代的观点认为，如果本国没有坚实的产业基础，主要依靠进口填补需求，那么，本国就难以建立起产业体系，从而也就无法实现工业化。长此以往，本国将被边缘化，成为中心国家的依附。由此，在依附论者看来，必须对进口进行限制和替代，等到本国工业体系逐步健全之后，再放开市场，参与国际竞争。

显然，一个国家要成功实施进口替代发展战略，在产业发展中主要聚焦进口产品的替代生产，需要严苛的前提条件。一是本国国内市场需求足够大，有国内经济循环的市场基础，因此，小国往往很难采取这样的策略，它不得不依赖国际产业循环。二是需要政府对本来不符合比较优势的产业给予特殊保护措施，以使国内受进口竞争的工业在少竞争甚至无竞争的条件下发育成长。这样一来，又可能带来长期的市场扭曲，这恰恰是新古典经济学派对这一模式进行批判的缘由。

（二）出口导向模式与我国的实践

除了进口替代，还有一种被更多发展中国家或地区实践成功的出口导向和外向型发展模式。在这一模式下，发展中国家可以充分利用两种资源和两个市场，采取各种经济发展战略和产业政策，促进以出口为导向的工

业发展。从出口的产品结构上看，这时不再以初级产品的出口为主，而是逐步以工业制成品和半制成品出口为导向。在增加外汇收入的同时弥补本国资本短缺，从而带动国内产业体系的构建和经济的持续增长。

20世纪60年代末至90年代，韩国、中国台湾地区、中国香港地区和新加坡主要采用的就是以出口导向为主的发展模式。它们抓住了发达国家或地区向发展中国家或地区转移劳动密集型产业的机会，吸引外国大量的资金和技术，利用本地廉价而良好的劳动力优势，保持了较高的经济增速。对此，世界银行于1993年还专门出版了题为《东亚的奇迹：经济增长与公共政策》的报告，将东亚这些经济体的发展奇迹称为“东亚模式”。

改革开放之后，我国也从东南沿海开始逐步打开市场边界，通过“三来一补”等方式迅速融入世界产业链分工：20世纪80年代，消费品工业大发展；20世纪80年代末90年代初，基础工业和基础设施加快发展；20世纪90年代中后期，高新技术企业逐步兴起。此后中国大量出口以劳动密集型产业为主的工业产品，加入世界贸易组织后，“中国制造”和“世界工厂”举世闻名。

从资源配置效率的角度看，出口导向模式使一国或地区能够充分利用本国或地区的资源禀赋，以及发挥在此基础上构建起来的比较优势。这种模式被认为是既有助于发展中国家或地区融入世界分工格局又可以协助市场体系建设的更优策略。

不过，经济学家保罗·克鲁格曼对此存在质疑，他认为东亚经济体的快速增长主要是要素数量的积累，而非源自技术创新和知识进步。也就是说，东亚经济体增长源自“汗水”而非“灵感”，属于“投入驱动型”增长而非“效率型”增长，因而他对这类经济增长的可持续性是存疑的。但从中国发展的实践逻辑看，克鲁格曼的质疑已被证伪。

（三）产业发展靠“汗水”还是靠“灵感”

通过观察，克鲁格曼看到了这些国家或地区以低廉的劳动力、土地等要素构筑比较优势，进而参与国际大循环的过程。但其相对静态的观察却忽略了一个动态的事实：在“汗水”中，也可以通过“干中学”不断培养出“灵感”。

经济学家约瑟夫·斯蒂格利茨在《增长的方法》一书中提出了这样的观点：经济的可持续发展，归根结底要依赖不断的技术进步，而技术进步在知识经济主导的21世纪可以通过不断学习来实现。政府可以通过制度设计创造一个“学习型社会”，为技术创新提供正向激励，实现有利于经济发展的知识、能力的生产和积累，这才是经济增长的“不二法门”。

斯蒂格利茨的观察，对发展中国家在产业发展进程中如何处理好政府和市场的关系有着重要的启示。第一，对新兴经济体的弱质产业，政府是可以先期给予保护的。但政府要保护的理由，不是根据传统的比较优势理论对已有的资源禀赋强化利用，而是需要考虑技术进步，保护性地发展相关的知识、制度等动态要素。第二，知识的创新、传播和扩散带有一定公共产品特性。产业政策如果能弥补知识生产的市场失灵，无疑是有效的。传统的“筛选赢家”的产业政策，应逐步转型到促进知识生产和积累的轨道上来。对此，政府可以给予恰当的投资和补贴。

根据传统的比较优势理论，中国应该主要聚焦生产劳动密集型产品，并以此强化产业竞争优势。按照克鲁格曼的逻辑，随着劳动力优势缩减，中国经济也不具备可持续增长潜力。但实践表明，中国经济增长是高投入增长和高效率增长共同作用的结果，这些年中国通过“干中学”，通过产业政策的有效实施，不仅有效支撑了中国经济的高速增长，还逐步在高科技和前沿技术领域走向世界前列。

第二节　以优化资源配置推动产业结构调整

对大国经济来讲，适时推动产业结构调整，是产业发展过程中不可回避的另一重大问题。如何调整产业结构，谁应当成为调整产业结构的主体？先行工业化国家的产业发展实践，提供了许多关于产业结构演进等方面的规律性认识，传统的产业经济理论对此有经典论述。有的观点是，在产业结构调整过程中，后发国家可以参考产业演进规律“按图索骥”。这类看法具有一定的误导性：产业结构演进虽然表现出一定的特征，但西方产业结构演进规律，并不可以直接成为大国调整产业结构的政策依据，要避免理论上的“盲目照搬”。

一、“三次产业结构演进”只是经验规律而不是定律

在我国，三个产业结构占比一直以来是政府关注的指标，也是政府进行产业结构调整的重要政策参数。而在实际政策操作中，对三个产业结构占比的认识还存在一些误区，许多人普遍认为第三产业超过第二产业就是产业结构优化。甚至还有人认为，我国已经到了去工业化的关键时点，应尽快将第三产业打造为经济发展的新动力和主引擎。类似的错误认识亟待澄清，先行工业化国家的产业结构演变规律，不能直接成为指导我国产业结构调整的“经验”基础。那些看起来“普适”的产业结构演进规律，实际上需要结合实际的经济分工重新认识。

自 18 世纪 60 年代以机器工业和大规模生产为特征的第一次工业革命以来，工业发展不过 200 多年的历史。工业发展史虽然短暂，但对工业发展的规律仍有许多有益的探索。现有的经济规律，既体现了工业内部结构演变，也体现了三次产业结构演进。然而我们必须意识到，产业发展的规律性认识受经济发展阶段的制约。

1931 年，德国经济学家霍夫曼提出了工业化进程中工业结构的演变规律：资本资料工业在制造业中的占比不断上升，并将最终超过消费资料工业的占比。如果按照这个规律进行工业结构调整，一个国家的工业化发展最终会出现重化工业占据主导的格局。这一结论，显然有悖于当今产业发展的特征。现在回过头来看，霍夫曼提出的只是经验规律而不是定律：在那时，对当今世界产生影响的第三产业还未大规模兴起，影响更为深远的三次产业分类法更是 4 年后才由新西兰经济学家费歇尔提出。而后，克拉克才提出三次产业结构的演进规律，威廉·配第和库兹涅茨等学者在这些认识的基础上，进一步研究了不同产业的就业和收入变动情况。

随着产业被重新界定，三次产业结构演进规律本身也面临诸多新的挑战。三次产业结构演进规律是指生产力的不断发展会将经济从以第一产业为主，推进到以第二产业为主，最终第三产业将成为经济发展的核心。这一规律也正面临来自各方面的挑战。一是产业边界逐渐模糊。比如，越来越多的制造业企业提供消费金融服务，越来越多的物流企业也开始从事商品生产。随着产业边界消融，将这些企业到底归为第二产业还是第三产业成为困境。二是产业范围不断扩大。新兴产业和新兴业态不断形成，三个产业分类法越来越难描述产业范围不断扩大和产业目录不断增加的现实。

由此来看，紧盯西方先行工业化国家工业发展和产业结构的演进规律，用西方经验指导我国产业结构调整，容易出现认识误区，从而影响政府决策。

二、没有最优只有最适应发展阶段的产业结构

（一）最优产业结构是和发展阶段匹配的

第三产业超过第二产业通常表明产业结构优化，这是普遍的认识误区。尽管并没有一致的研究结论表明什么样的第三产业比例是适宜的，但是对第三产业超越第二产业这一事实，使许多人认同产业结构已经优化了。当生产力发展到较高阶段，第一产业的产出相对较少且占比更趋稳定，这时第二产业和第三产业往往出现此消彼长的状态。若宏观经济处于下行周期，那么第二产业占比下降自然会使得第三产业占比“被动”上升，而这时我们并不能说产业结构优化了。

第三产业将最终主导经济发展的看法，暗含着工业发展可以被相对弱化，这也是常见的产业发展认识误区。2013 年，我国经济结构首次出现第三产业增加值占比超过第二产业，那时就出现了关于去工业化的建议和我国已进入工业化后期的判断，这种认识实际上并不科学。三次产业结构演进现象确实存在，从产值上来看，第三产业超过第二产业也是趋势，然而绝不能忽略以第三产业为主的西方国家对工业以及产业链的控制能力。

西方发达国家在国际产业分工体系中掌控“微笑曲线”两端，仍依靠

前沿核心技术和综合创新能力控制和治理全球产业链。西方发达国家虽然将加工制造等产业环节转移，但是对工业控制能力却从未削弱。金融危机后，发达国家纷纷回归制造业，迅速实现制造业产业链“高端重建”，而低端环节重新在全球范围内配置资源，便是最好的例证。虽然我国第三产业增加值占比超过第二产业，但从全球范围来看，我国对工业的控制能力仍然较弱，创新能力依然有待提升。仅仅从产值上来看，工业开始落后于服务业，就推断出我国进入工业化后期的论断，理由是不充分的。原因在于，以产值来衡量产业结构并不能反映一个国家对全球工业体系的控制能力。

（二）不能照搬西方经验调整我国产业结构

政府可以根据三次产业结构演进规律，对照当前产业结构现状，加快调整产业结构，这种认识也有偏颇。产业结构的演进，要着眼于长期动态而非短期静态。某个时点上的产业结构现状，并不能作为政府下一步制定政策的指南。三次产业结构演进规律虽然反映了长期趋势，但是并没有告诉我们产业结构演进的动力机制是什么。

严格的产权保护制度、自由的要素流动体制、宽松的科技创新环境等，都是先行工业化国家产业结构转换动力的重要制度安排。这些制度安排并不是短期内就能形成的，在这些制度建立并完善后，产业结构向高级方向演进是“水到渠成”的事。如果没有相应的制度安排提供动力机制，仅靠政府“看得见的手”，按照发达国家工业化的“经验”规律按图索骥，以扭曲其他产业为代价发展第三产业，那么可能会“拔苗助长”，最终在没有工业控制能力的前提下导致产业空心化。这是需要警惕的产业政策倾向。

三、产业结构调整的本质是资源优化配置

（一）产业结构是事后统计的结果

产业结构到底是什么，其经济学意义在哪里？正确认识这个问题有助于我们更好地利用市场与政府之手来调整产业结构。产业结构是在一定时

期内经济发展的统计结果，反映了这段时期内区域的比较优势和资源禀赋情况，因而在一定程度上，产业结构反映了地区的核心竞争能力。

在国家层面，产业结构反映国家的产业竞争能力。在区域层面，产业结构则反映区域产业竞争能力。如果区域间市场一体化、要素能够自由流动，那么就不宜过分强调产业结构。当前，很多县区甚至乡镇也在强调优化产业结构，出现行政分割市场、实施地方保护、限制要素流动等措施，人为地扭曲了产业结构。

不同的国家有不同的比较优势和资源禀赋，在此基础上形成的产业结构自然有所不同。世界上并没有固定的产业结构优化模式，有的只是先行工业化国家的经验。产业结构是统计出来的，而不是人为设计出来的。

（二）产业结构调整要因地制宜

政府调整产业结构，不是用行政力量和财政补贴限制或鼓励某一产业，而是挖掘和培育某一产业的比较优势、优化资源禀赋，这才是调整产业结构的基础和政府调整结构的政策着眼点。最优产业结构也是由特定资源禀赋和产业基础条件决定的，并不存在“放之四海而皆准”的最优产业结构，更不能照搬照抄、用西方过去总结的“统计结果”指导中国未来的“发展过程”。

中观层面的产业由微观企业组成，产业结构演进的微观表现就是资源在不同行业或同一行业的不同企业间流动，是企业在市场中的激烈竞争之结果。从这个意义上来讲，在产业结构调整中企业应该唱主角，在产业结构演进的方向上起决定性作用。政府又该如何让产业结构朝着更合理、更高级的方向演进呢？政府在产业结构调整中绝非旁观者，可以通过设计更好的制度来降低市场犯错的概率，这也是后发国家产业发展的优势所在。

实际上，每个地域都在立足资源禀赋发展具有比较优势的产业，区域之间形成优势互补的产业分工体系。遵循这一经济原则的产业体系以及由此所统计出来的产业结构，即便数据结果显示“第二产业占比高于第三产业占比”，从理论上来说也是最适宜的产业结构。

第三节　尊重市场规律，促进产业转型升级

在大国产业从以规模为主转向以效率为主的发展过程中，鼓励企业兼并重组是重要的产业转型升级的政策导向。大国产业要提高竞争力、实现高质量发展，绕不开这个问题。从产业升级的经验路径来看，鼓励扩大企业规模的产业政策方向，无疑是合乎逻辑的。但鼓励兼并重组，仍需要尊重市场规律，注重发挥企业的市场主体作用。政府超越市场干预企业兼并重组的做法，最终可能导致反市场效率兼并。经济理论表明，企业之所以能发展到较大规模，是降低市场运行成本的结果。在产业发展过程中，不能违背市场规律——只注重企业规模扩张，而不注重市场运行成本降低。

一、限制产业准入并不必然促进规模效率

（一）规模经济带来“马歇尔冲突”难题

在一定规模范围内，随着生产规模扩大，企业平均成本会表现出系统性下降现象，这是鼓励兼并重组政策的重要理论基础。因此，规模导向产业政策引发认知误区：小规模企业不如大规模企业有效率。基于此，为了提升效率，不仅要提高行业准入门槛，也要限制单个企业最小准入规模，意在支持大规模企业经营。

不过，早在1890年，新古典经济学集大成者马歇尔就注意到了规模扩大与竞争活力不兼容的问题。由于存在规模经济，企业倾向规模扩张。然而企业规模越大，越可能产生垄断，从而不利于竞争。如何平衡企业规模经济与市场竞争活力，成为政策制定的两难选择，这是著名的“马歇尔冲突”难题。

（二）产业政策对待企业规模的不同态度

该如何解决“马歇尔冲突”难题？1940年，美国经济学家克拉克提

出了兼容规模经济和竞争活力的有效竞争概念。遗憾的是，何谓有效竞争其实是非常难度量的。哈佛学派提供了一系列衡量有效竞争的标准，核心要义是观察规模扩大是否可以带来垄断市场结构。在他们看来，市场结构直接影响市场行为和市场绩效。在产业政策上，哈佛学派主张拆分大规模企业，以形成竞争性市场结构。对此，芝加哥学派持有不同见解。企业扩张规模，很可能是因为效率高，而不是源于垄断市场结构，因此效率决定企业规模边界。芝加哥学派的产业政策，重点关注企业是否会真正实施垄断行为，对规模扩张本身则持宽容态度。

由此看来，企业规模并非越大越好。即便要鼓励大企业出现，在制定产业政策时也未必非要从直接干预企业规模和行业准入入手。20 世纪 80 年代，威廉·鲍莫尔提出了可竞争市场理论。他认为只要保持市场开放和准入自由，企业不存在沉没成本，即便只有一家企业的市场，也可以表现得像竞争性市场一样有效率。反过来看鲍莫尔的观点，以限制准入保护在位企业，并不一定导致高效率、大规模企业出现；而放松市场准入，由于存在潜在竞争压力，反而可能使企业更注重规模效率。

二、企业规模大小是如何决定的

（一）企业规模边界：市场成本与组织成本的比较

有必要进一步追问的是：就算市场准入自由，市场里的企业会扩张到什么规模？理论上的企业有效规模到底是如何决定的呢？1937 年，年轻的科斯根据其对美国工厂实地游学考察的认识，写下《企业的性质》一文。这篇文章提供了观察企业性质及规模边界的独特视角。科斯的看法是，企业和市场一样，只不过是组织资源的方式不同。但利用市场机制并不免费，广泛存在信息搜寻、契约签订、监督执行等交易费用。如果在企业内部组织生产，由一个权威企业家指挥生产，那么，可以节省大量市场交易费用，这是企业存在的本质。

接下来的问题是：为什么企业规模没有大到只容许一家企业存在？原因在于，企业内部资源配置也有组织成本。一项交易到底是在企业内部完成，还是在市场中完成，要比较边际生产带来的企业组织成本与市场交易成本之大小。当额外组织一项交易，通过企业内部生产比利用市场交易生产价格更低时，企业倾向于扩大规模，反之企业则缩小规模；当利用企业内部和利用市场交易的边际成本相等时，企业的规模就达到了最优。

科斯的关键逻辑是企业规模边界由内部的企业组织成本与外部的市场交易成本共同决定。在这里，规模是果，而成本是因，本末不能倒置。有了这样的认识，再看规模经济会“横看成岭侧成峰”。规模经济现象的存在，不能说明随着规模变大企业成本就会自动降低。相反，只有企业组织生产成本低，才能支撑生产规模变大。

规模经济确实是大企业组织普遍存在的现象。一百多年来，世界上兼并浪潮不断，当今许多世界级企业确实是靠兼并重组实现规模扩张的。但不能因为西方存在这个演化现象，我们就可以动用行政撮合形成大规模企业，应看到现象背后企业规模演进的动力机制。并非因为规模大，这些世界级企业才有效率，而是因为企业效率高，组织大规模生产的成本低，才广泛地支持大企业的兼并。

（二）推动产业升级：政府要为企业规模扩张提供条件

如果存在“规模大自动降低企业成本”的因果逻辑，那么提高产业准入门槛，政府介入兼并重组以扩大企业规模，无可厚非。然而事实却相反，市场竞争状态下已有大量企业被淘汰或兼并，所“筛选”出来的大规模企业，仍在不断努力降低企业内部组织成本。现代企业制度演变出的复杂治理结构，旨在降低大企业内部组织生产成本。

即便同样的资源构成，由不同企业家以不同的治理结构来组织生产，成本也必定不同。只有市场中的企业家，才知道一项兼并重组是否可能改进企业规模效率。政府部门难以直接观察企业家才能，更无从知晓企业内部组织成本与市场交易成本孰高孰低。因此，政府并不宜直接干预企业的兼并重组决策。现实中，部分地区出现政府“拉郎配”式的兼并重组，使两家本无兼并意向的企业，在地方政府撮合下兼并重组。虽然新企业的规模变大了，但是却出现坏企业拖垮好企业的怪象。

政府虽然无从观察最有效的企业规模，但在鼓励兼并重组的政策操作方面，也不是旁观者。可观察到的是，政府提供的政策环境和制度体系，真实地影响着企业内部组织生产的成本，也决定了市场运行所依赖的制度和体制成本。

政府要重点关注的是利用好规律，为规模导向产业政策实施供给更高质量的制度环境：第一，放松产业规模准入条件，保障各类规模企业的合法经营权，由企业通过平等协商开展兼并重组；第二，规范行政力量介入企业规模调整的行为，发挥企业主体作用，尊重和依靠企业家精神，实现规模效率；第三，更多关注成本端制度改革，继续为企业减税降费，降低企业内部组织生产成本，同时千方百计降低市场运行制度性交易成本。

三、推动产业升级不能对传统产业“一刀切”

“产业有高端和低端差异，因此识别并逐步淘汰‘低端产业’，产业体系就会更加现代化”，这是对产业转型升级过程的误读。这一认识误区带来的行动偏差，表现为地方政府在产业转型升级过程中人为界定高端产业和低端产业，“喜新厌旧”，甚至对传统产业“一关了之、一迁了之”。大国产业升级，必须走出这一认识和行动误区。

（一）差别化对待产业发展的理论基础及其缺憾

在产业转型升级过程中，政府对不同类型产业制定差异化的支持或限制政策，其认识论基础来源于产业生命周期理论。传统的产业生命周期理论认为，产业发展一般会经历发育、成长、成熟与衰退过程。按照这个逻辑，产业可以被理所当然地划分为朝阳产业、夕阳产业等不同属性。

传统的产业生命周期理论是静态而非动态的，它存在两大缺陷。一方面，产业发展条件并非静态，新技术革命和产业变革会重塑产业运行逻辑，传统的工艺流程、生产线、工厂模式、产业链组合等，都会随之面临深度调整。从动态视角看，传统产业也可以走向高端环节变为新动能，高新技术改造和重塑传统产业的现象俯拾皆是。另一方面，该理论对产业层面的生命周期属性界定，实际上缺乏微观企业基础。现实中，企业家和行政部门对产业所处周期的判断不同，同时企业家也是改变产业生命周期的关键力量。“没有夕阳产业，只有夕阳企业”，已成为企业家的普遍共识。

（二）不能把传统产业当成“低端产业”，要求其简单退出

在推动产业转型升级的过程中，把传统产业人为地当成“低端产业”，限制其发展，甚至“一刀切”，要求其简单退出，这不仅会压缩传统产业向高附加值环节攀升的可能空间，更重要的是，还会严重抑制企业家精神的发挥。

我国传统产业存量规模巨大、发展参差不齐、升级潜力充足，远还没有进入“无潜力可挖”的发展阶段。坚持推动传统产业转型升级，绝不能将其当成“低端产业”，要求其简单退出。推动传统产业升级，不宜人为划分产业的高端和低端属性，也不能在政策设计上区别对待，必须统筹处理好传统产业和新兴产业发展的关系。

第四章
大国产业链、供应链的安全与稳定

近年来，产业链、供应链是否稳定、可靠，越来越受到各国政府和产业界关注。特别是在逆全球化背景下，利用全球市场的交易成本大大增加。大国产业的高质量发展，必须要构建稳定、有韧性的产业链、供应链体系。准确认识产业链与供应链的稳定性、可靠性，要从支撑经济运行的专业分工原理入手。没有市场分工，就不会有产业链和供应链问题，而产业链、供应链的自主可控，则有赖于支撑分工深化和便利市场交易的制度体系。

第一节　制度改进与市场扩展：产业链、供应链的稳定性

中国产业历经数十年长足发展，目前所具备的产业优势不仅根植于超大规模市场、完整的工业体系和丰富的人力资源，更离不开产业集群对大国重器的打造以及企业家的不懈奋斗。众多产业的集群通过技术创新赋能，大规模降低了生产成本和学习成本，提高了产品研发、商用的经济可及性。放眼全球，大国产业链、供应链在市场规则下、在分工扩展秩序不断变化的过程中，需要预防“不确定性”冲击，比如突然的断链风险。在技术创新推动全球产业链、供应链深度调整的大背景下，包括中国在内的很多国家都会面临产业转型和产业结构调整的挑战，需要客观对待这一现象，做出务实、理性的政策选择。

一、保持产业链、供应链稳定、有韧性的核心逻辑

（一）产业链、供应链的经济本质是分工

从本质上讲，产业链与供应链都是行业中的上、下游企业之间的某种经济关系。产业链是由生产、运营等环节具有内在技术经济关联的企业依据特定的逻辑关系和时空布局关系，为实现价值增加等经济活动而形成的网链结构。供应链则是从采购生产资料到制成产品，并经由销售、运输网络把产品送达终端，将供应商、制造商、分销商直到最终用户连成一个整体的产业生态体系。

无论从哪个角度看，产业链与供应链都是专业化分工后，市场主体组织联系起来表现出的不同形态。通过网链结构和产业生态体系，产品的生产和销售可以由这一链条上的相关企业通过分工合作来共同完成。不同企业选择在产业链、供应链的不同环节生产、经营，进而由市场机制协调资源在企业间的配置。

在市场体系下，企业会选择把其中一部分生产环节交由市场体系中的供应链，另一部分则放到企业组织内部。增强产业链、供应链自主可控能力，意味着数量众多的企业愿意专注于产业链和供应链的关键特定环节，具有牢牢把控这个特定环节核心技术的能力。

（二）降低市场制度性交易成本是关键

产业链与供应链的哪些生产环节在企业内部组织实施，哪些生产环节交由市场？事实上，1937 年科斯的观察也回答了这个关键问题。企业之所以选择在产业链的不同环节从事生产经营活动，也是受到市场交易成本和企业组织成本的共同影响。

这里也暗含了关于产业链的一个重要推论：企业自身会根据市场上产业链协调成本的大小，被动“自适应”调整生产规模和结构。一般来说，产业链协调成本越高，企业越难专注于产业链特定环节分工。这时对企业自身来说，最好的组织形态就是像市场经济尚不发达时一样，构建一套

“大而全”的生产体系，以应对市场供应价格、质量和可靠性的不确定变动。

在我国市场发育初期，许多企业选择“从原材料到制成品”一站式生产，业务涵盖产业链上下游多数环节。随着社会主义市场体系不断完善，利用市场中的产业链协调生产更加便利，许多企业开始选择将非核心业务外包，专注于产业链特定环节分工，不再追求“大而全”的组织形式。我们也观察到，过去企业喜欢“产供销”一体化发展，但随着市场更加可靠，聚焦关键环节进行专业化发展，成为很多企业发展的战略选择。

目前，世界各国的注意力都集中在产业链、供应链的稳定性上，这主要是因为最近几年，国际上的市场机制已不再像之前那样便利、可靠。但是，这种趋势并未影响到“产业链、供应链是企业行为选择的结果”这一现实。

（三）产业延伸是企业的行为选择

在产业政策中，有一条引导企业进行产业链延伸的政策，即鼓励企业向产业链的每一个环节延伸，鼓励他们“吃干榨净”。以钢制品企业为例，受市场分工规律影响，钢制品企业自身不冶炼，冶炼企业不涉足深加工。钢制品企业采用市场化方式采购原料，而非自行冶炼。冶炼企业不涉足深加工行业，则是由于将深加工行业嵌入企业后的组织成本较高，无法与外部的深加工企业相竞争。

以上例子表明如果把企业没有比较优势的部分，人为地引入自己的生产系统中，将极大地增加组织运营成本。政府若再提供更便利的资金支持，短期内企业就可以在延长产业链后赢利。我们更应该注意到一个现实，单靠政府的资金支持并不是长久之计，“僵尸企业”之困不能被遗忘。因此，提升企业的组织生产能力，以制度环境为导向，使其延伸、完善产业链，是当务之急。

（四）产品分工模式变化受制于协作成本

在产业跨国布局的全球化推动下，产品分工模式发生变化，利用产业链协调生产的成本呈现上升趋势。现代产品比传统产品更需要高程度的专业化，生产由“基于产品的分工”转向“基于知识的分工”。“一个产业一个企业链主”的时代已经过去了，像20世纪汽车巨无霸式的单一垂直整合制造商，自行设计和制造全部或大部分零件的日子已经一去不复返。全球分工体系把各类专业企业聚集在一起，在研发、设计、制造等方面实现跨界合作。产业链也由此出现深度分层：核心生产企业依赖一级供应商，后者又依赖第二级，而第二级又依赖第三级、第四级……以此不断深化。

全球分工一旦遇到“逆全球化”“疫情冲击”或“关键环节供应受阻”，利用市场协调产业链的交易成本就会升高，跨区域交易可靠性就会减弱，大规模更换产业链中的任何环节，都变得非常困难。在知识分工基础上的产业链合作，比传统分工模式更需要大幅度降低市场交易成本。只有降低利用市场的制度性交易成本，企业才会节省因分工带来的市场协调成本，才可能更加专注于产业链特定环节分工，在“干中学”累积的优势基础上进一步拓展自主创新能力。这对产业链、供应链的培育和成长，有重要的决策启示。

二、产业链分工新趋势下企业的发展策略

目前，在“全球化逆流”的背景下，全球产业链、供应链或将发生新的区域重构，并呈现出新的发展趋势。一是世界分工格局可能由效率型转向稳定型。鉴于此，在兼顾效益的基础上，采取“稳定导向”的次优策略，就成了确保一国产业链稳定性和安全性的重要选择。二是国际产品纵向分工可能存在逆转之势。三是生产分工在地域上的聚集程度可能会更高，随着国际贸易受到保护主义、单边主义等因素的阻碍，原本散布于各国之间的各种生产环节，也有可能因新的双边与多边协定的确立而再次发生空间集聚。

面对产业链、供应链发展的新趋势，我国在培育和增强产业链、供应链自主可控方面，应有充分的现实考量。

一方面，我国大规模的劳动密集型产业仍然有产业升级的余地。要紧紧抓住产业链、供应链高端化这个强有力的抓手，把创新牌打好，力争在外资主导中、高端环节与本土赢利环节处于低端的环境中突围，从而有条件地建立起一套“以我为主”的完整的国内全产业链。对传统产业领域的企业来说，需要用科技创新改造、提升传统产业，提高产品科技含量，进而提高其定价能力，逐步形成依靠科技进步和高素质、高成本劳动力的竞争力，这才是长远之策。

另一方面，新一轮全球分工会催生新的产业链集群。不仅在全球范围内，而且在特定区域内部实现以分工连接的企业集合，即“集群外部分工”和“集群内部分工”。对于广大企业来说，未来发展产业的区位选择可能将遵循新的逻辑。未来产业之间的竞争，已经不是产品和产品的竞争，也不完全是企业和企业之间的竞争，而是产业集群和产业集群之间的竞争。融入产业集群发展，更多依靠产业集群带来的分工优势和发展优势，是企业能够专注于核心环节、追求高质量、可持续发展的基础。

第二节　创新效应与外部冲击：产业链、供应链的脆弱性

一国产业链稳定性面临的冲击，既可能来自地缘政治的对抗或冲突，也可能因为技术创新内生出“创造性毁灭”。随着分工的深化和协作秩序的扩展，产业链发展面临这两方面冲击而产生的脆弱性问题也越来越突出。

一、第四次产业革命来临：产业链的内生不确定性

新一轮科技革命和产业变革已经来临，各种技术创新迸发，导致高度不确定性。这种不确定性可能带来的“创造性毁灭”，会给一国产业以及产业链、供应链带来难以应对的后果。主动应对不确定性，不断以科技创新推动产业升级，警惕有可能出现的各种突发冲击，是大国产业得以持续发展的必要保障。

技术创新驱动产业发展、对产业链运行带来重大影响的现实逻辑，主要体现在以下两个方面。

第一，科技创新不仅是推动经济发展的强大引擎，更是塑造未来社会结构和人类生活方式的重要力量。它以其独特的能力，创造出新的工作流程和商业模式，从而彻底改变资源的使用方式，显著提升了全要素生产率。在这个过程中，我们不能仅将生产力增长归功于生产要素的数量增加，更应该看到这背后所蕴含的核心逻辑：通过对资源配置的优化、生产效率的提高来实现。

作为产业升级的加速器，科技创新也逐渐成为推动整个产业链变革的关键因素。它不仅是一个产业内的技术革新，而且是一种全面、系统性的变革。它涉及从研发到市场再到供应链管理等多个环节，每个环节都受到创新思维的影响和驱动。在这样的大背景下，企业必须不断地寻求突破，利用最新科技成果来升级产品和服务，同时也要适应市场需求的快速变化，从而保持竞争力和可持续发展。因此，科技创新已成为衡量一个国家或地区经济活力和创新能力的重要指标。随着全球经济一体化程度的加深，科技创新已不再局限于某一行业或领域，它已经渗透到了经济社会的各个层面，成为引领世界经济发展的新动能。未来的竞争将更加依赖于此——谁能够率先掌握并应用这些创新技术，谁就能够在激烈的国际竞争中占据优势地位。

第二，产业组织模式的改变和重塑，对整个产业之间的分工协作关系有着显著影响。在当今日益全球化的经济环境中，各个产业之间的联系越来越紧密。不同行业之间的界限越来越模糊，产业间的分工与协作变得更为复杂多变，其背后反映的是组织模式的革新对市场动态和企业战略产生的深远影响。当一个产业中的组织模式发生重构，其他相关产业与之协作的标准也会随之调整，包括对传统产业进行适应性调整，从而重构整个产业生态系统。例如，互联网技术的兴起改变了传统零售业的运作模式，线上购物平台的崛起使得线下实体零售店面临前所未有的挑战。同时，新零售模式的出现又对上游的供应商、物流公司以及支付系统提出了更高的要求。这些变化不只局限于单一产业内部，而是扩展至整个供应链，甚至是消费者行为模式，导致整个产业生态系统发生根本性变革。

当然，产业组织模式的演变，往往是因为科技创新而产生的。新技术、新工艺促使产业链内部不断细分出新领域，比如在生物医药、信息技术等前沿领域。新兴技术催生出的细分行业很快成为产业内的主导力量，迫使本行业原有的分工协作关系发生重构。在这样的背景下，产业内各企业的内、外部组织方式必须紧跟科技进步的脚步，企业自身需要及时调整战略方向，以保证在激烈的市场竞争中立于不败之地。

二、全球化逆流：供应链安全面临外部威胁

（一）全球化逆流是否威胁供应链安全

2008 年国际金融危机爆发后，不少发达国家出于解决国内产业空心化带来的社会矛盾凸显的问题，相继推出促使制造业回流的政策。这些措施降低了这些发达国家对全球供应链的外部需求。近年来，诸多事件表明，全球供应链日益变得“牵一发而动全身”。发达国家的跨国企业一般占据产业链的高端位置，个别领先国家采取“断链”行动后，引发全球性的“产业焦虑”。各国也纷纷采取措施，弱化对全球分工协作链条的依赖程度，甚至有意识地调整全球供应链合作区域和范围。这造成国与国之间的协作关系饱受干扰，甚至使供应链难以为继，最终使全球性的市场被人为分割。吊诡之处在于，历史上曾长期主导推动全球化的发达国家，不断激发逆全球化潮流，日益充当全球化的阻碍者。我们不妨称之为“全球化逆流”。不过一旦全球分工协作秩序紊乱，那些领先国家仍然难逃被反噬的命运。每个国家因规模大小不同，背后市场规模、回旋余地不同，而在产业链韧性上有着不同的命运。

大国博弈之下，国家间制造业的产业链、供应链封闭、脱钩、阵营化趋势明显，世界不稳定性与不确定性持续上升。美国等西方发达国家采取贸易保护主义政策，强调本国利益至上，对中国产品实施贸易限制措施，导致中国产业链面临市场减少和贸易壁垒的挑战。2017 年 8 月 18 日，美国针对中国发起“301 调查”。2018 年 3 月，美国政府大规模向从中国进

口的商品征收关税，同时限制中国企业对美国企业的投资并购。[①] 同年 7 月，美国又对中国发起第二轮贸易制裁，意图削弱中国制造业的竞争优势。[②] 拜登上台后，延续特朗普对华贸易政策，继续对中国出口商品征收高额关税。中国制造业主要承接发达国家跨国企业配套订单，高额的关税导致中国制造业竞争优势降低，迫使大量工厂外迁，影响中国经济可持续发展。科技领域的竞争也日益激烈，西方国家运用负面清单阻碍中国企业向海外扩展业务。2022 年 5 月 19 日，加拿大政府禁止华为、中兴参与加拿大的 5G 网络建设。[③] 随后，2022 年 10 月 13 日，英国政府禁止华为参加英国的 5G 网络建设。[④] 实际上，加拿大和英国对华为的政策，只是西方国家对中国跨国企业政策的缩影，本质上是中美“技术战”的外溢。[⑤] 西方国家对中国企业的歧视性政策，阻碍了中国跨国企业参与国际市场竞争，冲击了全球供应链的稳定。

（二）产业链是否稳定取决于各经济体在全球分工协作链中的地位

各经济体在全球分工协作链条中的地位，可以以全球价值链位置指数（GVC）来衡量。[⑥] 所谓全球价值链位置指数，是从最开始的原材料和最终端的需求两个视角，对各国在全球价值链中的上下游位置进行的综合评估。全球价值链位置指数越高代表离终端消费者越远，反之则离终端消费者越近。分析表明，中国面临的“卡脖子”风险并非仅存在于高科技领域。

---

① 高德步，刘文革，邵宇佳．世界经济新格局与中国特色地缘政治经济学理论：第四届地缘政治经济学论坛综述[J]．经济研究，2018，53（10）：192-196.

② 张兴祥，杨子越．地缘政治冲突与全球供应链安全及中国的应对策略[J]．亚太经济，2023，237（02）：1-10.

③ 中华人民共和国驻加拿大大使馆．驻加拿大使馆发言人就加政府宣布禁止使用华为、中兴产品发表谈话[EB/OL].（2022-05-19）[2023-10-01]. https：//ca. china-embassy. gov. cn/chn/xw/202205/t20220520_10689920. htm.

④ Huawei legal notices issued. GOV. UK. [EB/OL].（2022-10-13）[2023-10-01]. https：//www. gov. uk/government/news/huawei-legal-notices-issued.

⑤ 刘江韵，齐为群．战略议程转变与美国对盟友政策的重塑：以五眼联盟限制华为 5G 为例[J]．太平洋学报，2022，30（05）：26-40.

⑥ 王直，魏尚进，祝坤福．总贸易核算法：官方贸易统计与全球价值链的度量[J]．中国社会科学，2015(09)：108-127，205-206.

如图 4-1 所示，中国位于全球产业链分工的下游，非常靠近终端的消费者。俄罗斯、澳大利亚两国的全球价值链位置指数最高，体现出两国主要输出最上游的矿产、油、气等自然资源的地位；日本和美国的全球价值链位置指数较高，意味着两国位于中上游的研发等环节，主要输出知识产权、关键零部件等中间品。[①] 从需求端看，中国不但需要欧美国家的高端设备、知识产权、关键零部件等高科技产品投入，也需要资源输出国的原材料投入。

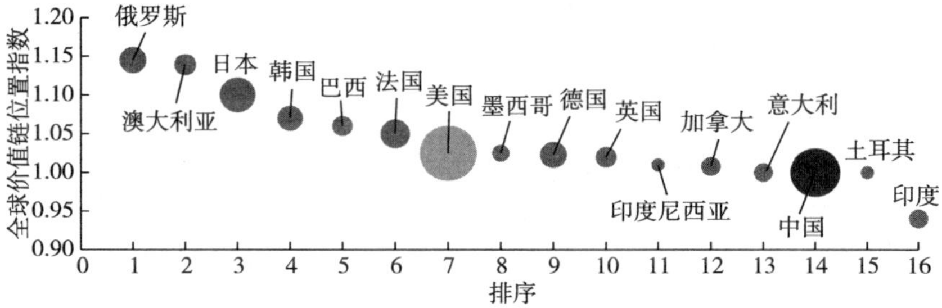

图 4-1 2019 年部分国家全球价值链位置指数排序

资料来源：中金研究院，ADB MRIO 数据库。

注：气泡大小代表该国总出口额中被国外吸收的国内增加值大小。

随着全球范围内产业链、供应链出现重大阶段性调整，[②] 中国产业链体系面临着加速转移、环节割裂、供应中断、链条失控等风险。在备受关注的半导体领域，高端芯片的外部供应受到限制，国内处于下游的一些手机、汽车等终端产品生产停滞或面临中断风险。短期内仅靠扩大国内成熟半导体制成品产能远远不够。因为“卡脖子”的根源在于高端光刻设备研发和制造需要长期积累和广泛的全球合作，芯片设计用的 EDA 软件、精细化工中的光刻胶都不能在短期内得到稳定供应。在半导体领域，中国面临外部“卡脖子”威胁，主要是因为在相关设备、材料的研发、制造

① 中金公司研究部，中金研究院．大国产业链：新格局下宏观经济与行业趋势［M］．北京：中信出版集团，2023.

② 朱晓乐，黄汉权．全球供应链的演变及其对中国产业发展的影响［J］．改革，2021（04）：60-67.

等中上游环节较为薄弱。产业链风险除了外部冲击，也受内部因素影响，如因产业转型等造成物流运输迟滞、大宗原材料或零部件供应不稳定等。

三、全球化起落中的产业分工与产业模式变迁

若以全球货物贸易出口额占 GDP 的百分比来衡量全球化与逆全球化的程度，那么，我们可以看到自 19 世纪后期以来，世界经济全球化和逆全球化交替演进。在不同全球化浪潮下，产业链的分工方式差异性显著，并形成了与之相对应的产业模式。

（一）横向分工与纵向分工主导的全球化

长期以来，人们对分工所带来的效益关注较多，而忽略了其所产生的新的组织成本。一般情况下，产业内的上下游企业在合作生产时的边际成本，会随着各自加价，促使最终产品价格高过纵向分工时的边际成本。[①,②]纵向分工所带来的交易成本上升问题，体现在搜寻成本、契约签订和执行成本、监督控制成本、运输成本等方面。[③]

由于这些成本的存在，在参与国际纵向分工时便要考虑由于分工效率增进带来的收益与交易成本上升之间的差异。若前者高于后者，纵向分工便会促进全球企业参与产业链分工，反之，则不利于有效分工的达成。此外，技术创新和国际关系的好转也是降低交易成本的重要因素，两者极大地拓展了市场经济所支配的范围和规模。第二次世界大战以后，技术创新层出不穷，产业模式也随着全球化推进实现了快速迭代。全球范围内的产业模式与专业化分工高度契合，演化出福特制、丰田制、温特制等产业模式。

---

① Spengler J J. Vertical integration and antitrust policy[J]. Journal of Political Economy, 1950, 58(4): 347-352.

② Bartelsman E J, Caballero R J, Lyons R K. Customer and supplier-driven externalities[J]. American Economic Review, 1994, 84: 1075-1084.

③ 中金公司研究部，中金研究院．大国产业链：新格局下宏观经济与行业趋势[M]．北京：中信出版集团，2023.

如图 4-2 所示，福特制盛行时期处于全球贸易出口额占 GDP 的百分比日益下滑的逆全球化时期。全球企业在该时期优先选择纵向一体化，国内生产，国内消化。第二次世界大战后，新一轮全球化带动横向分工，丰田制逐渐盛行，精益生产从一种美好的理念成为现实。随着新一轮工业革命的开始，发展产业链成为深化分工和扩大全球市场规模的正向循环，[①] 其中更能满足客户定制化需求的温特制，让每一个小众需求均能形成足以实现规模经济的细分市场。

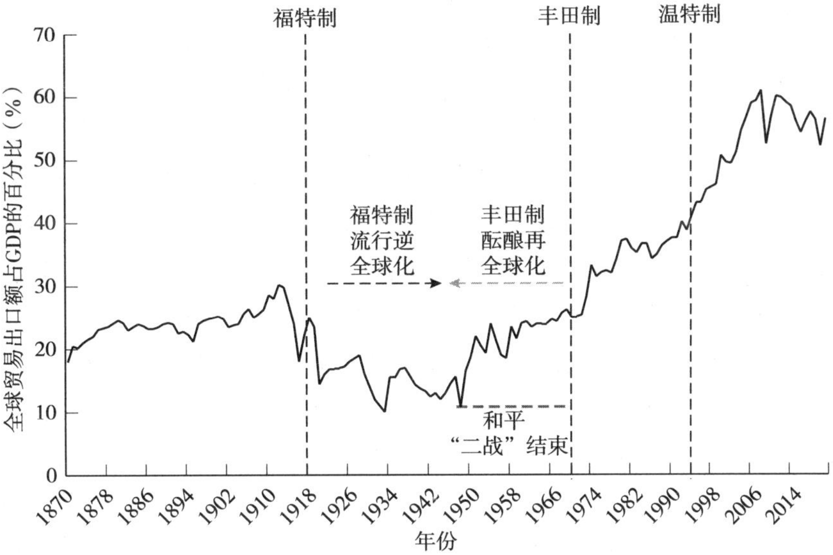

图 4-2　全球贸易出口额占 GDP 的百分比与产业模式

资料来源：中金研究院，Our World in Data。

横向分工发挥的是大企业生产汇集和集中创新的优势，纵向分工促进了全球化产业链的深度布局。在当前全球化的大背景下，技术发展和分布呈现出一种复杂局面。那些率先掌握了先进技术的国家，通常占据着产业链的上游，能够通过技术创新来引领产业的发展方向，同时也能通过对前

① Youno AA. Increasing Returns and economic progress [J] . The Economic Journal, 1928, 38 (152): 527-542.

沿科技的投资，确保自身在全球经济中的领先地位。相比之下，技术后发国家则常常处于产业链的下游或中段，承接着一些附加值较低环节的工作。然而，这些国家并没有因此放弃努力，而是积极地寻求机会，通过引进外资、合作研发等方式，不断提升自己在产业链中的位置。

先发国家为了保持其技术优势和市场竞争优势，常常采用外包的策略，将那些不利于自身长期发展的产业链环节外包给其他国家。这不仅为后发国家提供了发展空间，也加速了整个产业链的优化升级。这种外包行为促使后发国家不得不面对一个现实：他们需要超越现有的技术水平，甚至要开始着手建立起自己的自主创新体系。

因此，对于那些希望实现跨越式发展的后发国家来说，他们面临的挑战不仅是如何在激烈的国际竞争中立足，更重要的是如何构建一个强大而可控的全产业链体系。这个体系不仅要涵盖从原材料到终端产品的每一个环节，还要包括科技创新能力的培养和强化。只有这样，才能逐步缩短与技术先发国家之间的差距，最终实现技术上的赶超。此外，深化国际合作也是后发国家突破封锁、获取资源和经验的重要途径。通过与其他国家的合作，可以促进知识共享、技术交流，进而推动整个产业链的技术进步。在此过程中，后发国家要锻炼和培养独立思考的能力，学会如何利用外部资源，同时保证技术和商业模式的独立性。技术后发国家必须认识到，技术创新是发展的核心动力，而这一切都离不开自主、可控全产业链体系的支撑。后发国家只有成功建立起自己的科技创新体系，并在全球化的产业链中稳步攀升至上游，才能真正实现从跟随者向引领者的转变。

（二）全球化演变中的产业模式

从20世纪20年代开始，最近百年的产业模式是企业依据所处的行业特性以及企业自身的资源积累来决定的。例如，垂直一体化模式（福特制）作为最早的大规模生产模式“恰好”处于逆全球化的阶段，当时各国市场割裂程度不断加深，全球贸易出口额占GDP的比例日益下滑，企业面临的潜在市场规模由全球大市场不断收缩。如图4-2所示，后来垂直一体化模式被水平生产模式（丰田制）所取代，使“精益生产”从一种美好的理念成为现实，可以说再全球化成就了丰田制。全球化与逆全球化的交织，给了世界各国在不同时期下产业模式的选择。

1. 垂直一体化模式的福特制

垂直一体化模式是指从原材料的生成、加工到组合成最终产品的整个过程，都由单一企业自行完成。这种模式是企业将绝大多数生产产品所需要的资源，全部安排在企业内产出，然后由企业自身的生产线进行整合。这种模式在亨利·福特提出 T 型车销售模式的时代盛行，简称福特制。1908 年，福特开发出了仅售 950 美元的 T 型车。1925 年，该车价格降至 260 美元，这款车几乎成为每一个工薪家庭都能负担得起的汽车。

大规模销售促进了持续性增产，最终导致原材料和零部件供不应求。为了解决生产问题，福特打通了生产的上下游，庞大的胭脂河工厂诞生了。厂区内，不仅有汽车生产线，甚至包含了煤矿堆积场、冶金工厂、玻璃工厂、橡胶工厂，这些工厂提供了制造汽车时所需要的钢板、玻璃板等原材料。因为所有的零部件都是自行生产的，所以避免了材料供应可能产生的缺口，福特公司彻底实现了同步化的生产线和流水线作业。

下面对福特制进行分析：一是优势、劣势分析（如表 4-1 所示），二是安全利益分析（如表 4-2 所示）。

表 4-1　垂直一体化模式的优势、劣势分析

优势	劣势
优势一：生产效率高，几分钟便生产一台	劣势一：需求弹性低，个性化不足
优势二：成本较低，耗料标准统一	劣势二：退出总成本高，杠杆升高

资料来源：竟象商学院，《垂直一体化整合生产商业模式》。

垂直一体化模式是将技术要求完全不同的生产、分销、零售或其他经济活动综合起来，在一个企业的控制范围内实现的过程。如表 4-2 所示，这种模式代表了企业决定利用内部交易或者管理层的交易而非市场交易来实现其经济目标的方式，对于维护安全的产业链有较高的要求，也是逆全球化中的优势模式。

表 4-2　垂直一体化模式的安全利益分析

序号	重要利益	具体情况
1	整合运营的效益	将技术要求完全不同的活动整合起来，企业就可能获得效益。比如，在生产领域，这个举动可以减少生产过程中的必要步骤，减少装运成本或者运输成本，利用闲置的生产能力
2	内部控制和协调的效益	在一体化企业中，排产、协调运营和响应紧急事件的成本将大大降低。一体化单元设施比较靠近，会方便协作和控制。企业这样的安排能增加兄弟业务单元之间的信任度，使它们更加重视对方的感受和要求
3	避免市场交易获得的效益	通过一体化，企业可以潜在地节约很多市场交易成本，包括销售成本、比较成本、谈判成本和交易成本，并做好关键技术的保密措施
4	信息安全的效益	整合运营可能会减少企业搜集市场中各类消息的需求，减少搜集信息的总成本，但是外溢的内部信息可能被竞争对手获知
5	稳定关系的效益	无论是上游生产环节还是下游生产环节，都与本产业有着稳定的采购或者销售关系，以保证产销安全

资料来源：竟象商学院，《垂直一体化整合生产商业模式》。

垂直一体化能降低供需的不确定性，保护企业不受价格波动的影响。当订单生产周期很紧时，企业能够有稳定的原材料供应。当总体需求较低时，企业的产品也有自己的销路。因此，实现一体化，保证供需状况，不能视为一种对企业不受公开市场波动影响的保护，至多是一种对这类波动给企业造成影响的缓解。上游业务单元和下游业务单元应该更好地进行规划，降低企业遭遇采购或者供应中断的风险，减少来自供应商或者客户变化带来的影响，降低企业处于尴尬境地的概率。这样一来，企业不至于为了应付突发情况，被迫支付高于市场价的资金。对于采购或者供应阶段呈现资本密集特点的企业来说，减少不确定性因素格外重要。确保供应和需求的稳定，已经成为多个行业选择垂直一体化模式的动因，石油行业、钢铁行业和炼铝业等在这方面表现得极为突出。

2. 精益生产模式的丰田制

第三次工业革命进一步扩大了市场的边界。大型集团开始专注核心业务，在价值链的关键部位占据主导地位，同时扩大供应商范围，通过采购节省成本。第三次工业革命时代的价值链组织呈现专业化，链条中的每一个环节都有对应的强大领导者。随着人们对交付周期的要求越来越高，链条中各个企业开始逐渐调整自身模式，旨在加快内部进程（包括产品开发和产品制造）。基于此，日本丰田公司创立了独具特色的丰田制生产方式，它将福特制与弹性生产相结合，通过改良作业来减少或消除生产过程中的各种浪费，实现多品种、中小批量的生产。这种模式成为一种超越福特制的具有里程碑意义的生产方式。

丰田生产模式（Toyota Production System，TPS）由日本丰田公司创建，作为公司的核心竞争力之一，涵盖了从经营理念到具体的生产细节。作为一个综合性的管理体系，它涉及公司的每一步运营，包括但不限于生产组织方式、物流控制流程、质量管理策略、成本控制方法、库存管理技巧以及现场管理艺术等方面。这些元素相互交织，共同构成了丰田生产模式的框架，确保了丰田汽车能够以极高的效率和质量在全球市场上占据领先地位。这种围绕产品或产品系列构建流程和组织的方式，使价值链中的每一家企业都极大地提高了快速响应能力。而精益生产（Lean Production，LP）是美国麻省理工学院对丰田生产模式的赞誉，因此丰田生产模式又称精益生产方式。丰田生产模式有两大特征：准时制生产、全员积极参与改善。

如表 4-3 所示，下面对福特制与丰田制两种生产模式对比分析。

在采购模式方面，丰田公司与零部件供应商之间形成了层层转包的“金字塔”模式。这种采购模式虽然缩短了采购周期，大大节约了采购成本，但是高度依赖与供应商之间稳定的合作关系，也会存在库存积压和产品质量问题。

在销售模式方面，为熨平消费需求周期波动的影响，丰田公司的销售人员采取了直接登门拜访客户的营销方案。这套方案的实施结果是，丰田公司赢得了更为稳定持久的销售业绩及获利水平。

表 4-3　两种生产模式的对比①

项目	福特制	丰田制
采购模式	垂直一体化模式	“金字塔”模式
和供应商的关系	内部化	协作性
优势	可控性	灵活性、有创意
劣势	缺乏灵活性	经济不景气时负担重

资料来源：作者整理。

比较丰田制和福特制，可以发现两者均通过垂直式结构来寻求规模效益与范围效益。产品设计、生产、销售和售后服务均在同一公司内进行。尽管很多产品都是由多个节点组成的，但由于各个价值节点尚未形成一个单独的行业，因此，单个价值节点的竞争效果并不明显。

3. 战略竞争模式的温特制

20 世纪 60 年代，美国形成了一种新的产业模式，它被称为温特制。美国公司持续采取“商务型生产”策略，它不仅依靠纵向供应链的整合，而且通过加强新产品的研究开发与营销，以获取更多的终端用户。电子产业以微软操作系统（Windows）和英特尔（Intel）为重要代表。温特制的企业组织呈现出垂直非一体化（Vertical Disintegration）模式，将价值链中并不关键的职能行为外包，而在企业内部聚焦创造的核心部分。以下是关于温特制的两方面分析：一是对发展特征的分析（如表 4-4 所示）；二是对生产标准的分析。

表 4-4　温特制的发展特征

序号	发展特征	具体情况
1	网络型企业	要素配置立体化，新产品开发加快
2	筹资时间缩短	依靠风险资本，减少筹资环节和时间成本
3	营销成本降低	节约电子商务的营销时间与费用，提高营销效率
4	信息沟通便捷	企业成员能随时反映信息，沟通成本大大降低

资料来源：作者整理。

① 刘亮．全球生产方式演变：福特制、丰田制与温特制[EB/OL]．(2017-06-07)[2023-10-01]．https://mp.weixin.qq.com/s/9O6ZRgE2bZMH-SoJIwTW.

温特制企业掌握了产品模块的生产标准，并能够合理调度和配置全球资源。作为标准制定者，该类企业把握着产品各模块以及软件生产和使用的全过程。因此，温特制成为一种更能适应全球化竞争的生产模式。在竞争过程中，温特制企业以高科技贯穿始终，建立了一整套新的商业规则。而从20世纪90年代开始，使用温特制产业模式的美国跨国企业便以最短的时间实现了赢利。温特制企业凭借集聚效应，助力个人电脑的产业化、商业化，并在更大范围内拓宽了商业渠道，方便了消费者。

温特制企业还通过模块化外包手段和一套接口标准，确保零部件的可替代性。① 各企业在优势领域集中资源，把一项现有的企业活动转移到企业外部，② 通过不断深化重组，取得效率上的突破。

第三节　维护大国产业链、供应链的安全与稳定

一个国家若能成功地打造出一个紧密协作、资源共享的产业集群（Industry Cluster），其意义远远大于单纯的经济效益。这不仅是一个大国产业发展的必然趋势，更是国家层面上一种全新的跨界合作模式和协同创新的典范。这样的产业集群能够促进不同行业之间的深度融合，推动产业链上下游的紧密联系，从而实现资源的高效配置和产业价值链的全面提升。在这个过程中，它不仅为企业提供了更广阔的市场空间和创新机会，而且对保障国家产业链的安全与稳定起到了至关重要的作用。

一、基于范围经济打造大国产业集群

产业集群模式是通过企业间的紧密合作和资源的高效整合而形成的一

① K Foss. Will modularization products and organizations improving lead-time in product development?［J］. Springer, 2008 (7): 191-223.

② Staffan Gullander, Anders Larsson. Outsourcing and location［N］. Working Paper, 2000-5-23~2000-5-26.

种新型的合作机制。它促进了产业链上下游之间信息的快速传递与共享，加速了技术革新和产品升级的步伐。在这个体系中，投资者的资金如同涓涓细流汇聚成海，为创新型企业提供了充足的资本支持和广阔的市场空间。随着资本不断涌入，产业集群内的企业之间不仅加深了相互的了解和信任，还通过共同研发和风险共担等方式，形成了更为紧密的合作关系。这些合作伙伴在激烈的市场竞争中互相激励，不断提高自身的核心竞争力。因此，整个产业体系的价值链得到了全面提高，从低端到高端，从制造到服务，每一个环节都在向更高级别迈进。同时，由于集群内各企业在技术、市场、管理等多方面的相互学习和借鉴，产业结构也得以优化和升级。新的增长点和竞争优势被发掘出来，产业的整体效益和竞争力显著增强。这样的产业集群正在成为推动区域经济增长的强大引擎，它以其独特的魅力和强大的生命力，吸引着越来越多的投资目光。

（一）产业集群的范围经济效应

产业集群在构建现代产业体系中扮演着举足轻重的角色，它不仅提供了强有力的基础设施和服务平台，更是推动产业升级和经济发展不可或缺的动力。特别是产业集群所特有的范围经济效应——通过不断深化的分工和专业化，创造了一个产品丰富、市场需求多样化的局面。随着技术的进步和创新的涌现，产业集群的产品种类不断扩展，从最初单一的制造业务逐渐转变为包含研发、设计、营销等多个环节在内的综合服务网络，从而满足了消费者对于不同种类产品的需求。

这种范围经济效应意味着，一套产品可以衍生出多种用途和应用场景，以满足更多人群的多样化需求。正因为如此，产业集群能够有效地降低生产成本，提高效率。在大国之中，产业集群本身就具备了规模优势，而在技术创新的加持下，其范围经济效应更为明显。这不仅使得国家内部的需求得到充分的满足，而且也促进了国际贸易和国际合作的发展，提升了国家整体的竞争力。

构建一个紧密结合的产业集群，能够促使产业链的持续进步与完善。同时，这种高效的合作模式不仅加强了企业之间的相互协作，还极大地富集了资源共享和信息流通渠道。通过这种集群模式，投资资金得以汇集，为创新技术提供了肥沃的土壤。随着越来越多的资本流入，整个产业体系将朝着更高层次的价值链攀升，竞争力得到大幅提升，进而推动产业结构的优化升级。

总而言之，产业集群通过其强大的范围经济效应，实现了资源的优化配置和利用，推动了经济结构的调整与升级。随着全球化进程的加速，产业集群已成为连接世界各地的重要桥梁，它不仅帮助企业拓展了全球市场，同时也为各国的经济增长和社会发展注入了新的活力。改革开放以来，随着经济高速增长，中国在全球产业链扮演着关键角色。打造产业集群可以大力提高生产效率，降低成本，增加就业机会，以及扩大消费市场，促进国民经济的整体繁荣。与此同时，高质量发展成为我们追求的目标。通过优化产业布局，调整产业结构，强化科技创新和人才培养，我们不仅能够实现经济的可持续发展，还能确保社会的公平正义，增进人民福祉，为实现中华民族伟大复兴的中国梦奠定更加坚实的物质基础。

（二）打造引领级、系统级的集成产业链：大国重器

“大国重器的诞生之路，也是产业链的锻强之路。”① 改革开放以来，我国已建设了完备、系统的全产业链体系，筑牢了一大批大国重器。其中，中国高铁实现了从“站起来”到“走出去”，大飞机成果卓越，特高压输变电构成了能源高速公路，核能工业异军突起……打造系统集成产业链意味着产业链上下游企业之间形成紧密的合作关系，通过集中优质资源，共同攻克技术难题，提升产业链的整体实力。也就是说，构建一个高效、协同、创新的产业链体系，对于提升大国的工业竞争力和科技创新能力具有重要意义。

① 王丹，李凯旋．强链补短板 创新克难关（经济新方位・大力提振市场信心）[EB/OL]．（2023－03－21）[2023－10－01]．http：//gs.people.com.cn/n2/2023/0321/c183342－403144645.html.

1. 中国高铁产业从追赶到引领

经过几十年的发展，中国成为世界的高铁博物馆。中国拥有海南环岛高速铁路，其穿越了多雨的高温、强风地带；哈大高速铁路穿越了高寒地区；此外，中国不仅有穿越大风区、戈壁荒漠的兰新高速铁路，还有隧道总长度已经超过了其全长一半的贵广高速铁路。四通八达的高铁网，标志着中国已经掌握了适应不同地区、不同气候的高铁的高标准建设、运营和维护技术。图 4-3 展示了中国高铁在复杂的地貌中修建。

图 4-3　中国高铁修建之处地貌复杂

资料来源：新华社。

中国高铁的优势，一是性价比高，二是交货能力强。性价比高体现为标准高，成本却更低。中国的高速铁路，从上游到下游均有完善的产业链，这一点是其他国家做不到的。在这个产业中，我们可以看到一个错综复杂但又紧密相连的产业链生态圈。从基础材料生产到核心零部件制造，再到下游装配和服务体系，每一个环节都得到了充分的发展与完善。正是这样一个全面而完善的产业链生态系统，让中国在高铁领域独领风骚，形成了难以复制的领先地位。

中国取得这种领先地位并非偶然，而是深厚的技术积淀、巨大的市场需求和持续不断创新能力的共同作用。中国铁路部门和制造企业通过长期的技术研发和人才培养，积累了一系列具有自主知识产权的核心技术。这些技术不仅包括列车设计、信号系统、制动系统等，还涉及大数据、云计算、人工智能等软件层面的创新。随着市场对高品质高铁的需求日益增长，中国企业能够快速响应并满足这一需求，凭借其先进的生产线和高效的供应链管理，实现成本效益的最大化。

2. 大飞机通过产业化“大考”

在全球竞争的背景下，大飞机产业已不再是单一的市场行为，而是考验一国政府参与能力和产业参与能力的综合性博弈。从2017年首飞成功，到2022年获得适航证，再到2023年全球交付商业飞行，国产大飞机C919完成了商业运营最重要的一场“大考”。同时，C919飞机实现商用也带动了相关产业的发展。大飞机在航空产业链中的核心地位不仅体现在其自身技术创新和产品升级上，更在于它如何带动整个产业链的全面发展和优化升级。通过深化供应链管理、提升零部件国产化水平，以及探索新型材料在飞机制造中的广泛应用，大飞机产业正向着更加专业化、智能化、绿色化的方向迈进。

在这个日益庞大和复杂的航空业产业链里，大飞机无疑是其心脏。大飞机不仅是设计理念和技术创新的前沿阵地，更是推动整个行业不断前进的重要驱动力。在大飞机的设计之初，设计师们就致力于将最新的材料科学、先进的制造工艺与精准的空气动力学分析相结合，打造出性能卓越、安全可靠的现代化大型客机。这种持续不断的创新不仅提升了飞机本身的性能，同时也加快了新技术在市场上的应用速度，促进了销售网络的扩张和服务品质的优化。

随着大飞机项目的深入推进，对供应链管理的要求也越来越高。为了保证项目能够顺利进行，供应链上各个环节的企业需要密切配合，高效协作。因此，国内企业参与到大飞机项目中来的意愿显著提升，尤其在关键零部件的生产方面，国内供应商的参与度明显提升，国产化率也在稳步提高。这不仅有利于降低成本，缩短交付周期，更有助于中国航空工业整体竞争力的提升。

与此同时，全球航空工业对高端材料的需求与日俱增，特别是在航空材料领域，这种趋势尤为明显。各种新型的航空材料，如碳纤维复合材料、钛合金、复合材料等，被大量应用于大飞机的结构制造中，这极大地提升了飞机的耐用性和经济性。这些高科技材料的运用，不仅让飞机更加轻盈、坚固，还能够有效减少燃油消耗，从而降低航空公司的运营成本。更为关键的是，这些新型材料为飞机制造企业带来了更广阔的选择空间，使每一架飞机都能根据不同的飞行环境和任务需求，展现出最优的性能表现。

3. 特高压输变电构成了能源高速公路

特高压交流工程所需主要设备为交流变压器、气体绝缘全封闭组合电器（GIS），该产业是一个不被国外“卡脖子”的技术领域，并且我国技术遥遥领先。虽然国外特高压输电技术研究起步早，但在将其大规模商业化应用方面尚未取得突破。在中国，特高压输电工程已经进入一个新的阶段，即大规模的商业化应用阶段。这一进展标志着中国在电力传输领域取得了显著成就。更为重要的是，这些工程中的核心设备已经基本实现了国产化。这不仅降低了成本，也增强了国内制造业的能力和国际竞争力。同时，通过掌握的输电核心技术，中国正在将其影响力扩展到全球电力市场。如表 4-5 所示，中国特高压输变电有四大优势。

表 4-5　中国特高压输变电的四大优势

序号	具体情况
优势一	在技术革新方面，速度最快
优势二	将特高压工程加速推向海外
优势三	由中国制定全球特高压设备标准
优势四	特高压电网智能化全球第一

资料来源：华鑫证券。

4. 核能工业异军突起

核能是近年来我国加速发展的一种清洁能源，全球核电发展已历时 70 余年。2020 年 9 月 22 日，中国国家主席习近平在第七十五届联合国大会一般性辩论会上宣布："中国将提高国家自主贡献力度，采取更加有力的政策和措施，二氧化碳排放力争于2030年前达到峰值，努力争取2060年前实现碳中和。"自此，我国核电事业进入发展高峰期，机组核准数量明显增加。自2022年以来，核电产业从审批到交付、装机等各环节均实现提速。如表4-6所示，对不同文献中几种发电技术下温室气体排放系数进行比较，可以看出核电在温室气体排放上的优势。

表4-6 不同文献中几种发电技术下温室气体排放系数比较①

单位：$gCO_2e/(kW \cdot h)$

发电技术	廖夏伟等	刘胜强等
核电	15.0~25.0	7.0~13.0
水电	20.0~25.0	18.5~31.6
风电	6.5	6.0~9.0
光伏发电	50.0	20.0~40.0
生物质发电	20.0~70.0	210.0~260.0
天然气发电	905.0~973.0	—
传统煤电	1 075.0	1 083.7~1 341.9

中国的核能工业不仅在技术层面上走在全球前列，而且其产业链的完善程度更是让人瞩目。这一产业涵盖了从原材料生产、核燃料提炼到先进反应堆的设计与制造，再到最终核电站的建设和运行等一系列环节，构成了一个完整而高效的产业链条。这个链条不是简单的技术堆砌，而是一个包含了科学研究、工程实施、管理运营等多方面内容的综合体。

在这个复杂的产业生态系统中，每个环节都发挥着至关重要的作用。从核燃料研发到核电站的安全运行，每一步都需要协同合作，共同推进。这种紧密协作的工作模式，确保了中国的核能产业能够在激烈的全球竞争中稳固在领先地位。同时，它也促进了整个行业的持续创新与发展，推动了新材料、新工艺和新技术的应用，大大提高了能源利用效率，减少了环

① 叶奇蓁，苏罡，黄文，等．中国核能现代化发展战略［J］．科技导报，2022（24）：20-30．

境污染。

总之，中国的核能工业以其完善的产业链和强大技术实力，展现出了其在全球核能行业中不可忽视的影响力。随着全球对可再生能源需求的增加，中国核能产业的未来无疑将更加光明，中国核能产业将为全球核能事业的进步做出更大贡献。

二、着力“延链、补链、强链”，做大、做强产业集群

目前，全球产业链和供应链正面临着重构的趋势，这给我国的产业链和供应链现代化带来了严峻挑战。2021 年底召开的中央经济工作会议强调，2022 年经济工作要稳字当头、稳中求进，继续做好“六稳”“六保”工作，保障产业链、供应链稳定。[①] 2022 年底召开的中央经济工作会议强调，着力补强产业链薄弱环节。[②] 2023 年底召开的中央经济工作会议又明确提出，实施制造业重点产业链高质量发展行动，加强质量支撑和标准引领，提升产业链、供应链的韧性和安全水平。[③]《中共中央关于制定国民经济和社会发展第十四个五年规划和二〇三五年远景目标的建议》要求“形成具有更强创新力、更高附加值、更安全可靠的产业链、供应链”。为此，必须着力“延链、补链、强链”，做大、做强产业集群，不断推动产业链、供应链现代化，提升科技创新能力。

（一）加大“延链、补链、强链”力度

在推动产业发展的过程中，我们必须聚焦“延链、补链、强链”这一战略方向，以实现产业集群的壮大与发展。只有通过不断地延伸产业链条、弥补产业空白、加强产业链之间的联系和合作，才能够打造出更加强

---

① 新华社. 中央经济工作会议在北京举行 习近平 李克强作重要讲话[EB/OL]. (2021-12-10)[2023-10-01]. https://www.gov.cn/xinwen/2021-12/10/content_5659796.htm.

② 新华社. 中央经济工作会议在北京举行 习近平 李克强 李强作重要讲话[EB/OL]. (2022-12-16)[2023-10-01]. https://www.gov.cn/xinwen/2022-12/16/content_ 5732408.htm.

③ 新华社. 中央经济工作会议在北京举行 习近平出席会议并发表重要讲话[EB/OL]. (2023-12-12)[2024-03-01]. https://www.chinanews.com.cn/gn/2023/12-12/10127163.shtml.

大的产业集群。这种发展策略不仅是对现有资源的补充，更是创新和升级的过程。它将促使各个环节之间形成更加紧密的合作关系，从而使整个产业集群的实力得到显著增强。实施这样的战略规划，不仅可以推动产业链条的各个环节优化，还能有效提高产业集群的整体竞争力和影响力。这将带来源源不断的新机遇，激发新的增长点，进而为经济的持续、健康发展提供坚实的基础。

此外，一个更加紧密和高效的产业集群更有能力应对市场的快速变化，适应全球经济发展的脉搏，确保我国在激烈的国际竞争中占据有利位置。因此，我们必须全力以赴，落实“延链、补链、强链”的战略方针，促进经济社会的全面进步和长远发展。

（二）推动产业链、供应链现代化

推动产业链和供应链向现代化发展是提升我国在全球产业分工中地位的关键。这不仅要求我们充分发挥我国特有的体制、机制优势，而且需要借助我国庞大的市场潜力来实现。必须加速构建产业基础能力，培育出具有强大创新能力、更高附加值，以及更安全、可靠的现代产业链。

一是勤修内功，筑牢产业基础能力。产业基础能力的高低既直接影响到一个国家的产业发展水平，也关系到一个国家的产业安全。因此，要加快推进工业基础再造，重点支持基础零部件、关键材料、软件、检测、测试平台、新基建等方面的投资，充分发挥本土优势，加强多方协同，加速补齐基础短板。

二是淬炼利器，挖掘产业链控制力。锻造“国之重器”的供应商和主导企业，是一国产业链控制力的关键因素。转变传统企业发展模式，培育创新型企业和企业家，以加强对全产业链、关键环节、标准及核心技术的控制。为创新型企业家提供一个良好的创业氛围，让企业家能够更好地工作，更好地推动实体经济公司的发展壮大。助力打造“专精特新”企业，加强企业家精神的培育，形成一大批创新型企业的产业集群。

三是内外兼修，实现产业链联动发展。如图 4-4 所示，推进产业链协同发展，可以充分利用超大规模市场和“新型举国体制”的优势，打造全方位、战略性的产业链。在追求自主创新的同时，有效将国内外先进的技术标准和管理体系相融合，形成一个具有高附加值的产业链生态系统。

时间	文件名	主要内容
2019.10.31	《中共中央关于坚持和完善中国特色社会主义制度、推进国家治理体系和治理能力现代化若干重大问题的决定》	强化国家战略科技力量，构建社会主义市场经济条件下关键核心技术攻关新型举国体制
2020.10.29	《中共中央关于制定国民经济和社会发展第十四个五年规划和二〇三五年远景目标的建议》	健全社会主义市场经济条件下新型举国体制，打好关键核心技术攻坚战
2021.11.11	《中共中央关于党的百年奋斗重大成就和历史经验的决议》	健全新型举国体制，推进关键核心技术攻关和自主创新，加快建设创新型国家和世界科技强国
2022.09.06	《关于健全社会主义市场经济条件下关键核心技术攻关新型举国体制的意见》	首次以“意见”的形式确立了新型举国体制在关键核心技术攻关中的重要作用
2022.10.16	《高举中国特色社会主义伟大旗帜 为全面建设社会主义现代化国家而团结奋斗——在中国共产党第二十次全国代表大会上的报告》	完善党中央对科技工作统一领导的体制，健全新型举国体制，强化国家战略科技力量

图 4-4　中国“新型举国体制”的政策演进

资料来源：中国政府网。

（三）持续推动科技创新能力不断提升①

长期以来，中国作为“世界加工厂”，始终处于全球生产链的中下游。基于此，中国企业在生产和创新过程中过度依赖外部技术，缺乏自主创新和对核心技术的掌握，并在实践中表现出技术创新能力不足、科研投入不足以及知识产权保护制度不完善三大短板。在技术创新上，在一些关键领域，中国的核心技术研发和创新能力相对较弱，无法满足高端制造和先进技术的需求，从而导致中国在芯片、发动机、材料、数控机床、工业软件等领域的一些关键零部件、装备依赖国外。虽然中国的科研投入逐年增加，但与发达国家相比仍存在一定差距。2021 年世界银行数据显示，

① 王昌林．新发展格局[M]．北京：中信出版集团，2020.

中国的研发经费占 GDP 的比例为 2.4%，而美国的占比则为 2.8%。①

在知识产权保护方面，我国的知识产权制度建设仍然需要完善。在逆全球化趋势冲击下，我国参与知识产权国际治理经验不足，面临瓶颈。我国应努力在以下三个方面发力。②

一是集中力量在一批关键技术上实现突破。我国电子信息、生物医药、航空航天等关键产业在核心技术、基础研究、关键零部件及技术设备等领域都面临着严重的瓶颈，断链风险显著，产业链运行不畅。当务之急是要把解决“卡脖子”问题作为主攻方向，加大攻关力度，尽早在一批关键核心技术上取得突破。

二是要努力提高企业的科创水平。企业是创新的发动机，只有企业才能有效地整合人才、资金、技术等创新资源，使之成为现实的生产力，实现经济的健康发展。然而，目前我国企业缺乏自主创新能力，也迫切需要建立一套自主可控的创新体系。

三是扎实推进基础研究。创新的源泉在于基础研究。近年来，我国的基础研究有所突破，正在逐步缩短与发达国家之间的距离。为了应对更为严峻的国际竞争，我们需要增加对基础研究的投入，改善基础研究的层次，健全基础研究的制度，主动发掘引领未来、代表发展方向的新一代科技，力争在基础研究方面跻身世界前列，切实增强原创性。

---

① 联合国教科文组织（UNESCO）统计研究所. 世界各国研发支出（GDP 占比）[EB/OL].（2023-10-24）[2023-12-01]. https://data.worldbank.org.cn/indicator/GB.XPD.RSDV.GD.ZS.

② 郭琦.“逆全球化”趋势下中国参与知识产权国际治理[J]. 西南民族大学学报（人文社会科学版），2023，44（02）：100-108.

第五章

中国高铁纵横飞驰

自1990年我国首次提出高速铁路兴建计划，到如今中国在印度尼西亚建成的雅万高铁正式运营，三十多年间，中国高铁产业实现从追赶到领跑的华丽转身。高铁已经成为代表中国制造业发展水平的一张名片。中国作为高铁非技术原创的后发型国家，实现跨越式赶超发展并快速崛起，不仅得益于中国作为大国的“大国优势”，还得益于我国特有的新型举国体制。中国高铁产业不仅提高了物流便利程度，拉动了中国经济的发展，还是中国经济高质量发展的重要引擎。它培育了一大批国内高素质的产业人才后备军，带动了三十多万家供应商产业升级，这对于中国现代化产业体系建设具有重要意义。

未来中国高铁产业的发展，需要在以下几个方面着力：一是努力提升中国高铁标准，进一步加大在国际标准体系中的话语权；二是加快高铁经济引领产业链转型升级；三是鼓励和引导民营资本参与高铁建设，激发更有持久活力的动能。

第一节　高铁的技术特征与行业格局

国际铁路联盟（International Union of Railways，UIC）是铁路行业最具影响力的专业国际标准组织。根据该联盟定义，高速铁路是指新建铁路营运速度在250公里/小时以上，改建铁路营运速度在200公里/小时以上的铁路装备体系。世界铁路轨距分为三类：国际通用的标准轨距为1 435毫米，宽轨的轨距在1 520毫米以上，而窄轨的轨距在1 067毫米以下。不同的国家采取不同的铁路轨道标准，中国采用的是标准轨距。

一、高铁的技术特征：高技术密集、产业链辐射广、绿色低碳

（一）高技术密集

高铁行业是一个高技术密集行业。高铁技术是在航天工程项目之后出现的又一高新技术系统集成，考验一国的高端工业制造能力。对于高铁产业，核心技术集中在列车总成、高速转向架、车体、牵引传动控制、制动系统及网络控制。中国的这些技术当年都是靠国外引进的，我国通过消化、吸收和优化，逐渐掌握了这些核心技术。除此之外，高铁产业对于系统集成管理要求很高，例如，CRH3型动车组共二十几万个零部件、4万多根配线、8万多个接线点，而这些接线工作都需要人工操作。为了防止接线失误，操作人员编写《接线手册》，按照《接线手册》进行接线。全列车有刹车管1 000多根，对于刹车管的制作，同样考验技术人员的工艺水平。刹车管最薄的地方只有1毫米，在工艺上需要很高的精度保障。

随着智能化技术的发展，新的成熟技术仍在源源不断地被引入高铁领域。中国北斗卫星导航技术、5G通信技术等新型智能列控系统，将高铁列车群与联控新型列控系统等技术协同在一起，使高铁产业与传统铁路产业“黑大粗笨”的形象迥然不同，成为现代高技术密集产业的象征。

（二）产业链辐射广

一个高铁动车组有二十多万个零部件，产业链分布广。高铁产业的产业链可以分为三个方向：一是基于机车制造业的产业链延伸，比如核心的配套技术，如信号控制、供电技术、系统集成、标准审定、回收处理；二是基于运输运营的产业链延伸，如客运经营、沿线物业、高铁融资、旅游观光、社会服务等；三是基于路网建设的产业链延伸，如路轨、工程建设、沿线开发、路网维护等。

因此，高铁产业链带动作用非常大，它会带动高铁机车、电力、转向

架、轮轴、轴承、轮盘等的加工制造。电信控制技术会推动整个配套行业的技术进步。

（三）绿色低碳

与汽车和飞机产业相比，高铁在绿色低碳方面具有很大的优势。在能耗和占地面积方面：国际铁路联盟数据显示，若高铁能耗为1，则小汽车能耗为5.3，飞机能耗为5.6；从占地面积来看，一条双向四车道高速公路的占地面积是复线高速铁路的1.6倍；一个大型飞机场的占地面积相当于1 000公里复线高速铁路的占地面积。不仅如此，与地面路基相比，采用桥梁每公里节省土地44亩①。例如，京沪高铁桥梁占比达80%，与传统路基相比少用土地3万亩。仅“以桥代路”一项，京津城际铁路节约土地4 590余亩。

乘坐京沪高铁，每人百公里能耗3.64千瓦时，相当于航空能耗的1/12，相比之下也更省电。从运营成本来看，以日本东海道的新干线为例，年运量是每天46.6万人次，一年约1.7亿人次，运营能力是航空的10倍，是高速公路的5倍，而运输成本只是航空的1/5，是高速公路的2/5。这些数据说明，无论从占地面积、能耗还是从成本收益来看，高铁都是更为绿色低碳的。如图5-1所示，与民航和汽车相比，高铁在150~800公里距离范围内具有竞争优势；低于150公里，则汽车更具有优势；高于1 200公里，则民航更有优势。高铁的碳排放量一般仅为飞机的1/3，最多1/2。②

二、高铁的行业发展：发端于日本，发展于德国，兴盛于中国

（一）全球高铁产业发展历程

第一阶段：20世纪60年代至20世纪80年代末。该阶段为世界高速铁路的发展初期。日本是世界上最早开始建设高速铁路的国家，为迎接1964

---

① 1亩=666.67平方米。

② 世界银行.中国的高速铁路发展[R]. 2019.

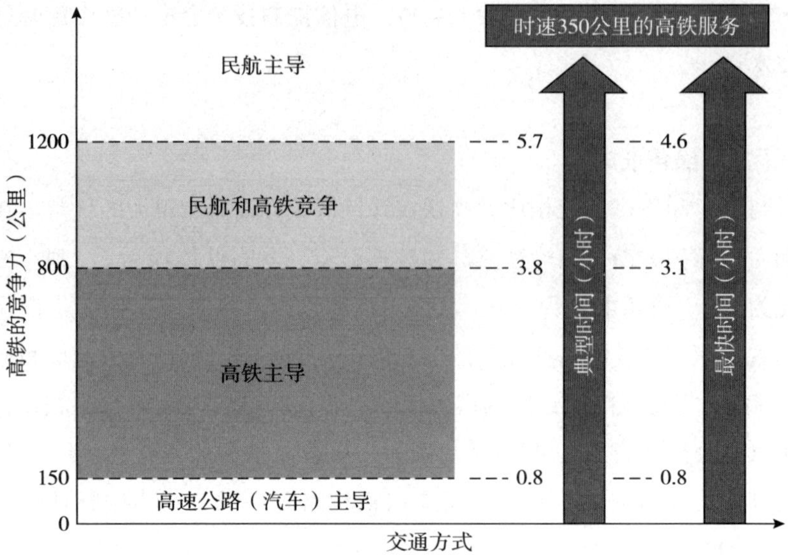

图 5-1　与民航、汽车相比，高铁的竞争力

资料来源：世界银行，《中国的高速铁路发展》报告。

年东京奥运会，日本开通运营了著名的新干线。1950—1981 年，日本从国外引进 38 000 件技术项目，引进费为 133 亿美元。法国的高铁研究计划始于 20 世纪 70 年代，1983 年巴黎—里昂的 TGV 高铁东南线建成通车，最高运行速度为 270 公里/小时。这极大带动了欧洲高铁的发展，德国、意大利先后加入高铁发展行列。

第二阶段：20 世纪 80 年代末至 20 世纪 90 年代末。在此期间，日本、德国和法国逐渐建立起自己的高速铁路网络，法国的 TGV 高铁和德国的 ICE 高铁也逐步成长起来。德国、西班牙和比利时的高速铁路建设进入高峰期。高铁线路的覆盖范围扩大，运营里程急剧增加，平均时速不断提高。

第三阶段：20 世纪 90 年代至 21 世纪初。铁路网络贯穿整个欧洲大陆，形成了高速铁路发展的黄金时期。在亚洲，韩国和中国台湾地区也开始修建高铁。韩国是继日本之后第二个加入“高速铁路俱乐部”的亚洲国家。2004 年 4 月，汉城（今首尔）到釜山之间的高铁线路投入运营。我国台湾地区于 1998 年启动高速铁路兴建计划，连接台北与高雄两市的高速铁路系统贯通台湾西海岸，共 8 个车站，全长 345 公里。

第四阶段：21 世纪初至今。在此阶段，中国高铁迅速崛起。中国开始大规模发展高铁，从装备制造到路桥建设以及路网管理运营，构建了一整套具有自主知识产权和世界先进水平的高速铁路技术体系。中国的装备制造可与老牌高铁制造商日本川崎重工、德国西门子、法国阿尔斯通以及加拿大庞巴迪竞争。中国的道路桥隧施工建造技术能力更是处于全球领先地位。近些年，因为质量可靠、成本低廉，所以中国高铁在“走出去”过程中极具竞争力。

（二）中国高铁走在全球前列

除了中国，世界高铁强国主要有日本、法国、德国、加拿大、西班牙等传统铁路强国，这些国家也是中国高铁“走出去”的主要竞争对手。日本是世界上最早发展高速铁路的国家，新干线高速铁路拥有世界上最为成熟的商业运行经验和高安全标准，运行 60 年来从未发生重大安全事故。法国是欧洲最早拥有高铁的国家，TGV 高铁以高速度著称。德国 ICE 高铁在技术方面有着很高的国际声誉，特别是高铁上用的所有东西都能内部解决。综观全世界，能做到这点的只此一国。德国和法国的高铁技术标准在国际市场，特别是欧洲市场均有强大影响力。加拿大庞巴迪是世界级的航空和列车制造商，很早介入高铁行业，也是顶尖高铁的设计者。

这些高铁强国都有自己的比较优势，如日本川崎重工的低阻力、轻量化、减灾和防灾，德国西门子的主动安全、模块化车体、质量管理体系和可靠性，法国阿尔斯通的生态设计，加拿大庞巴迪的能源—效率—经济—生态（ECO4）。由于高铁技术发达的国家各有所长，因此竞争和博弈也日趋激烈。过去的 30 年，中国利用国内市场规模，以市场换技术，采用引进、消化、吸收和再优化策略，集各方之优势，实现了技术上的追赶与超越。中国高铁在里程和速度上都是全球第一，且有自己独有的优势，成为“中国名片”。

1. 里程与速度全球第一

交通运输部公开数据显示，2022 年末，我国铁路营业里程达到 15.5 万公里，比 2012 年末增加了 5.7 万公里，其中高铁营业里程达到 4.2 万公里，占世界高铁营业总里程的2/3以上。如图5-2所示，中国高铁营业里程居全球第一，其次是西班牙、德国和法国。

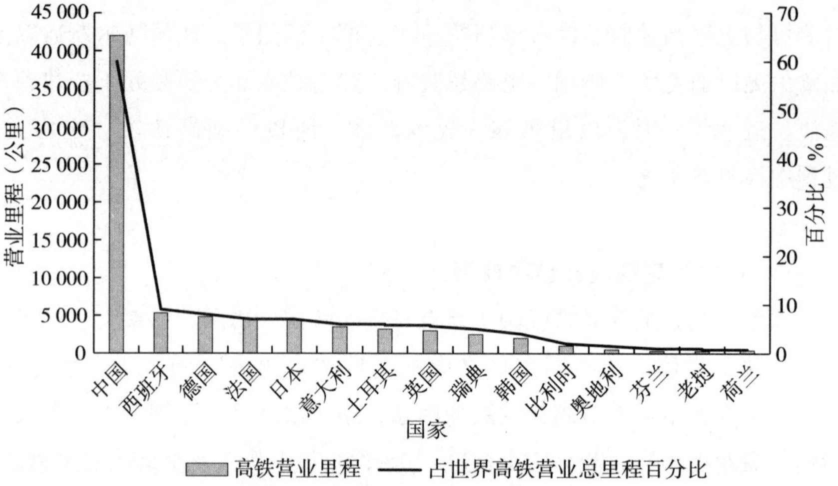

图5-2　2022年15国高铁营业里程及占世界高铁营业总里程百分比

资料来源：中国银行证券研究院，《铁路文化》。

从速度来看，中国运营时速最快的国产复兴号高铁的运营速度已经达到了350公里/小时，中国的高铁速度位居世界第一。目前，中国研发的运营速度更快的磁悬浮列车，速度可达600公里/小时。而日本、法国、西班牙、比利时等国的高铁速度均为320公里/小时。

2. 中国高铁具有竞争优势

中国高铁有四个方面的优势：一是系统集成优势。中国高铁能把铁路工程、通信信号、牵引用电、移动设备、运营管理、设备维护等集成起来，这在其他国家较难做到。二是我国高铁的高速技术层次比较丰富，能满足不同的需求。三是我国幅员辽阔，应用场景丰富，可以满足不同国家的需求。例如：中国的哈大线，列车需要经受从-40℃至40℃的巨大温差，能适应哈大线的列车必定能适应俄罗斯、加拿大等国的环境；跨热带的海南环岛线列车必定可以适应东南亚国家的自然环境。四是具有成本优势。如表5-1所示，中国高铁设计、建设、制造都具有成本优势，中国高铁建设成本远低于表中其他国家和地区的建设成本。世界银行发布的《中国的高速铁路发展》报告显示，中国高铁建设成本约为其他国家或地区高铁建设成本的2/3。

表5-1　4个国家和地区高铁建设成本

国家和地区	建设成本（亿元人民币/公里）
中国	1~1.25
欧洲	1.5~2.4
美国加州	3.2
法国	1.5~2.1

资料来源：世界银行，《中国的高速铁路发展》报告。

第二节　中国建成世界最大的高铁网

中国高铁以八横八纵的高级铁路为主干线，其他高级既有铁路和城际铁路等为次支线，由中国铁路总公司和国家铁路局（含下属公司）管理经营，部分市郊铁路除外。在经营管理上，按照自然垄断行业的模式，中国实施国家统一管理和严格的价格管制。

一、高铁营业里程和客流量逐年上升

如图5-3所示，截至2022年年底，中国铁路营业里程为15.5万公里，高铁营业里程为4.2万公里，高铁营业里程占铁路营业里程的27.10%。

在国家战略规划中，到2025年，国家高铁营业里程将达到5万公里，2035年达到7万公里。中国铁路网累计20万公里左右，其中高铁7万公里左右。20万人口以上城市实现铁路覆盖，其中50万人口以上城市实现高铁通达。目前，94%的百万人口城市实现高铁通达。全国1小时、2小时、3小时“高铁出行圈”和全国1天、2天、3天“快货物流圈”全面形成。

如图5-4所示，受疫情影响，2020年和2021年高铁客流量出现下

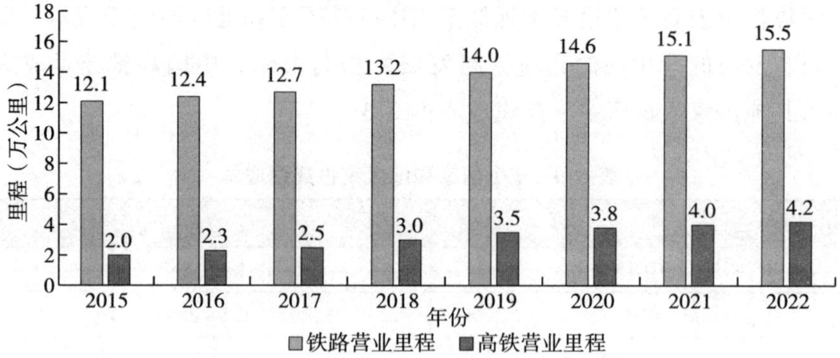

图 5-3　铁路与高铁营业里程持续增长

资料来源：国家铁路局、开源证券研究所。

滑，在最高峰 2019 年时高达 23.58 亿人次。然而高铁客运量占铁路客运量的比例并不受疫情影响，一直处于上升阶段，2021 年高达 73.61%。这也说明高铁越来越成为中国国内旅客的出行首选。

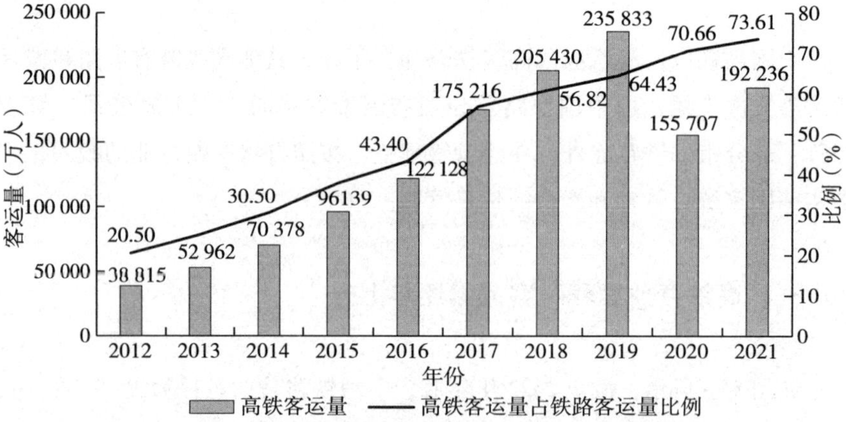

图 5-4　高铁客运量及高铁客运量占铁路客运量比例

资料来源：Wind。

二、中国高铁产业链价值高

中国动车组厂家有四家：一是中车青岛四方机车车辆股份有限公司，二是中车长春轨道客车股份有限公司，三是中车唐山机车车辆有限公司，四是青岛四方阿尔斯通铁路运输设备有限公司①。其中青岛四方阿尔斯通铁路运输设备有限公司是中外合资公司，类似于汽车领域的一汽大众汽车有限公司、上海大众汽车有限公司，技术都由外方导入。另外三家则是中国企业，走自主创新之路。

如图 5-5 所示，高铁行业产业链分为上、中、下游。产业链上游的公司主要从事勘察设计、基础建设、工程机械及建材，细分为工程承包、工程机械、配套建材，代表企业有中国中铁股份有限公司、中国电力建设集团有限公司（简称“中国电建”）等。产业链中游的公司主要从事整车制造、核心零部件制造、专用系统设备制造，细分为车辆购置、零件配件、专用系统设备，代表企业有中国中车股份有限公司（简称“中国中车”）、深圳市远望谷信息技术股份有限公司等。中国中车与中国兵器工业集团有限公司下属的北方国际合作股份有限公司，在国内铁路机车制造市场拥有 95% 的市场份额。产业链下游的公司主要为运营企业和物流企业，代表企业有中国中铁股份有限公司、神州高铁技术股份有限公司、中国物资储运集团有限公司等。

高铁的产业链带动体现在：一是提升铁路建筑业整体实力；二是促进装备升级改造；三是带动相关产业发展，拉动冶金、机械、橡胶、电力、信息、计算机、精密仪器等上下游产业协同发展；四是降低全社会物流成本；五是拉动文化旅游的发展。

公开数据显示，每对我国高铁投资 1 亿元，对与之相关的建筑、冶金、制造等上下游关联产业拉动产值在 10 亿元以上，可创造就业岗位 600 多个。② 特别是中国自主研发的标准动车组“复兴号”高速列车作为现代高新技术的集成，零部件数量达 20 万个以上，其独立的技术系统超过 260 个，设计生产动车组零部件的核心企业超过 100 家、紧密层企业超过 500 家，覆盖 20 多个省市，带来大量的就业岗位，这背后的潜在收益也是巨

① 青岛四方阿尔斯通铁路运输设备有限公司的前身是青岛四方庞巴迪铁路运输设备有限公司。

② 张维．千里京广 为美丽中国续航赋能［EB/OL］．(2022-12-26)［2023-10-01］．http：//m. huanqiu. com/article/4B1qWczwTSQ.

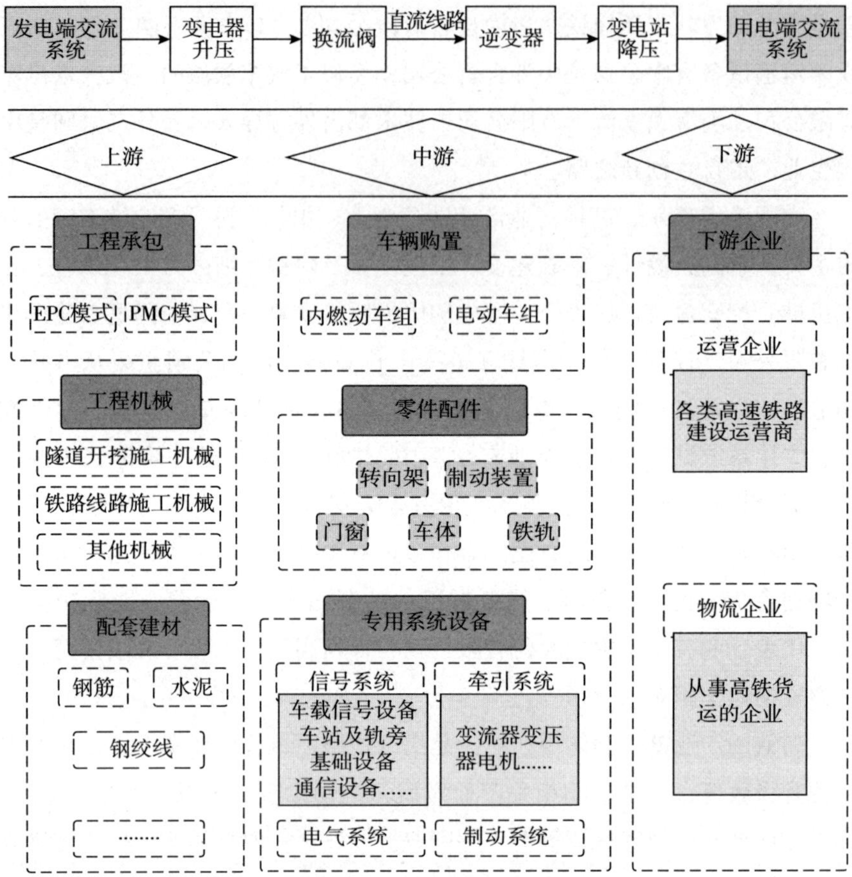

图 5-5　中国高铁产业链

资料来源：作者整理。

大的。

三、中国高铁实现的重大工程突破

中国幅员辽阔，东西长约 5 200 公里，南北长约 5 500 公里，跨越不同温度带，地形、地貌复杂，可以说基本具备各种不同场景、环境。如兰新铁路，经过“百里风区”“三十里风口”，穿过风区和昼夜温差极大的戈壁滩，穿越“世界第一高隧”的连山隧道群，施工和运输都极为困难。

如表 5-2 所示，自 2008 年京津城际铁路运营通车以来，中国高铁有了很多重大工程突破，如京广高铁是世界上最长的高铁，哈大高铁是世界上首条高寒地区高铁，海南东环高铁是世界上最靠近赤道的高铁线，贵广高铁与在西南地区开山凿洞修建的桥隧相连。

表 5-2　中国高铁的重大突破性工程

铁路线	贯通时间	重要突破点
京津城际铁路	2008. 8. 1	首条时速 350 公里的铁路，技术创新、技术集成的示范试验
京广高铁	2009. 12 2012. 12	全程 2 281 公里，世界最长，分两段开通，跨气候带，跨平原、丘陵和江河地貌
京沪高铁	2011. 6. 30	世界首条一次建成的最长铁路，全线时速 350 公里
哈大高铁	2012. 12. 1	世界首条高寒地区高铁，昼夜温差最大为 80 ℃。修建经验可供俄罗斯等高寒地区参考
海南东环高铁	2010. 12. 30	首条潮湿温热的亚热带高铁，世界上最靠近赤道的高铁。修建经验可供印度等地参考（当时已有海口—三亚高速公路）
兰新高铁	2014. 12. 26	通过四大风区，最大风速 16 米/秒（16 级）。穿越戈壁沙漠，延伸到莫斯科
贵广高铁	2014. 12	特殊地质、地貌，开西南地区修建高铁先河。桥隧相连，50% 以上是隧道，30% 是桥梁

资料来源：作者整理。

四、中国高铁“走出去”的国际话语权加速提升

中国高铁在国内发展的同时，也开启了“外循环”之路。中国“走出去”的代表性项目，有雅万高铁项目、中老铁路项目、巴基斯坦拉合尔轨道交通橙线项目、中泰铁路合作项目、匈塞铁路项目等。这些项目的

竞标者，正是老牌高铁制造商日本川崎重工。在印度尼西亚的雅万高铁项目中，日本以超级低的报价打压中国。虽然在技术层面，中国高铁和日本川崎重工不分上下，但是由于雅万高铁所在地区的地形、地势复杂，需要盾构机等大型设备辅助，而中国在机械工程方面占有优势。除此之外，雅万高铁接近赤道，气候湿热，对于列车车体的气候适应性要求较高。而中国的海南东环高铁，所处几乎相同的气候条件下，其修建经验完全可以用在雅万高铁上。最终，印度尼西亚选择由中方来建设雅万高铁。

雅万高铁项目是中国高铁首次全系统、全要素、全产业链在海外落地。雅万高铁项目是中国“一带一路”倡议和印度尼西亚海洋支点战略对接的重大项目，由中国国家铁路集团有限公司（简称“国铁集团”）牵头并参与建设和运营。项目全长为142公里，北起印度尼西亚首都雅加达，南接西爪哇万隆，设计最高速度为350公里/小时，全线采用中国技术、中国标准。项目自2018年6月起进入全面施工阶段，2023年2月15日全线无砟轨道板施工全部完成。项目建成后，雅加达到万隆的旅行时间由原来的3个多小时缩短至40分钟。雅万高铁对于推动中国高铁“走出去”，具有重要的示范效应。

除此之外，在国际标准修订中，中国的影响力也在不断加大，国际话语权加速提升。2022年，国际铁路联盟发布了由中国主持的国际标准，其中采用了中国铁路设计的基础设施标准和供电标准，填补了这一领域的空白。

五、中国高铁产业崛起的重大意义

中国高铁产业崛起的重大意义是什么？一是带动大量高素质人才和工程师参与到这个产业的分工协作中，为中国的产业发展奠定人才基石。二是带动高铁产业配套产业链的升级。中国已经形成庞大的高铁产业，与之配套的大大小小的零部件制造企业有30多万家。三是大大提高中国人的通勤速度和物流速度，提升了中心城市圈的集聚效应。围绕若干核心城市的1小时、2小时、3小时“城市圈”基本形成，高铁甚至改变了我国公众的时空观念，这为中国统一大市场的建立奠定了物质技术基础。可以说，中国高铁属于典型的推动现代工业转型升级的重要引擎。

第三节　中国高铁产业的发展历程、经验与启示

一、中国高铁产业从“追赶者”到“引领者”

中国高铁的发展经历了四个阶段：第一阶段（1990—2003 年）为论证阶段，主要围绕京沪线的建设展开论证；第二阶段（2004—2006 年）是引进、消化和吸收阶段；第三阶段（2007—2011 年）是自主提升阶段；第四阶段（2012 年至今），中国研制出具有自主知识产权的“复兴号”高铁，开启中国高铁新征程。

（一）1990—2003 年：论证阶段

1978 年，中国的火车大多还是蒸汽火车。1993 年，虽然中国的大多数火车换上了更先进的内燃机车，但是最高速度也只能达到 110 公里/小时。中国想要实现高速铁路快速发展，迫切需要新一代火车。

20 世纪 80 年代，作为中国经济发展大动脉的铁路，只有区区 5 万公里，是现在铁路里程的 1/3。普通人想坐火车，一票难求。随着东部沿海经济起飞，京沪铁路客货运量猛增，运输能力趋于饱和，京沪间亟须建设一条客运专线。1990 年，铁道部向国务院报送《关于“八五”期间开展高速铁路技术攻关的报告》。2008 年，京沪高铁正式全线开工建设。因为各方当时围绕着“是在原京沪线上扩建还是新建线路”以及“采用磁悬浮还是轮轨”展开激烈讨论，难以很快达成一致，所以这条高铁线路整整酝酿了 18 年。

2002 年 11 月 27 日，“中华之星”电力动车组冲刺试验创造了当时最高速度 321.5 公里/小时的“中国铁路第一速”。直到 2008 年 4 月 24 日，CRH2（CRH 是“China Railway High-Speed”的简称）于京津客运专线上进行高

速测试，该纪录才被打破。“中华之星”电动车组由国家计划委员会立项，铁道部主持，中国北车集团和中国南车集团参加研制。“中华之星”电动车组于 2005 年 8 月 1 日正式投入服务。列车来往于辽宁沈阳至河北山海关之间，配属沈阳铁路局。列车属试验性质，已于 2006 年 8 月停止运营。同时期，还有试验速度为 236 公里/小时的“蓝箭”动车组和试验速度为 249.5 公里/小时的“先锋”动车组。

（二）2004—2006 年：引进、消化和吸收阶段

这个阶段的主要特征是中国从日本、法国、德国等国家引进成熟的动车组，其目的是为 2007 年的第六次铁路大提速做准备。由于“中华之星”在运行的过程中出现了稳定性差的问题，所以仅借助我国自主研发力量，实现一步到位还有很大困难。这才有了对国外先进高铁技术的吸收与消化。

2003 年，京沪高铁“轮轨技术”之争有了定论，轮轨成为公认的选择。2004 年，国务院通过第一个《中长期铁路网规划》，提出建设 1.2 万公里“四纵四横”客运专线。与中国合作的企业分别为加拿大庞巴迪、日本川崎重工、德国西门子以及法国阿尔斯通。代表型号是 CRH1、CRH2、CRH3、CRH5。CRH1 型动车组由青岛四方庞巴迪铁路运输设备有限公司生产。CRH2 型动车组由中车青岛四方机车车辆股份有限公司和日本川崎重工合作生产。CRH3 型动车组由中国北车唐山轨道客车有限公司与德国西门子合作生产。CRH5 型动车组由中车长春轨道客车股份有限公司与法国阿尔斯通合作生产。中国在引进、消化和吸收的过程中，不断根据中国的具体情况进行技术优化。

（三）2007—2011 年：自主提升阶段

技术可以引进，而如果不具备创新能力，就会陷入“引进—落后—再引进—再落后”的怪圈。2008 年 2 月 26 日，铁道部和科技部联合启动了《中国高速列车自主创新联合行动计划》，该计划提出设计制造拥有自主知识产权的速度 350 公里/小时及以上等级的高速动车组列车。2010 年，CRH380A 成功问世，也就是“和谐号”列车，速度最高可达 380 公里/小时。第二代动车组编号都是以 CRH380 开头。

自此，“中国速度”再次向前迈进了一大步！中国高铁采用的自主研发的板式轨道、350 公里/小时及以上车速高铁线路采用自主研发的 60-42 号单开道岔，都是中国特有的专利技术，堪称中国骄傲。

（四）2012 年至今：开启中国高铁新征程

为了彻底摆脱 CRH380 系列动车组使用国外技术的影响，建立中国自己的技术标准，2012 年由中国铁路总公司主导，中国铁道科学研究院牵头技术，中国标准动车组“复兴号”正式步入研发阶段。经过 3 年左右的时间，2015 年 6 月 30 日，由中车青岛四方机车车辆股份有限公司和中车长春轨道客车有限公司研发的中国标准动车组诞生。2016 年，国务院批准新版《中长期铁路网规划》，提出建设以“八纵八横”主通道为骨架、区域连接线衔接、城际铁路补充的高速铁路网。2017 年 6 月 25 日，中国标准动车组被正式命名为“复兴号”，标志着第三代中国标准动车组成功研制生产。2019 年 6 月 18 日，中国铁路总公司改制为中国国家铁路集团有限公司，中国高铁产业向市场化转型。

“复兴号”初期主要有两个型号，即 CR400AF（CR 是 China Railway 的简称）和 CR400BF。CR400 系列运营速度是 350 公里/小时，CR300 系列运营速度是 250 公里/小时，CR200 系列运营速度是 160 公里/小时。CR400AF 是由中车青岛四方机车车辆股份有限公司生产的电动车组，2017 年投入运营。该动车组试验速度为 420 公里/小时，运营速度为 350 公里/小时，采用铝合金车体，动力分散，交流传动。CR400BF 是由中车长春轨道客车股份有限公司和中车唐山机车车辆有限公司研制的动车组。该动车组试验速度超过 400 公里/小时，运营速度为 350 公里/小时。

“复兴号”高铁首次实现了动车组牵引、制动、网络控制系统的全面自主化。在 254 项重要标准中，中国标准占 84%[①]，可以说这是中国创造的又一个里程碑。随着无人驾驶、刷脸进站、5G 网络等科技的使用，中

---

① 周琳，贯远琨．新华时评：“复兴号”开启中国高铁领跑新征程[EB/OL]．(2017-06-26)[2023-10-01]．http：//www.xinhuanet.com/politics/2017-06/26/c_1121214499.htm.

国高铁已经可以为广大旅客提供智能服务。未来通过云计算、物联网、大数据、人工智能等新技术的加持，中国将开启世界智能铁路的先河，引领世界铁路发展。

原铁道部部长傅志寰曾说，中国高铁不是“一夜花开”，而是“香自苦寒”。如图 5-6 所示，中国高铁的发展充满艰辛：从艰难摸索到吸收国外技术，再到反超国外老牌高铁公司技术。尽管困难重重，但中国高铁在艰难中不断进行创新、摸索，实现从“跟跑”“陪跑”再到“领跑”的跨越。中国高铁不仅提升了国内的运输效率，而且成为“中国名片”。

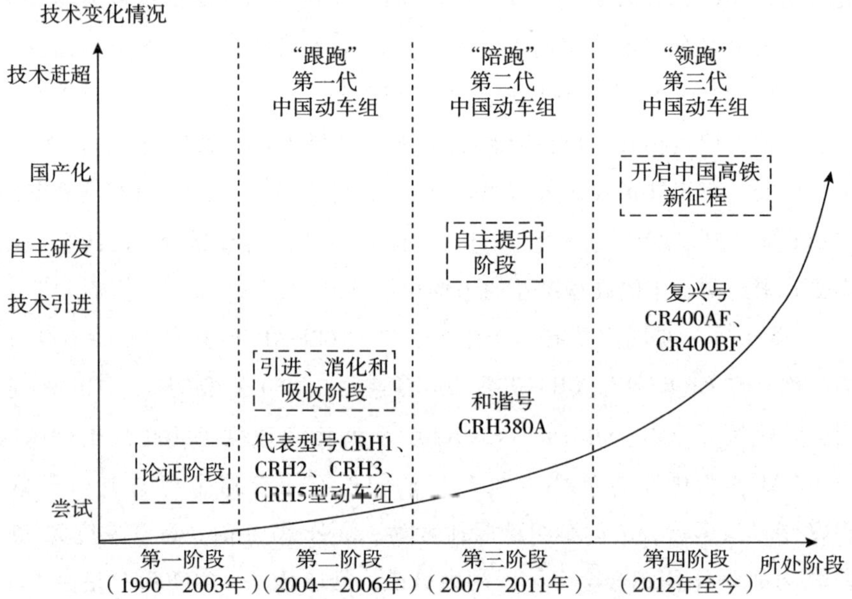

图 5-6　我国高铁实现从“跟跑”“陪跑”再到“领跑”

资料来源：作者整理。

二、中国高铁产业飞速发展得益于“大国优势”

从中国高铁产业发展历史可以看出，中国高铁在技术方面先引进、消化和吸收，后进行自主研发创新，实现了技术上的突破，这是停留在技术层面的。而这一产品研发成功后，能够从产品变成产业，进行大规模的生产与应用，还得益于中国的“大国优势”。

（一）市场规模

中国高铁产业在短短20多年时间里快速崛起，这与中国拥有超大规模市场有必然联系。中国拥有14亿人口的消费市场，是欧盟人口的3倍多，是美国人口的4倍多，且中等收入群体达4亿人，这都是中国高铁产业发展的优势。截至2022年底，中国高铁在国内的总里程高达4.2万公里，占全球高铁里程的80%左右。[①] 日本新干线高铁是全球最早的高铁，但是最终被中国高铁超越，其中有一个很大的原因就是日本本国国土面积小，对于高铁的需求不大，因此发展高铁的积极性不强。而中国幅员辽阔，自己研发出来的高铁，在本国可以实现大规模应用。

大规模的市场还可以产生规模经济，大规模生产某一产品可以拉低平均成本。国家铁路局发布的《2022年铁道统计公报》显示，2022年全国铁路客车拥有量为7.7万辆，其中动车组为4 194标准组、33 554辆。[②]可见，中国国内市场具有较大的需求。随着动车组产品数量的增多，形成规模经济，研发产品的平均成本也会大大降低。

（二）产业配套

工业部门的各个产业和各个行业之间有着内在联系，通过贸易链和供应链构成一体化的生产网络，中国作为大国建立了门类齐全的产业部门，基本能够覆盖各个产业及各个行业。[③] 高铁作为庞大的系统性战略工程，涉及机械、冶金、建筑、机电、材料、仪器、电力、通信、化工等诸多工业产业。建设、发展高速铁路的国家，具有完整的大工业体系，可以减少外方“卡脖子”控制，战略主导性强，有利于形成自主创新能力。更为重要的

---

① 新浪网．中国高铁里程超全球八成，创新成为第一动力[EB/OL]．(2023-07-24)[2023-10-01]．https://k. sina. com. cn/article_1301904252_m4d997b7c033012sf5. html.

② 国家铁路局．2022年铁道统计公报[EB/OL]．(2023-05-29)[2023-10-01]．http://www. nra. gov. cn.

③ 欧阳峣．大国经济特征、优势识别与发展格局[J]．人民论坛·学术前沿，2023(07)：14-23.

是，高速铁路能够为基础建设提供重要的保障，减少工业配套生产成本，有利于生产质优价廉的产品。按照联合国对工业体系的分类，全球工业体系有39个工业大类、191个中类和525个小类。按国土面积、人口规模和人均收入条件，全球仅有13个国家具备建设高铁网络的条件。而具有较完整工业体系的工业大国仅有5个，分别是中国、美国、俄罗斯、法国、印度。其中，中国是全球唯一一个拥有全部工业门类且产业配套齐全的国家。由于一辆标准动车组有20多万个零部件，涉及多个领域和多个学科，因此，只有在完善的工业体系和产业配套能力基础上，中国才能够研发出高铁。而中国高铁之所以有自主研发能力，离不开中国完善的工业体系支撑。

（三）应用场景丰富

在上一节中，我们提及中国幅员辽阔，拥有各种不同的自然环境。中国高铁在雅万高铁项目上，能与日本川崎重工竞争，并最终赢得该项目，这与中国幅员辽阔、应用场景丰富不无关系。中国地跨温带和热带，既有沿海地区，又有西部戈壁沙滩地区，各种应用场景丰富。中国在国内市场经过验证的高端设备，可以满足全球各种应用场景的需求。

三、经验与启示——发挥好新型举国体制优势

中国高铁产业的快速崛起离不开政府的大力支持，可以说高铁产业是中国新型举国体制下的成功典范。在中国高铁的发展历程中，充分体现了新型举国体制四个方面的特点：一是谋战略——找重点，定规划；二是模仿创新；三是构建学、研、产“三位一体”相结合的开放式创新平台；四是集中统一市场以换取谈判条件。

（一）谋战略——找重点，定规划

自20世纪90年代开始的京沪高铁“轮轨技术”之争，到2004年引进、消化和吸收国外技术，再到中国自主研发的“复兴号”列车正式运营，中国高铁制造技术分三阶段递进。在时速200公里级平台，采用引进

战略；在时速300公里级平台，采用引进吸收战略；在时速350公里以上级平台，采用自主创新的方式。这样一来，逐渐实现了技术上的飞跃，也标志着中国动车设计制造已达世界领先水平。

如表5-3所示，国家也出台了一系列高铁产业规划。2004年，国务院批准《中长期铁路网规划》，中国高铁进入快速发展阶段。

表5-3　国家出台高铁产业规划

时间	规划
1991年	高速铁路建设首次被纳入《“八五”国家科技攻关计划》
2004年	国务院批准第一个《中长期铁路网规划》，提出建设1.2万公里“四纵四横”客运专线
2008年	国务院批准《中长期铁路网规划（2008年调整）》，提出建设1.6万公里以上客运专线
2016年	国务院批准新版《中长期铁路网规划》，提出建设“八纵八横”高铁网规划
2020年	国铁集团发布《新时代交通强国铁路先行规划纲要》，提出两个阶段高铁发展战略
2021年	国务院印发《中华人民共和国国民经济和社会发展第十四个五年规划和二〇三五年远景目标纲要》，提出建设交通强国，推进CR450高速度等级中国标准动车组研发应用
2022年	国务院印发《“十四五”现代综合交通运输体系发展规划》，推进开展CR450高速度等级中国标准动车组，谱系化中国标准地铁列车研发应用

资料来源：中国政府网。

除此之外，国家还做了差异化战略规划：在工程建设领域，采取原始创新战略；在运行控制领域，采取集成创新战略；在列车制造领域，采取引进、消化和吸收再创新战略；中国高速列车关键技术研究有的纳入国家高技术研究发展计划（“863计划”），比如高铁制造材料以及关键技术研究，最高试验速度达300公里/小时的高速监测车等关键技术研究和装备研制。有的纳入国家重点基础研究发展计划（“973计划”），比如最高运行速度达500公里/小时条件下的高速列车关键力学行为研究。国家通过规划引领，带动产业的发展。

（二）模仿创新

自第一次工业革命以来，后起国家总是通过知识学习和技术溢出效应不断追赶领先国家，甚至在模仿中进行创新，也称模仿创新。诺贝尔经济学奖得主约瑟夫·斯蒂格利茨对这种模仿学习过程归纳出多种形式：促进人员流动；促进开源传播；强化技术类产业投资，如投资专有设备、设施或产品，再如增强金融对产业的支撑能力；直接模仿制造，包括测绘与逆向工程；强制许可技术转让；跨国公司内的技术经验交流；通过外商直接投资（FDI）项目的技术引进和收购外国技术公司等。① 而领先国家的技术之所以通过这些方式向后起国家流动，也是奔着后起国家的成本优势、资源优势和市场优势而来。因此，后起国家借机以成本换技术、以资源换技术、以市场换技术，就成为人类工业文明成果向全球扩展的重要方式。长期以来，以市场换技术是我国通过对外合作引进提升自身技术能力的重要话题。而以市场能否换来技术，能换来什么样的技术，怎样以市场换到真正的技术，情形则要复杂得多。2003年我国开始“铁路跨越式发展”战略。当时的铁道部实行一项硬性规定，国外公司想要参与投标，必须和中国企业签订完整的技术转让合同。

最先确定合作关系的是中国南车集团与日本的川崎重工。竞争激烈的则是中国北车集团与法国阿尔斯通和德国西门子之间的博弈。中国北车集团更心仪德国西门子的技术。可是德国西门子谈判策略强硬，对于关键技术转让开出了3.9亿欧元的天价。最终中国北车集团选择与法国阿尔斯通合作。德国西门子黯然出局，导致其股价大跌，谈判团成员被解雇。

2005年11月，中国铁道部第二轮招标，标的是时速300公里以上动车，这次的条件比上次更严格。德国西门子重回中国，态度大变，无条件

---

① 约瑟夫·斯蒂格利茨，布鲁斯·格林沃尔德．增长的方法[M]．陈宇铁，译．北京：中信出版集团，2017.

接受价格方案，将关键技术全部打包进入标书，向中车唐山机车车辆有限公司全面转让。其中时速 300 公里动车组的设计制造技术转让费降到 8 000 万欧元。按照协议，知识产权归中方所有。

比起国产化，中国高铁还有更高的追求，那就是自主化——能够做到自主设计，做到技术上自立自强。

（三）构建学、研、产“三位一体”相结合的开放式创新平台

为把国外技术消化、吸收，中方设计了学习路径和步骤：第一阶段严格按照外方设计要求到现场学习；第二阶段把学到的技术原汁原味固定下来；第三阶段则是按照国内情形优化，根据实际情况，进行适应性改进。

技术引进之后，科技部和铁道部整合全国的科技资源搞联合攻关，打破部门、院校、行业、企业的壁垒，加快成果转化效率，从基础研发到产业生产的时间缩短到原来的十几分之一。

自 2016 年以来，中国铁路构建了以企业为主体、科研院所和高校广泛参与，产学研用紧密结合、协同创新的铁路科技创新体系，形成学、研、产“三位一体”相结合的开放式创新平台，坚定不移走自主创新之路。中国高铁企业充分利用自身的主体地位，参与市场竞争，紧密结合国内配套企业和各种不同的场景进行合作研发，实现了由“输血”向“造血”、由外生技术积累向内生能力提升的转变；高校、科研院所作为人才和科技的中坚力量，发挥基础研究和应用研究上的优势，形成了“复兴号”等一批重大科技创新成果，使中国高铁技术达到世界领先水平。中国开发了适应复杂路网条件下长距离运行的高铁运营管理成套技术，构建起一套涵盖不同速度等级、成熟完备的高铁技术体系和运营模式。

（四）集中统一市场以换取谈判条件

中国高铁产业始终坚持中央统一部署，始终坚持发展规划标准统一，实行全国铁路一张网和运输集中统一指挥的管理体制，这为中国高铁产业的快速发展提供了体制保障。

当年的铁道部客观上依靠了路基网络的行业优势。各装备制造商虽然

各自独立，但都离不开路基网络。因此，当时的铁道部可以利用集中统一市场作为与外部合作的战略筹码。

产业创新不仅在于发明过去不存在的新产品，更在于对已有发明和产品进行持续改进，根据具体应用场景的要求不断进行技术迭代、升级。中国超大规模市场、广袤的空间、多样化的地质地貌和气候条件，为高铁里程快速扩展并不断迭代、升级，逐渐形成独特的技术模式提供了实践基础。这使中国高铁装备制造业和路桥隧道施工行业，相比于欧洲国家和日本同行，具备独特和显著的优势。

第四节　中国高铁产业未来的机遇与挑战

随着中国人均可支配收入持续提升，国内消费必然强劲提升，进而带动旅游业繁荣，中国高铁必将有广阔的市场空间。随着“一带一路”倡议的推进，中国与共建“一带一路”国家的旅游合作越来越密切，中国周边如东南亚、中亚地区越来越愿意建设高铁。中国高铁面临新的机遇。

与此同时，我们也要看到中国高铁产业面临的挑战。近些年，中国高铁产业也在适应双循环相互促进的新发展格局，在发展国内高铁的同时，坚持“走出去”。然而我们同时也要看到以下情况。第一，通过高铁运营能够赢利的国家寥寥无几，中国高铁运营也不例外。中西部线路多为亏损状态，且建设投资的还本付息压力大。第二，海外高铁建设施工的门槛高，对资金投入、人口密度、电力供应以及经济发展水平都有较高要求，能满足这些条件又有意愿修建高铁的国家十分有限。第三，中国高铁“出海”的国际舆论环境复杂，在环保、标准、施工条件等方面，杂音不绝于耳。

机遇与挑战并存，中国高铁产业应该把握好“一带一路”倡议所带来的发展机遇，迎难而上。一是努力提升中国高铁标准的国际认同度；二是以高铁产业引领中国产业链的转型升级；三是鼓励和引导民营资本进入高铁产业。

一、努力提升中国高铁标准的国际认同度

谁掌握了知识产权和专利技术，谁拥有过硬的技术和品牌，谁就可以主导市场。铁路国际标准是国际贸易的重要技术依据，也是推进“一带一路”倡议中制度、规则软联通的重要内容。过去，中国高铁“走出去”的最大障碍在于高铁标准被国外垄断，国外主要采用欧洲标准。中国高铁若要进入欧洲市场，必须达到欧洲标准。尽管欧洲某些标准已经过时，但要进入欧洲市场，所有装备都必须费时、费力地通过欧洲认证，这严重削弱了中国高铁的比较优势和竞争优势。因此，未来中国要努力推动中国标准成为国际公认标准。

在国外，一个产业会有该产业的流程标准和数据库。由于底层数据库非常好，所以从材料标准选取到零部件设计都有完备的数据，基于这些数据库可以便捷地设计出适合的产品。而国内工业发展较晚，基础薄弱，在产品选材和设计上精确度有待提升。因此，中国高铁产业应该把握住已建成的 4.2 万公里高铁里程的实践经验，建立属于中国高铁产业的流程标准和数据库，利用基础数据优势，继续提升自主研发能力，并带动整个产业链转型升级。同时，认真做好每一个海外工程项目，获得良好口碑，以提升中国高铁标准的国际认同度，将中国名片打造成国际标准。除此之外，中国企业应该抱团出海，减少内耗。

二、推动高铁经济引领产业链转型升级

高铁是具有高技术性的战略性新兴产业，“复兴号”高速列车作为现代高新技术的集成，零部件数量达 20 万个以上，独立的技术系统超过 260 个，设计生产动车组零部件的核心企业超过 100 家，紧密层企业 500 余家，覆盖 20 多个省（自治区、直辖市），因此高铁产业带动性强。高铁技术维度较高，技术溢出的效果较为明显，不仅可以带动高铁研发技术的产业化，运输工具及其配件的制造、运输轨道及其配套基础设施的建设、交通运输及物流行业的发展，沿线地区建材、农副产品和日用品的消费，拉动与高速铁路建设相配套的机

械、电子、通信、信息、环保等多个行业的发展，还可以促进上下游产业就业水平的提升。除此之外，高铁产业创造社会就业的能力较强，对高技术人员的需求量大，可以带动一大批产业链的发展，同时培养出一大批高技术人员，这对于中国整个工业体系的转型升级具有巨大的带动作用。

三、鼓励和引导民营资本参与高铁建设

国铁集团披露的财报显示，2022 年，国铁集团总负债高达 6.1 万亿元，受疫情超预期影响，客运收入减少，净利润亏损 696 亿元。即便不考虑疫情影响，大部分高铁也处于长期亏损状态。高铁建设资金成本高，投资周期长，维护支出大。过去中国高铁建设主要靠债务融资，迅猛增长的铁路里程背后，也意味着巨额的债务。自 2021 年起，国铁集团进入还本付息高峰期，每年要支付上千亿的利息。一方面是年年大额亏损，另一方面需还本付息，国铁集团面临很大的资金挑战。

国铁集团是由铁道部改制而来的。2013 年铁道部撤销，转制为中国铁路总公司，为国务院直接领导与管辖的正部级国有企业。2019 年 6 月 18 日，中国铁路总公司改制为国铁集团。至此，从法理上为资本进入铁路行业扫平障碍。此前，京沪高铁等的发展实践也表明，铁路建设运营采用市场化运作模式是可行的、值得尝试的，也是市场在资源配置中起决定性作用的应有之义。

市场化运作模式的尝试有以下两个方面：一是探索民营资本参股高铁建设，二是积极推动不动产投资信托基金（REITs）项目的实施。2022 年 1 月 8 日，我国首条民营控股高铁——杭台高铁正式运营，当年安全运送旅客超 500 万人次。这条高铁由民营资本、国铁集团、浙江省交通集团和地方政府共同出资建设。杭台高铁的正式开通运营，对于全国铁路投融资体制改革而言，具有很大的破冰意义。目前，国铁集团已经开始试行粤海轮渡不动产投资信托基金试点项目。未来应鼓励和引导民营资本参与高铁建设，在建设环节更多引入市场机制，探索管理、建设、运营分离的体制、机制，从制度上解决中国高铁产业可持续发展的融资困境。

第六章

中国大飞机终于翱翔

2023 年 5 月 28 日，中国国产大飞机 C919 成功完成首次商业载客飞行，正式翱翔蓝天。这标志着中国大飞机研制成功，进入实现商业化的新阶段。本章在分析大飞机的技术特征、行业格局以及中国大飞机产业发展现状基础上，探讨中国发展大飞机产业的决策考虑，从大飞机产业发展历史进程中，总结出大国产业发展战略重要的经验教训，同时，展望我国大飞机产业的未来发展。总之，要以国产大飞机为推动我国现代工业高质量发展的新增长引擎，实现国内工业体系全面升级，打造中国式现代化工业体系。

第一节　大飞机的行业格局与产业价值

大飞机一词并非专业术语，也不是国际通用称谓。自 2003 年科技部受国务院委托组建“大飞机项目论证组”后，大飞机一词在国内被普遍使用。在国内，通常情况下，大飞机的定义为：一次航程达到 3 000 公里，经济舱座位在 150 座以上的运输类飞机，包括军用飞机和民用飞机。根据航里数和座位数，大飞机又分为支线飞机和干线飞机。

一、为什么大飞机被称为“现代工业之花”

大飞机被称为“现代工业之花”，是因为大飞机具有投入大、风险高、周期长、附加值高和产业链辐射广的特点，是具有资本密集、技术密集和管理密集特征的战略性产业，是衡量一个国家科技水平、工业水平和综合国力的重要标识之一。

（一）投入大

大飞机的研发投入很高，不仅需要高端原材料及过硬的技术储备，还需要大量的研发人员。如图 6-1 所示，空客 A380-800 机型的研发成本高达 108 亿美元，波音 A787 的研发成本也达 80 亿美元。全球主流机型的研发成本都很高，而且很多研发投入是没有成果产出的。如空客 A320 机型虽然由法国和德国于 1969 年立项，市场规模很大，但是立项以后长期只有投入，没有产出。这款机型一直积累了 23 年左右才有产出成果。因此，大飞机行业是一个高投入行业，主要体现在研发成本高。投入商业运营后，大飞机需要利用规模经济和范围经济来覆盖研发成本投入。

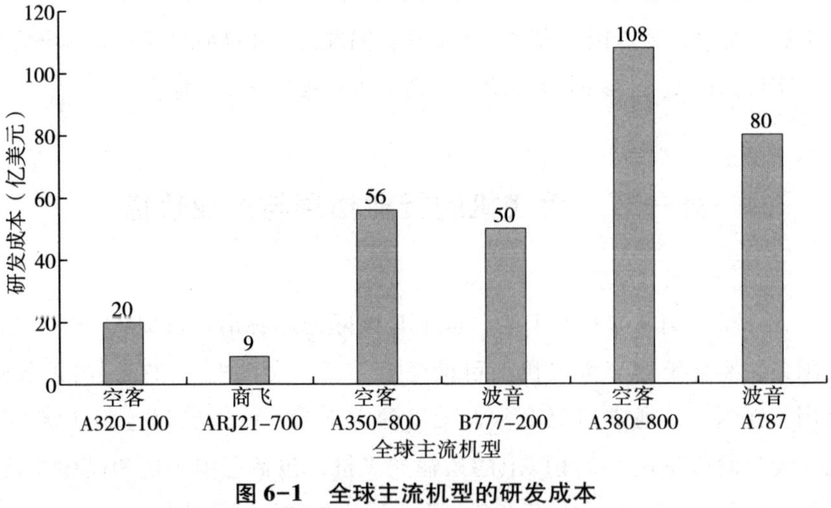

图 6-1　全球主流机型的研发成本

资料来源：中信建投，《民用航空制造业，蓄势待发》。

（二）技术风险、市场风险、政治风险交织

由于大飞机行业是高度垄断型行业，且市场空间有限，是关系到国家重大战略的产业，所以大飞机行业面临的风险不仅是技术风险、市场风

险，甚至还有政治风险。从波音、空客和日本喷气式客机 MRJ（后改为 SpaceJet）的案例也可以看出上述风险的交织。

波音梦幻机型 787 项目曾面临技术风险。该项目于 2003 年 5 月立项，2009 年 12 月 15 日首次试飞。由于供应商分散、供货质量不佳等，波音 787 飞机频频出现延迟交付问题。该机型最终于 2011 年交付首家客户日本全日空航空公司，2013 年又因机载电池被召回。可以看出，即使是老牌的波音也面临技术风险和市场风险。

空客 A380 机型同样面临市场风险。2000 年 12 月，空客公司的持股者——欧洲宇航防务（European Aeronautic Defence and Space Company，EADS）与英国宇航系统（BAE Systems）两集团共同宣布投资 88 亿欧元研发 A380，后又追加预算到 120 亿英镑。A380 项目研发总投入最终为 250 亿美元。按投入成本测算，A380 项目盈亏平衡点为至少 350 架，也就是说卖 350 架飞机方可实现盈亏平衡。2019 年 1 月，空客官方数据显示，确定订单仅为 313 架，到 2021 年停产前，至多交付 266 架。该项目达不到盈亏平衡，初步估算亏损额至少百亿美元，而维持生产线需要高额运营成本。因此，项目即使研发成功，只要市场不买账，依然面临风险。

日本喷气式客机 MRJ 除了面临市场风险，还有政治风险。美国为防止运营支线航空的公司抢占大航空公司主干航线，明确规定支线客机座位一般不能超过 76 个，质量不超过 39 吨。而在三菱重工的 MRJ 系列中，美国航空公司订货最多的 MRJ90 有 88 个标准座位，高于美国规定的座位数。最终该规定也未松动，导致 MRJ 项目失去市场前景，只能惨淡收场。

历史上，洛克希德 L 1011 项目失败、道格拉斯 DC 10 项目失败、德国道尼尔 728 项目失败、荷兰福克项目失败、印尼 N250 项目失败、庞巴迪 C 项目被收购、日本 YS-11 项目下马、中国运-10 项目下马等，无不体现了大飞机极高的技术风险、市场风险以及政治风险。

（三）周期长

按常规工艺流程，一个新型号产品要达到量产，需要 8 个环节：产生新创意、设计原型图、制造出 10~20 个样品、验证匹配、小批量生产、各种测试、工程化释放、量产。一般研制一款小汽车的平均周期是7年①，而一个国家大型客机从无到有的起步阶段，很可能要花费15~20年。

一般来说，培育一个家电品牌可能需要10年，培育一个汽车品牌大概需要20年，而培育一个大飞机品牌则需要30~50年，因此，大飞机产业具有周期长的特征。对发展民用飞机产业的企业而言，在长周期内资金和人力资本能不能撑得住是个巨大考验。

（四）附加值高

大飞机产业附加值高，附加值高则意味着附在原产品上的新价值高。如表6-1所示，以产品单位重量创造的价值为计算标准：如果说轮船为1，则小轿车为9，电子计算机为300，大飞机为800，而航空发动机则高达1 400。从产业附加值率的计算上来看，钢铁的附加值率为29%，汽车的附加值率是25%，而航空产品的附加值率达到44%。因此，无论从产业单位重量价值还是附加值率考量，大飞机的附加值都是非常高的。

表6-1　产业单位重量价值与产业附加值率

产业	单位重量价值	产业	附加值率（%）
轮船	1	航空产品	44
小轿车	9	钢铁	29
电子计算机	300	汽车	25
大飞机	800	—	—
航空发动机	1 400	—	—

资料来源：国家行政学院课题组，《民机产业特征与中国民机产业发展战略》。

（四）辐射广

大飞机产业链辐射广，可以在不同方向衍生不同的产业链，辐射带动能力非常强。大飞机产业的技术扩散率高达60%。② 研制大飞机可以推动

① 李小宁．大型客机的市场竞争与发展战略[M]．北京：北京航空航天大学出版社，2009.

② 张庆伟．大飞机的技术扩散率高达60%[J]．现代制造，2010（44）：82-87.

一个国家新材料、现代制造、先进动力、电子信息自动控制、计算机等领域的关键技术取得一系列突破。研制大飞机不仅可以带动高技术产业，甚至可以带动基础学科的重大进展，比如流体力学、固体力学、数学、热学、信息科学、环境科学。

如果将民用船舶业对产业拉动值以 1 元计算，那么汽车为 80 元，大型民用飞机可高达 800 元；从投入产出比的角度来看，每向航空工业投入 1 万美元，10 年后可以产生 50 万美元至 80 万美元的收益。

所以说，大飞机产业具有投入大、风险高、周期长、附加值高、产业链辐射广的特点，是“现代工业之花”。

二、民用客机的全球产业链分布及管理

（一）大飞机外包使供应商日益分散，彼此竞争日益激烈

波音在 20 世纪 80 年代就开始积极寻求海外合作伙伴，在向海外销售飞机的同时，也将低端零部件的生产工作转移到这些海外地区。到了 20 世纪 90 年代，波音开始将一些重要零部件的生产工作和分系统研制工作分包到海外，国外供应商的参与份额达 30%。波音 787 客机研发制造时，为了获得更大利益，集中力量攻克核心技术，波音的战略开始由生产全球化向研发全球化转变。波音 787 客机将近 70% 的组件外包给全球供应商，其关键供应商有 100 多家分布在海外，遍布欧洲、亚洲和澳大利亚。零部件高度外包的方式使得波音对波音 787 项目的设计、生产份额下降，波音仅承担 35% 的工作量，日本供应商承担 35%、欧美供应商承担 26%，其余 4% 由其他国家和地区的供应商承担。供应商承担一次性的研发投入，可以降低波音的投资风险。

零部件高度外包也给波音带来了新的问题。波音 787 客机延期交付 3 年，造成损失十几亿美元。自 2007 年以来，波音 787 客机前后 8 次延迟交付，这也跟高度外包不无关系。2013 年初，波音 787 客机在 10 日内发生 7 起安全事故，事故多发生在日本两大航空公司——全日空和日本航空运营的 787 客机上。波音 787 客机在 2012—2013 年共发生 11 起故障，主

要表现为电瓶故障、漏油故障、电瓶起火等。由于故障频发，波音 787 客机已遭多国全面停飞和联合调查。

空客亦是如此，将零部件大量进行服务外包。空客自 1970 年组建至 2001 年，在 27 个国家和地区拥有 1 500 家供应商，其中 500 家是美国公司。

（二）“主制造商—供应商”模式，对全球供应链管理要求高

如图 6-2 所示，民用飞机研制比较流行的模式为“主制造商—供应商”模式。波音和空客为主制造商，是第一层级；第二层级为配套供应商，如发动机、机载设备等子系统供应商，代表企业有通用电气（GE）、英国罗尔斯·罗伊斯集团（罗尔斯·罗伊斯，R&R）、美国普拉特·惠特尼集团（普惠）、法国赛峰、霍尼韦尔、泰雷兹等；第三层级为其他供应商或服务商，比如原材料标准件、零部件等的供应商或服务商。大飞机产业是一个多层次分工体系，一架 C919 飞机有 300 多万个零部件，供应商数量多、范围广，这对主制造商的供应链管理能力是一个巨大的考验。

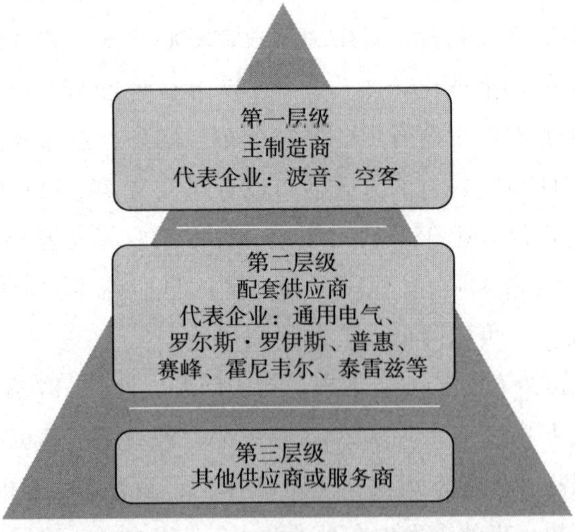

图 6-2　以“主制造商—供应商”模式为核心的多层次分工体系

资料来源：Wind，《慧博智慧投研行业报告》（2022 年 10 月 9 日）。

民用飞机制造领域主制造商的进入门槛极高，不仅需要强大的研发、设计、制造、试验、试飞能力，更要具备整合供应链的管理能力，甚至主制造商还必须是一些标准制定的主导者。跻身主制造商难度非常大。2008年，中国商飞与日本三菱飞机公司同时启动首个商用飞机研究项目。日本三菱飞机公司的SpaceJet项目以失败告终。尽管日本的制造业水平很高，在一些航空细分领域甚至具备世界一流水平，但是日本在跻身商用飞机主制造商的道路上也以失败告终。

三、中国为何要发展大飞机

（一）国家安全战略需要

作为大国，中国发展民用飞机产业是建设中国特色社会主义和实现中华民族伟大复兴的神圣使命和必然要求。民用飞机产业的高科技战略性特性，使之日益成为世界政治、经济竞争的重要内容。一个崛起的中国需要自己的民用飞机产业，尤其是在国外突发危机的时候，拥有具备快速通达能力的飞机显得尤为重要。我们可以用自己生产的飞机以最快的速度去接送侨胞或运输物资。

从国土安全的角度来看，我国幅员辽阔，南北跨度约为5 500公里，东西跨度约为5 200公里。在这么大的国土空间内，要保证国家安全，以最快的速度到达需维护安全的准确地点，这考验我们的国力。我们的西部地区地广人稀，地质、地貌特殊，采取高铁通行的基建成本太高，况且地面交通的带状施工对西部脆弱的生态地质有巨大的负面影响，而点状的航空交通方式更为合适。

（二）国内市场需求大

1903年，美国莱特兄弟研制成功世界上第一架飞机，为人类动力航空史拉开了帷幕。与此同时，“中国航空之父”冯如抱着科技救国的梦想也开始研制飞机。1909年，他完成了属于中国人的首次载人动力飞行，这架飞机试飞航程达884.67米，是美国莱特兄弟1903年首次试飞距离 259.69 米的两倍多。100 多年来，中国人的飞行梦想历经挫折与辗转，却始终没有被放弃。我国曾经在 1970 年、1986 年、1993 年和 2007 年先后 4 次作出发展大型民用飞机和大型民用飞机产业的重大决定，而今终成现实。为什么中国需要发展大飞机？因为我国有巨大的国内市场需求。

如图 6-3 所示，每年我国从国外进口飞机及其他航空器金额高达数百亿美元，2018 年飞机及其他航空器进口额达到峰值 278.93 亿美元。尽管 2020 年受疫情影响，飞机及其他航空器进口额出现大幅度下滑，但是在 2020 年进口额也高达 78.15 亿美元。

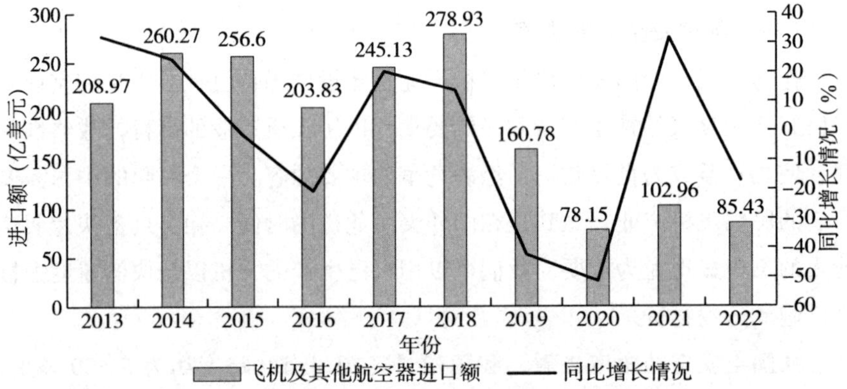

图 6-3　2013—2022 年我国飞机及其他航空器进口额和同比增长情况

资料来源：Wind。

（三）推动产业链升级

在技术进步方面，民用飞机制造对于科技发展具有巨大的带动辐射作用，能有效地带动新材料、新能源、高效计算机技术、先进微电子技术等的发展。日本做过一次 500 余项扩散案例分析，有 60% 的技术源自航空工业，足见飞机行业的辐射作用之广。

飞机产业链在三个维度上可以延伸。第一，在飞机研制领域可以衍生庞大的产业链，比如适航审定、零部件制造、总装集成、航空研发以及回收处理，这是基于飞机制造的产业链。第二，基于航空运营服务业的衍生产业链，比如修建机场、航空培训、航材供应、航空维修、航空食品等。航空维修业（MRO）不仅是必不可少的环节，更是航空产业链中的一片蓝海。美国航空周刊发布的报告显示，2023 年全球航空维修业市场将从 2022 年的 834 亿美元，增长到 876 亿美元，同比增长 5%。[①] 第三，基于航空业的交易衍生产业链，比如说航空交易、航空保险、航空金融、航空租赁。

如图 6-4 所示，假设 C919 飞机在国内市场的占有率为 1/3，则未来 20 年，国内年销量约为 104 架，年销售额约为 679.0 亿元。C919 飞机商用及量产后，大飞机产业链整体孕育万亿空间，未来 20 年市场空间约为 1.36 万亿元，这还未考虑航空制造带动其他制造业的高附加值。

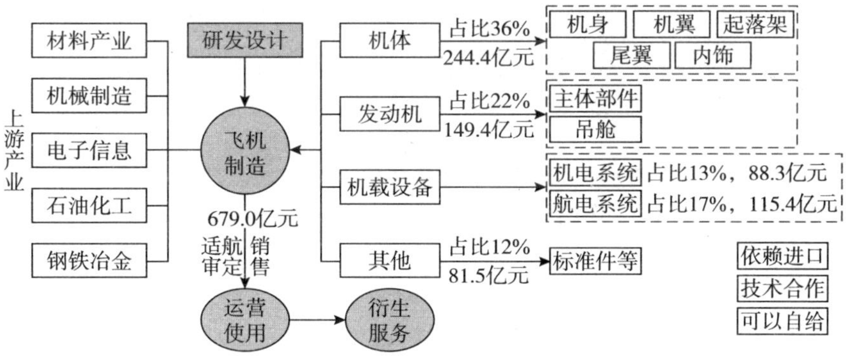

图 6-4　C919 大飞机制造产业链潜在价值

资料来源：前瞻产业研究院、中泰证券研究所，《打造并拓展中国大飞机产业链》。

航空产业链和其他产业差不多，也有一个产业附加值的“微笑曲线”分布。所谓“微笑曲线”就是从前期的创新研发设计，到中期的制造装备零部件，再到末端的物流销售以及品牌营销。在中间零部件制造装备这个领域，相关环节的附加值率应该是最低的。如图 6-5 所示，前端研发设计的附加值率最高，后端的服务、金融、营销、物流的附加值也很高，所以存在一个“微笑曲线”。

我国的航空产业多数处于中间环节，航空组装、简单零部件生产和第三方简单维修等，甚至包括航空运输，都属于产业链附加值率比较低的这一环节。我们国家在前端的研发设计、租赁、飞机维修领域才刚刚起步，也在

① 任治潞. 全球 MRO 市场迎接新挑战[J]. 大飞机，2023（2）：39-43.

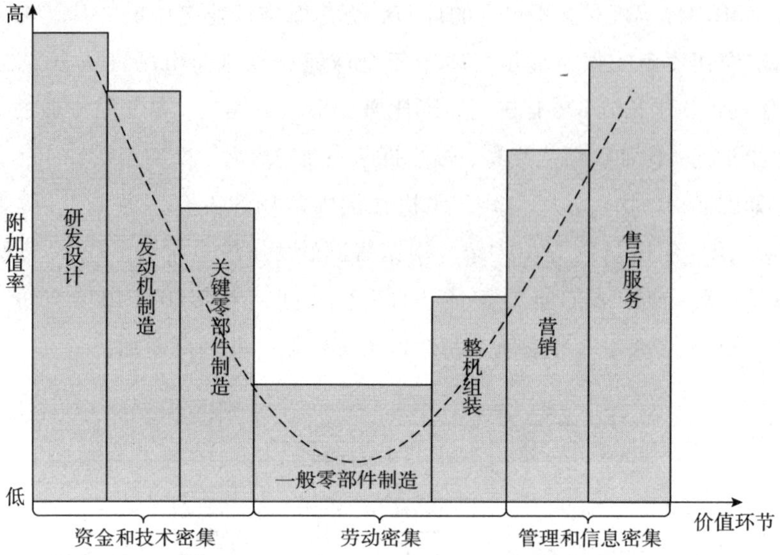

图 6-5　大飞机产业价值链的“微笑曲线”

资料来源：Wind，《慧博智慧投研行业报告》（2022 年 10 月 9 日）。

慢慢培养后端的物流、航空培训、航空金融、商务会展。因此，在“微笑曲线”分布当中，我国航空产业占主导的依然是低端附加值率环节。

基于国家安全战略、国内市场需求和推动产业链升级的考虑，国家于 2008 年组建中国商飞。该公司是我国实施国家大型飞机重大专项项目的主体，也是统筹干线飞机和支线飞机发展，实现我国民用飞机产业化的主要载体。中国商飞是我国唯一一家生产大飞机的公司。

四、大飞机的行业格局与行业前景

（一）市场空间大

波音发布的《2022 年中国民用航空市场展望》显示，假设未来 20 年全球 GDP 年增速为 2.6%，预测未来 20 年全球在用民用飞机（不含支线涡桨飞机）量将增加近一倍。到 2041 年，机队总规模将从 2019 年的 25 900 架飞机增长到 47 080 架飞机。如图 6-6 所示，大约 42% 的新飞机将交付给亚太地区的航空公司，其中中国占一半。在剩余份额中，北美地区占 23%，欧洲占 21%，中东地区占 7%，拉丁美洲占 5%，非洲占 2%。单通道飞机的新交付需求量最大，为 30 880 架，占新交付量的 75%。宽体飞机的需求量为 7 230 架，支线喷气飞机的需求量为 2 120 架。

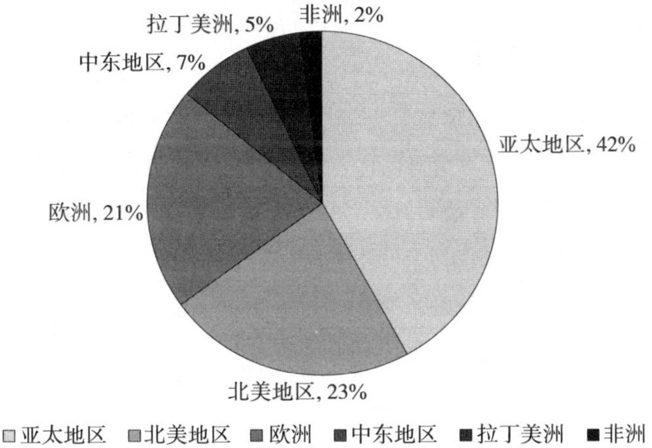

图 6-6　2041 年预计全球各地区机队规模所占份额

资料来源：波音，《2022 年中国民用航空市场展望》。

预计中国在未来 20 年需要 8 485 架新飞机，价值为 1.5 万亿美元，该需求量占到同期全球飞机交付量的 1/5 以上。中国未来需要价值 5 450 亿美元的民用航空服务，航空货运业将需要 205 架新货机来满足电子商务后续发展和强大产业供应链的需求。到 2041 年，中国的货机机队规模将超过 800 架，增长超过 3 倍，中国航空市场将成为全球最大的单一航空市场。

（二）寡头垄断，未来或将开启“A+B+C”新格局

商用大飞机市场是波音和空客双寡头垄断市场，加拿大庞巴迪和巴西航空工业则主要生产支线飞机。国际知名航空期刊 *Flight Global* 显示，波音和空客分别拥有约 38% 和 28% 的市场占有率，而两家公司在宽体客机上的市场占有率几乎达到 100%，高度垄断。自 20 世纪 40 年代以来，全球商用航空业的竞争局面逐渐变成当今波音、空客双寡头格局，竞争格局的演变如表 6-2 所示。

表 6-2　商用飞机竞争格局的演变

时间	全球主要竞争对手	事件发展
20 世纪 40 年代	德·哈维兰	历史上第一架喷气式商用运输机“彗星号”
	加拿大庞巴迪	
20 世纪 50 年代	波音	波音成功研发 B707，随后大量竞争者如雨后春笋般进入市场
	德·哈维兰	
	道格拉斯	
	联合乌尔悌	
	德萨航空	
	图波列夫设计局	
20 世纪 60 年代	波音、麦道	道格拉斯与麦克唐纳合并，组成了麦道公司。麦道公司在 20 世纪 90 年代被波音吞并
	巴西航空工业	
	英国宇航	
	霍克·西德利（1959 年兼并德·哈维兰）	
	威克斯-阿姆斯特朗	
	英国飞机工业	
	洛克希德	
20 世纪 70 年代	波音	法国、德国、英国和西班牙等的航空公司联合组成空客，1990 年以后逐步抢占波音的市场份额，全球民航领域进入双寡头垄断格局
	空客	
21 世纪	波音	2023 年 5 月 28 日，中国商飞首次商业试飞成功，未来有望成为全球主要飞机制造商之一
	空客	
	中国商飞	

资料来源：作者整理。

波音在第二次世界大战前后崛起。第二次世界大战前，波音是一家战斗机生产商。第二次世界大战爆发，波音接到了大量政府订单。第二次世界大战后，波音开始进行重大战略调整，从研制、生产战斗机转向生产民用飞机，并启动研制第一款喷气式飞机——B707。“707”来自飞机的机翼设计，机翼后掠角为45度，这个角度的正弦值和余弦值都是0.707，并且在美国，“7”是幸运数字，因此，波音就以“707”为第一代喷气式客机代号，从此美国在航空制造业遥遥领先。当时有两家航空制造业巨头，分别是波音和麦道。1996年底，波音和麦道宣布了合并计划，合并后的波音独占全球飞机市场65%以上的份额。

如图6-7所示，2003年以前，空客的市场份额较低。2003年以后，空客的市场份额首次超过波音。2012年，波音一度又将它的市场份额夺回去。然而好景不长，2019年出现了波音737MAX空难事件，于是空客市场份额又重新高于波音的市场份额。2022年，在商用飞机累计交付方面，波音交付480架，同比增长41%；空客交付661架，同比增长9%。

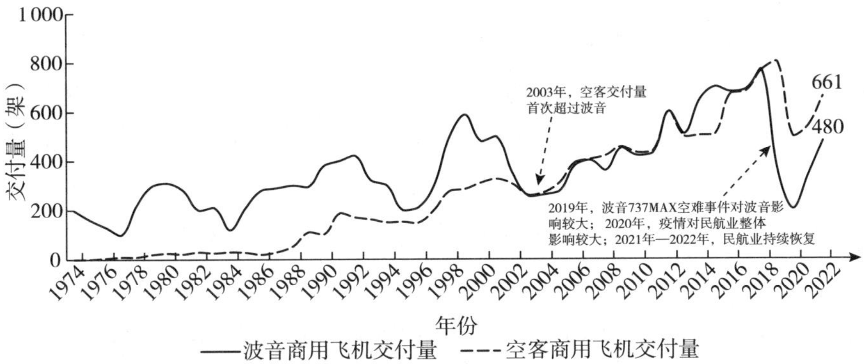

图6-7　波音和空客商用飞机交付情况

资料来源：波音官网、空客官网、民生证券研究院。

注：图中数据截至2022年12月31日。

2023年5月28日，我国大飞机C919商业首飞成功，这意味着未来世界的天空或将开启由空客、波音和中国商飞构成的全球民用飞机“A+B+C”新格局。

（三）技术壁垒高：发动机头部企业相互合作，对外一致封锁

民用大飞机技术壁垒高，主要表现在航空发动机上，发动机头部企业相互合作，对外一致封锁。由于航空发动机所需的主要科学基础是具有支

持高温、高速旋转与长寿命等工作特点的科学学科，如工程热力学、气体动力学、燃烧学等，所需技术覆盖材料、制造、试验等现代技术领域。航空发动机的工作过程极其复杂，需要在高温、高寒、高负荷等严苛的环境条件下稳定、可靠工作，因而航空发动机的技术门槛极高。

航空发动机技术集中在少数几家公司手中，主要有通用电气和普拉特·惠特尼、罗尔斯·罗伊斯、国际发动机公司 CFM（法国赛峰与通用电气的合资公司）、国际航空发动机公司 IAE（由日本航空发动机公司 JAE、罗尔斯·罗伊斯、普拉特·惠特尼和德国航空发动机公司 MTU 成立的合资公司）以及发动机联盟公司（EA）（通用电气与普拉特·惠特尼的合资公司）。这些公司以其出色的航空发动机整机研制、总装集成、销售及客户服务能力位于金字塔的顶层。

（四）准入门槛高——适航证

在民用大飞机领域须高度强调安全性，每一款飞机都必须经过适航认证。适航认证是起码的安全性认证。在大飞机行业，安全性是不可以打折扣的。高铁的设计时速可以慢一些，与大飞机相比，在安全性上可能有一定的差别。大飞机必须通过严格的适航标准，准入门槛较高。

所谓的适航证（Airworthiness Certificate），是由适航当局根据民用航空器产品和零件合格审定的规定，对民用航空器颁发的证明该航空器处于安全可用状态的证件，是一个行政许可证。适航标准体系验证，涵盖设计、制造、验证和管理。在国际上，美国联邦航空局（FAA）和欧洲航空安全局（EASA）影响力最大。美国适航审定条款有 398 个，每个条款后面都是事故案例，而每个案例后面都有一套避免类似事故发生的方法，而且都是公开的。中国民用航空审定标准大多是直接从美国适航审定条款翻译过来的。

从首飞到获得适航证再到交付，各个型号的民用飞机用时不同。即使是老牌的波音和空客也历时 1 年，而国产的 ARJ21 飞机历时约 5 年半；C919 飞机历时约 7 年半。如表 6-3 所示，表格中是世界主要机型从首飞到交付的日期。

表 6-3　世界主要机型从首飞到交付的日期

民用飞机型号	首飞至交付日期	耗用天数
B707	1957 年 12 月 20 日首飞，1958 年 10 月 26 日加入泛美航空	310 天
B737-100	1967 年 4 月 9 日首飞，1968 年 2 月 10 日加入汉莎航空	307 天
A320	1987 年 2 月 22 日首飞，1988 年 3 月 26 日交付法国航空	400 天
ARJ21	2008 年 11 月 28 日首飞，2016 年 6 月 28 日交付成都航空	2 769 天
C919	2017 年 5 月 5 日首飞，2022 年 12 月 9 日交付东方航空	2 044 天

资料来源：作者整理。

五、中国自主研制商用大飞机，成果显著

中国商飞是我国唯一从事大型民用飞机生产制造的企业。目前中国商飞自主研制的飞机有三种机型，分别是 ARJ21 支线飞机、C919 单体飞机和 CR929 远程宽体飞机。

（一）ARJ21 支线飞机运营相对稳定

ARJ21 一般有 78~97 座，航程为 2 225~3 700 公里，具有良好的高温高原机场起降性能和抗侧风能力。自 2016 年 6 月投入商业运营以来，这款飞机已累计交付 127 架，安全运送旅客超 1 100 万人次。[①]。

除了向国内交付 ARJ21，中国商飞也于 2022 年 12 月正式向首家海外客户印度尼西亚翎亚航空（TransNusa）交付了两架 ARJ21，标志着我国自行研制、具有完全知识产权的喷气式支线客机 ARJ21 已“出海”。这两架 ARJ21 飞机，以雅加达为基地开通了 4 条航线，通航 5 座城市，安全载客超 10 万人次。

① 中国商飞公司党群工作部．中国商飞 ARJ21 和 C919 飞机开启东南亚演示飞行[EB/OL]．(2024-02-27)[2024-05-01]．http：//www.comac.cc/xwzx/gsxw/202402/27/t20240227_7379292.shtml.

（二）C919 飞机成功实现商业首飞

C919 名字寓意："C"既代表 China 的首字母，也代表中国商飞 COMAC 首字母，"9"代表"天长地久"，"19"代表飞机最大载客量 192 人。C919 大型客机是我国首款按照国际通行适航标准自行研制、具有自主知识产权的喷气式干线客机，座级为 158~192 座，航程为 4 075~5 555 公里。

1. C919 飞机在技术层面上的突破

C919 飞机技术遵循"四性"原则，即安全性、经济性、环保性、舒适性。这和军用飞机的要求不同，对军用飞机经济性的考虑较民用飞机要少。同时在设计的时候注意"三减"：减重、减阻、减碳。C919 飞机使用 LEAP-1 系列发动机，油耗可降低 16%，氮氧化物排放量可降低 40%。C919 飞机采用先进的新一代发动机，使巡航燃油消耗率大大降低，直接使用成本也较现役同类客机降低 10%。国外同类型飞机机舱噪声 80 分贝，C919 飞机的噪声则有望降到 60 分贝以下。

C919 飞机取得六大技术突破：一是在结构设计技术方面，采用四面式风挡技术减少阻力；二是攻克了电传操纵和主动控制技术；三是采用较大比例的先进金属材料，在减轻飞机结构质量的同时，降低了舱内噪声；四是采用气动力技术设计，采用先进气动布局和新一代超临界机翼，比现役同类飞机巡航气动效率更高；五是采用综合航电技术，减轻飞行员负担，提高导航性能，改善人机界面；六是采用客舱综合设计技术，增宽中间座位，提高行李舱高度。

2. C919 飞机的五大进展

一是 C919 飞机的订单已近 1 100 架。截至 2024 年 2 月 27 日，中国商飞已向首家客户中国东方航空交付 4 架。东方航空开通了从上海到北京、从上海到成都的往返航班，已安全运送旅客超过 13 万人次。目前，C919 飞机的国内主要客户为中国国航、东方航空、南方航空、海南航空等航空公司，以及工银租赁等租赁公司。境外采购商踊跃参与势头明显。

二是国产发动机开始研制。"长江 1000"发动机研制已于 2018 年完成整机点火，2020 年 7 月开始试航取证，预计到 2025 年以后可以投入使用。

三是初步建成民用飞机供应商系统。中国商飞和中国航空工业集团有限公司（简称“中航工业集团”）等6家企业进行战略合作，以宝山钢铁股份有限公司（简称“宝钢”）等16家企业为材料供应商，51家企业作为标准件供应商，242家大中型企业，数十万产业工人参与了大型客机的研制工作。

四是推动相关基础产业发展，比如新型复合材料发展以及新型加工工艺的开发。复合材料技术应用是大飞机的关键，其构件成型技术在制造大飞机中更是重中之重。如图6-8所示，C919飞机大量使用铝合金、复合材料、钛合金、超强度钢等材料。国产大飞机的研发成功，必将推动中国新型复合材料的快速发展和升级。C919飞机推动了以第三代铝锂合金、复合材料为代表的先进材料首次在国产民用飞机的大规模使用，推动了起落架300M钢等特种材料制造和工艺体系的建立，钛合金3D打印、蒙皮镜像铣等“绿色”先进加工方法的应用。在C919飞机项目的带动下，我国新材料加工工艺和基础设施建设也有了质的飞跃。

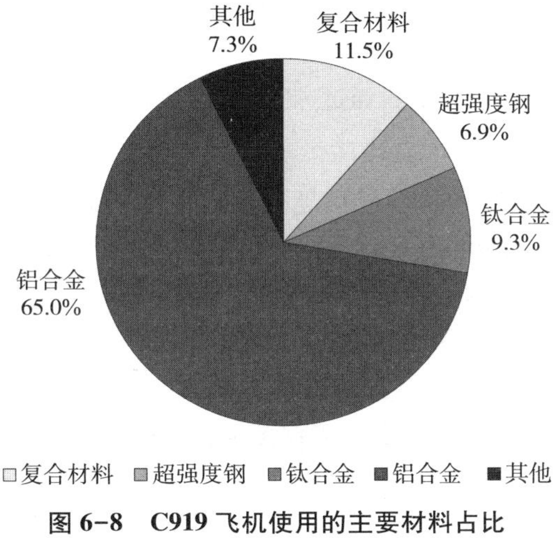

图6-8　C919飞机使用的主要材料占比

资料来源：浙商证券研究所，《大飞机》《中国有色金属报》等。

五是初步形成“主制造商—供应商”模式，带动全国相关产业链的质量提升。一架C919飞机仅零部件就有300多万个，C919飞机的成功研发组建起了国内完整的飞机制造产业链。这条制造产业链不仅涵盖了整个中航工业体系，还覆盖了16家材料制造商和54家标准件制造商，集中了整机集成商、系统级综合供应商、特殊材料供应商，涉及相关上市公司20多家。以上海为基地，以中国商飞为核心，辐射全国、面向全球的我国民用飞机产业体系与产业布局已初步形成。

C919飞机目前已经成功完成了研发工作。向东方航空交付首架飞机意味着国产大飞机从研发阶段向产业化阶段迈进，完成从产品到商品的蜕变，向市场化、规模化转变，从产业链转变为培育世界级的产业集群。

（三）CR929远程宽体客机初步设计收尾

中国商飞还与俄罗斯联合航空制造公司（UAC）共同出资组建合资公司，共同研发CR929远程宽体客机。该项目的初步设计方案稳步推行，机头、平尾与前机身已实现首件开工。2017年9月29日，中俄国际商用飞机有限责任公司（CRAIC）在中国商飞举行宽体客机项目命名正式发布仪式。2018年6月6日，该公司与俄罗斯联合航空制造公司联合确定CR929远程宽体客机的整体外形和尺寸等主要参数，双方总工程师正式签署图样文件。2022年，CR929远程宽体客机通过国家G3转段评审，机头、平尾与前机身已实现首件开工，1∶10缩比验证机已成功首飞。截至2023年3月末，CR929项目已转成以公司为主体引导的合作模式，初步计划2030年完成预设目标。由于国际形势变化，目前该项目合作方式发生了重大转变，即俄罗斯转为该型飞机的重要供应商，中国商飞恢复为CR929项目的单一主制造商。

第二节　大飞机产业的发展历程、经验与启示

一、大飞机产业的发展历程

2023年5月28日，国产大飞机C919正式完成首次商业载客飞行，让中华儿女热血沸腾，中国终于拥有具有自主知识产权的民用国产大飞机。追忆

往昔峥嵘岁月，中国大飞机产业的发展可以说是一波三折。国产大飞机的发展概括起来可以分为三个阶段：第一阶段，20 世纪七八十年代，中国自主研发了民用大飞机运-10，后来该项目被迫下马；第二阶段，20 世纪八九十年代，中国与美国麦道合作研发，也以失败告终；第三阶段，21 世纪以来，组建中国商飞，自主研制 ARJ21 飞机、C919 飞机及 CR929 飞机。

（一）20 世纪七八十年代：自主研发民用大飞机运-10

早在 1908 年，冯如就造出了中国的第一架飞机。只是在民国时期，我国的工业基础薄弱，国内战争不断，大飞机事业的发展受阻。直到中华人民共和国成立后，1951 年 4 月 17 日，政务院下发《关于航空工业建立的决定》，成立重工业部航空工业局。1951—1953 年，我国主要进行飞机修理以抗美援朝，第一架民用大飞机运-10 是测绘仿制苏联安-24 造成的。

1970 年 8 月，运-10 飞机项目启动研制，经过十年的艰辛探索，于 1980 年首飞成功。这架飞机拥有全经济级座位 149 座，最大起飞质量 110 吨，最大商载航程 3 150 公里，实用升限 12 000 米。该款飞机先后飞抵国内 10 余个大城市，7 次沿“死亡航线”飞抵拉萨运输物资，成为首架飞抵拉萨的国产飞机。以当时的中国经济条件和技术水平可谓创造出了一个奇迹。

到了 1985 年，运-10 飞机项目被迫下马。究其原因，既有当时我国对大型民用飞机产业认识上的局限，如要不要研制大型民用飞机，是自主研制还是找人合作，各方存在争议，更有特殊发展阶段研制所需要的国力支撑条件所限。在那个年代拿出 5.377 亿元研制大飞机，是一大笔财政支出。在决策之初，我国就定下限期“做出成绩”的目标，而民用飞机不仅要飞起来，还要实现航空运营的赢利。这在当时的竞争条件下，非常困难。不仅如此，在研制模式上，是采用计划军机体制还是民用商业模式，存在认知上的局限。运-10 研制按照军用模式推进，很多标准和民用标准不同，在可靠性、经济性、舒适性上存在巨大差距。即使当时运-10 不下马，也无法与波音、空客生产的民用飞机相竞争。一个产业要持续发展，不仅要有市场机制，还必须有投资收益保障。

（二）20 世纪八九十年代：与美国麦道合作

20 世纪八九十年代，我国曾试图通过“买欧美的飞机”换飞机制造技术，即“以市场换技术”。1984—2000 年，中航工业集团实施了和美国麦道 MD-80 合作生产以及 MD-90 国产化的中美干线飞机合作项目。1985 年，经过中美双方的多次交涉，最终美国麦道和上海航空工业公司（中国商飞前身）签署了一份合同。在这份合同中，中国购买了 26 架 MD82 飞机，其中 1 架为样机，其余 25 架均由美国麦道制造，并在上海航空工业公司组装。在组装同系列的 MD-80 飞机中，中方扮演的是技术含量低的大部件组装角色，仅占全机工作量的 6%~8%。1992 年，我国航空航天部又与美国麦道签订了合作生产 40 架 MD-90 的合同，口径也从“中国组装”变成了“联合研发”。1996 年，国务院决定与国外合作研制 100 架大支线飞机 AE-100。1997 年，MD-90 项目终止，美国麦道被波音兼并，波音通知中方销毁所有技术资料与图纸。1998 年 6 月 17 日，AE-100 项目宣告终结。

历史经验告诉我们，在大飞机领域，寄希望于“以市场换技术”是行不通的。这个行业产业链太长，核心技术壁垒高，尤其是航空发动机核心技术很难复制、学习。我们即使学会了，也会因为国内的工业体系跟不上，很难生产出适配的高端零部件。

（三）21 世纪以来：中国成功研制具有自主知识产权的国产大飞机

国产大飞机产业在 1999 年出现了转机，经过 13 次易稿后成型的《关于我国民用飞机发展思路的报告》提出，先发展新型支线客机，最终达到“使中国能生产出在国际上属于先进水平的商用飞机，形成具有竞争力的民用飞机产业”的目标。

2002 年，ARJ21 项目经国务院批准开始立项。2006 年，国务院发布《国家中长期科学和技术发展规划纲要（2006—2020 年）》。大型飞机重大专项被确定为 16 个重大科技专项之一。2007 年，国产大飞机 C919 开始立项。2008 年，组建中国商飞。同年，我国首架拥有完全自主知识产权的支线客机 ARJ21 在上海首飞成功。经过 7 年的不懈努力，C919 飞机于 2015 年 11 月完成总装下线，2017 年实现成功首飞。2022 年 11 月 29 日，中国民航局向中国商飞颁发 C919 大型客机生产许可证（PC）。2023 年 5 月 28 日，C919 大型客机圆满完成首次商业飞行。中国大飞机产业项目发展演进图如图 6-9 所示。

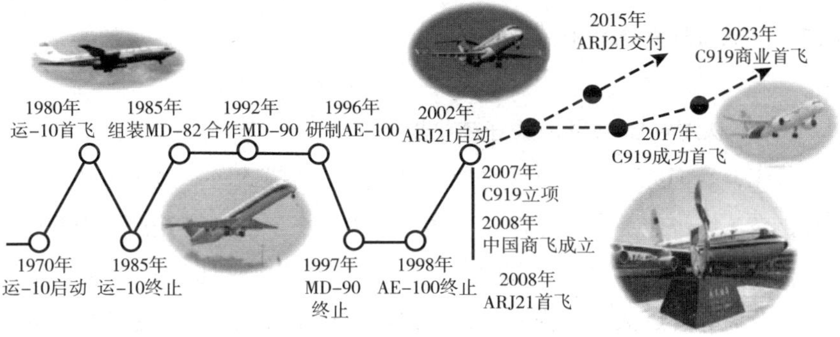

图 6-9　中国大飞机产业项目发展演进图

资料来源：作者整理。

自 1970 年发展至今，中国大飞机产业经过 50 多年的风雨兼程，终于研制出具有自主知识产权的大飞机。从这 50 多年的发展历史来看，中国大飞机行业也曾做了很多尝试，从最初在计划经济体制下自主研制，到与美国麦道合作研发，再到自主研发成功国产民用大飞机。中国航空人虽然中间走了一些弯路，但是无论经历多少艰难险阻，始终坚守“永不放弃”精神，使得国产大飞机翱翔于祖国上空。回顾中国大飞机产业发展，我国应该积极汲取历史经验教训，科学把握和正确运用历史规律，寻求中国特色的产业发展之路。

二、中国为何能发展大飞机产业

中国为何能发展大飞机产业？为何工业制造能力更先进的日本能深度参与美国波音外包业务，却在开发大飞机项目上一再受挫？为何支线飞机生产能力很强的巴西也发展不起来大飞机项目？究其原因：一是作为主权独立的国家，中国可以不顾外部干扰进行独立自主研发；二是作为大国，中国拥有超大规模市场优势，即使暂时无法获取外部适航证，只要国内适航审定不亚于国际领先标准，依靠国内超大规模市场，依然可以为大飞机产业提供有力支撑；三是中国拥有足够的产业配套能力和技术研发的投入能力。除此之外，中国采取新型举国体制，从国家层面进行产业规划，组建平台，聚集人才，拥有“永不放弃”的攻关精神，拥有动员优势资源支撑一个战略性新兴产业成长的能力。

（一）认清行业格局，做好产业规划

首先，我们应该认清行业格局。过去的思维模式——造不如买，买不如租，是从经济效益角度考虑的。实际上大飞机产业与高铁产业都属于高端装备制造业，属于战略性新兴产业，是大国必须要具备的产业。其次，大飞机产业拥有巨大的国内市场，未来中国将是大飞机第一需求国，市场空间大。最后，过去并没有看到大飞机产业的产业链高附加值效应，因此大飞机产业的发展落后于其他产业 30 余年。

自 20 世纪 70 年代以来，中国大飞机项目历经 3 次努力，都未成功。从 20 世纪 70 年代自行设计运-10 飞机，到引进消化吸收 MD-82 和 MD-90，再到通过国际合作生产 AE-100，出现过项目停摆、争论不休、决策不定的问题。直到 21 世纪，大飞机项目才真正被纳入国家规划中。

如表 6-4 所示，自 2006 年起，大飞机产业被列入国家中长期规划中，从此大飞机产业在举国之力的支持下，有了快速发展。因此，只要国家认清产业格局，做好产业规划并给予相应的产业政策支撑，则大国产业很快就能发展起来，这也充分证明我们国家集中力量办大事的体制优势。

表 6-4 国家对于大飞机产业的规划

时间	规划
2006 年	《国家中长期科学和技术发展规划纲要（2006—2020 年）》，大型飞机项目被列为 16 个重大专项之一
2007 年	中央政治局召开第 192 次常委会，听取并同意国务院大型飞机重大专项领导小组《关于大型飞机重大专项有关情况的汇报》，决定成立大型客机项目筹备组

续表

时间	规划
2008 年	国务院通过《中国商用飞机有限责任公司组建方案》和《航空工业体制改革方案》
2010 年	《国务院关于加快培育和发展战略性新兴产业的决定》提出重点发展以干支线飞机和通用飞机为主的航空装备
2021 年	《中华人民共和国国民经济和社会发展第十四个五年规划和二〇三五年远景目标纲要》提出培育航空航天等产业创新发展

资料来源：作者整理。

（二）组建平台，聚集人才

当年运-10 项目下马，最大的损失是大飞机研制平台消失，使得相应的要素供应，最主要是人才培养和技术研发几乎中断。有很多资深工程师在当时一度失业，10 余年来，靠在各个高校兼职来维持生计。直到中国商飞组建完成后，他们又积极响应国家号召，加入中国商飞，投身于大飞机产业的研制工作中。研制出具有自主知识产权的国产大飞机，以主制造商为平台的人才培养和技术研发至关重要。目前以中国商飞为平台，航空研制领域的专业人才培养就有了目标。这支队伍年轻且有活力，既具备专业知识储备，又有家国情怀，从全国各地奔赴上海投入大飞机的研制工作中。C919 飞机是集全国之力完成的，是来自 22 个省（自治区、直辖市）、200 多家企业、36 所高校的数十万相关工作人员日夜奋战，逐步推进研发，攻克难关后完成的。

（三）“永不放弃”的攻关精神

如图 6-10 所示，在中国商飞制造基地，有一架特殊的飞机，它就是中国首款大客机运-10 样机。在运-10 的旁边有一块红色石碑，上面刻着四个大字：永不放弃。中国商飞正是本着永不放弃的精神，才获得了 ARJ21 飞机和 C919 飞机的成功。

1. 运-10 飞机

1970 年，运-10 飞机项目正式上马（“708 工程”）之时，由西安飞

图 6-10　中国商飞“永不放弃”雕塑

资料来源：作者拍摄。

机制造厂设计所的马凤山先生担任总设计师。他把妻子和女儿留在西安，独自带着 9 岁的儿子来上海工作，经常忙到来不及吃晚饭。当时，我国的民用飞机制造产业一片空白，国内也缺乏经验，同时，还面临着外界环境的搅扰，可以说运-10 研制之难，难于上青天。迫于无奈，运-10 研究团队前往新疆“解剖”了一架美国 B707 飞机的残骸，历时 3 个多月，前后去了约 500 人。一切都是摸着石头过河。研究团队自主设计，制造飞行试验机，完成操纵、液压、燃油、航电网络四大系统的模拟试验。直到 1980 年 9 月 26 日，伴着上海大场机场播放的《英雄交响曲》，马凤山先生坐在运-10 客舱里，与中国自主研制的第一款大型喷气客机一同飞上蓝天。

2. ARJ21 飞机和 C919 飞机

1999 年，虽然国家采取一系列政策扶植 ARJ21 飞机项目，但是 ARJ21 的突围依然困难重重。当时 ARJ21 项目的研制，除了承受 8 220 次失速试飞试验、牺牲了 1 000 多只鸟的“飞机鸟撞试验”、揪心不已的 2. 5*g* 极限载荷静力试验等技术问题，还要面对供应商“断供”的局面。

幸而研发团队在“永不放弃”精神的指引下，经历种种艰难险阻后，使ARJ21-700飞机于2008年11月28日实现首飞。在C919飞机研制中，工程师们一开始也没有把握和信心，正是坚持“永不放弃”，联合攻关，最终获得成功。

中国商飞的这些年轻工程师们，未来若是一直坚守这种精神，一定可以在全球民用大飞机产业大显身手，与波音、空客形成“A+B+C”新格局。

第三节 大飞机产业未来的机遇与挑战

C919飞机实现商业运营，只是标志着国产大飞机研制成功。下一步C919飞机在技术上进入持续适航验证阶段，将面临着如何实现商业成功的挑战。近年来，国际形势和地缘政治局势日趋紧张，产业链安全和供应链可靠问题也变得日益严峻。比如C919飞机使用的航空发动机、航电系统等核心部件依赖进口，核心零部件被“卡脖子”的风险一直存在。国产大飞机的规模化生产、商业化成功之路任重道远。中国应认真思考大飞机产业未来发展之路，既要思考如何进行市场化转型，也要思考如何以大飞机产业作为经济新增长引擎，促进国内产业链的转型升级，构建现代化产业体系。

一、大飞机产业的市场化转型路径

要实现商业成功，必须参与市场竞争，中国商飞面临怎样的机遇和挑战呢？中国大飞机产业具有巨大的市场空间。波音预测，中国在2041年有望成为全球最大的单一航空市场。那么中国商飞能否与波音及空客竞争呢？

（一）从供应端来看，国产零部件尚无价格优势

在传统制造领域，中国国产零部件在全球市场上价格低廉、质量可靠

几乎成为共识，但在大飞机产业恰好相反。一方面，从技术安全性讲，大飞机供应链上的所有零部件必须符合适航审定标准，从原材料选取之初一直到成品上机，适航审定人员都会全程介入。质量标准之高、要求之严格，使得初始进入该供应链的国产零部件企业面临高成本问题。另一方面，国内毕竟仍处在由制造业大国向制造业强国迈进阶段，技术研发和工程验证既需要高强度投入，也需要长周期积累。因为高端零部件的良品率较低，所以成品的成本当然不会低。同一个零部件，可能国外的供应商能一次性做出达标品，而国内供应商做几次甚至几十次才能做出一件达标品。下一步，若要实现从航电设备到航空发动机的国产替代，高价格、高维护成本是必须要考虑的。

（二）从市场需求端来看，完全市场化运营

航空客运业都是商业化运营。如果 C919 飞机在价格和性能上与波音和空客同型飞机相比不具备优势，则航空公司必然面临艰难选择。即使考虑各方面因素，国内航空公司采购国产大飞机，但在运营市场上终究不可持续，尤其在国际航空客运市场上。

C919 飞机完成商业首飞后，面临的巨大挑战是供应链国内供给端采购成本高，而飞机需求端又是高度市场化竞争。从经济性、安全性、舒适性角度看，中国商飞进行市场化转型并在市场竞争中赢利的压力较大。而长期依靠财政补助，很难实现产业发展壮大。C919 飞机商业首飞后，我们在相当长一段时间内并不能指望它赢利。如图 6-11 所示，考虑到规模经济效应，在给定技术水平上，随着规模扩大和产出的增加，平均成本（单位产出成本）逐步下降。虽然大飞机研发成本很高，但是它的成本曲线会随着飞机生产规模的增加而降低，这就需要足够的市场。中国大飞机产业比国外起步要晚，基础薄弱，需要时间慢慢培育。C919 飞机在还未达到量产前，需要国家继续对中国商飞进行扶持。只有这样，中国商飞才能不对供应商压价。供应商只有获得利润，才会有产业升级的动力。

遵循客观规律，以时间和财力支持来换取中国工业体系的转型升级。

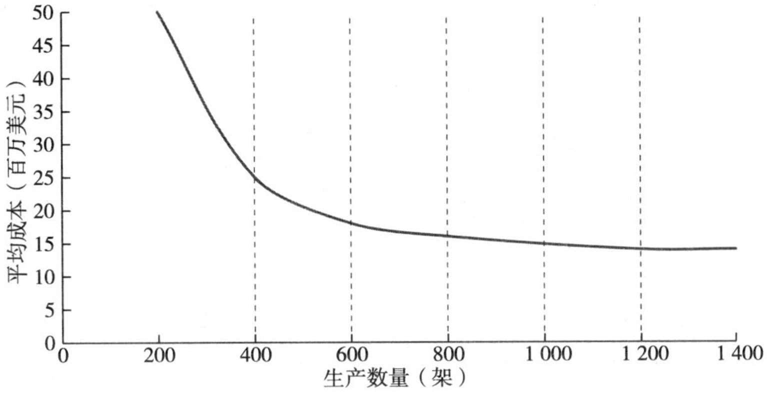

图 6-11　大飞机成本曲线图

资料来源：作者整理。

为尽快扩产，提高市场占有率，有必要测算出新的最低盈亏平衡飞机交付量。一般来说，干线民用飞机行业以 400 架为盈亏平衡点。也就是说，只有销售数量超过 400 架，一个型号的飞机才可以收回前期投入成本，开始有净利润。我国市场规模巨大，目前 C919 飞机订单就超过了 1 000 架，因此，可以考虑以可靠质量控制下的扩产为前提，以较低价格扩大市场占有率，比如将盈亏平衡点设在 600 架甚至 800 架。

二、打造市场化开放型产业生态链，倒逼工业标准全面提升

大飞机产业具有资本密集、技术密集和风险密集的特点，是“现代工业之花”，伴随着高风险而来的是高产业附加值率。起步之初，我国供应商零配件生产技术积累不足、工程验证不足，生产成本往往会高于国外供应商。为了增强竞争力，中国商飞卖给航空公司的单机价格低于波音和空客的同类机型价格。如何尽快在国内培育产业生态链，促进供应商开放竞争以降低成本和提高良品率，是中国商飞下一步应着重考虑的问题之一。

如表 6-5 所示，东方航空公告披露，C919 飞机目录单价为 0.99 亿美元，低于同级别的空客 A320neo 的 1.10 亿美元、波音 B737 MAX 8 的 1.20

亿美元，可见国产大飞机在价格上要低于同类型的波音和空客机型。

表 6-5 波音、空客、中国商飞最新产品目录单价

序号	飞机型号	生产商	数量（架）	目录单价（亿美元）	目录单价（亿元人民币）
1	C919	中国商飞	4	0.99	6.53
2	ARJ21-700	中国商飞	24	0.38	2.51
3	A350-900	空客	6	3.17	20.95
4	B787-9	波音	4	2.93	19.31
5	B737 MAX 8	波音	—	1.20	7.91
6	A320neo	空客	—	1.10	7.25

资料来源：东莞证券研究所，《中国东航：2022 年度非公开发行 A 股股票预案》。

C919 飞机要实现规模化、市场化，就必须考虑经济性。中国商飞将面临一个选择，是在国内花一定时间培育价格较高、仍须投入精力进行质量控制的零部件供应商，还是选择国外相对成熟、因长期批量生产价格较低而且有丰富质量控制经验的零部件供应商。从经济性和质量成熟稳定性角度考虑，似乎选择后者更划算。而从国家大局考虑，当然是前者优先，毕竟大飞机立项的初衷是培育国内产业体系。更何况在安全及质量上 C919 飞机是民用飞机市场的后来者，中国商飞宁可在稳定性、可靠性上付出更多。若仍以前期的国外供应商为主，那么国内希望进入大飞机产业链的供应商的机会何在？

这就需要重塑中国的产业生态链。现在国内供应商没有横向渗透能力，因为汽车的圈子、军用机的圈子、高铁的圈子，都是分割的圈子，未形成有机网状结构。一个供应商只能供应一个产业方向，整个行业没有从技术共性和外溢性中获益。反观美国和日本，波音的一级供应商除了可以从波音获得营收，还可以从其他公司获得大量营收，进行了横向渗透。在日本三菱公司，根本看不出来它的金卡用于军用飞机、民用飞机还是汽车。该公司既生产汽车，也生产坦克，还生产航空母舰。

2023 年 7 月 19 日，《中共中央 国务院关于促进民营经济发展壮大的意见》发布，对民营经济的发展环境、相关政策支持等方面列出了 31 条政策措施。众多行业向民营企业开放，产业壁垒被打破。其中，国家大型高端装备制造项目的产业链向全社会开放极大带动中国民营经济的发展壮大。中国商飞以大飞机产业的总装设计、适航认证、客户服务为标准，向国内供应商企业提出要求，完全可以引领我国工业标准的改进，带动国内供应商一步一步迈入高水平、高质量的工业制造体系。中国商飞可率先打造市场化开放性产业生态链，形成富有竞争、协作活力的国内外产业生态，实现国内产业的全面升级。有关部门也宜借机将适航审定标准向工业制造业扩展，倒逼全国工业标准的全面提升。同时，根据双循环新发展格局战略，中国会分步骤有序开放市场，欢迎国内外更多供应商加入中国大飞机产业链，让供应商展开充分竞争，强化国内外技术合作关系。国内原材料及零部件生产供应商应把握进入国产大飞机供应链的机会，加快工艺和工业基础的升级，并充分享受我国大飞机超大规模市场带来的巨大红利。除此之外，随着中国经济的高质量发展，国内消费者对产品的质量要求越来越高，中小企业可以在更高工业标准的倒逼下，适应国内需求，实现全面转型升级。

三、加快多元化资本进入大飞机产业

在高端装备制造业领域，尤其是系统级工业制造方面，从产品到产业的培育是一条漫长之路，单靠国家财政支持是很难有竞争优势的。因此，应该通过风险投资，通过向民间开放的形式动员全社会的力量进入，这是可持续之举。迄今为止，我国大飞机产业一直靠拨付资金培育攻关。该行业集资本密集、技术密集和风险密集于一体，单纯依靠市场和民营企业很难突破。综观欧美航空工业发展历程，与市场机制高度配合的政府支持和发展的现代金融市场相结合，共同促进了大型民用飞机由项目培育到产业振兴的过程。

大飞机是高科技产业，对于高科技产业，西方发达国家采取的是风险投资。不管是波音还是空客，重要供应商和主制造商之间不仅是技术协作关系，更是风险投资关系。一个供应商要加盟主制造商的产业链，不仅在技术上要符合适航标准的审定，还要有一定的技术研发投入。双方以某种形式的契约安排，共同承担风险。这种风险投资最终从项目成功中得到回报。即使不成功，因为民用飞机领域广泛的技术扩散性，各方也可以得到相应的回报。C919 飞机研制成功之后，要实现商业成功，应该参考类似欧美同行的经验，即考虑基于技术协作的共同风险投资体系如何构建。

四、以多种方式留住并激励核心技术人才

中国商飞最宝贵的财富是拥有一支年轻的高素质人才队伍。我国大飞机自立项以来，同时启动 ARJ21、C919 和 CR929 三个型号飞机的研制和投运。自成立以来中国商飞汇聚了一代青年技术骨干，职工平均年龄是 32.8 岁。这些人有家国情怀和奋斗精神，在风华正茂的年纪被委以重任，在职业生涯中有机会积累多种型号技术训练，在国际同行当中可谓令人羡慕的幸运儿。他们响应号召为中国研制出自己的大飞机，在上海这个国际性大都市，安心在研发、设计、制造和验证岗位上默默耕耘，在“现代工业之花”这一领域掌握核心技术。再过若干年，这些年轻的工程师一定都会成为世界级的工程师，他们是中国商飞未来发展最宝贵的财富。大城市生活成本、养老抚幼的生活压力，再加之身处国际大都市的多种机遇诱惑，如何留住并激励核心技术骨干安心奋斗，可能是中国商飞和有关部门不得不考虑的现实问题。比如：探索员工持股制度；加大力度解决员工生活的后顾之忧，减轻工作、生活的双重压力；探索多种促进人才成长和发挥重大作用的通道。中国商飞可以通过上述措施吸引更多有理想、有抱负、有能力、敢创新的年轻人为中国大飞机事业奋斗。

第七章

中国能源高速公路：特高压输变电

特高压输变电技术已成为继高铁、核电之后，中国在世界范围内的第三张高科技名片。从关键设备到核心技术，中国的特高压输变电技术一直处于国际领先地位。本章在讲述特高压输变电的技术特征、行业格局现状的基础上，分析中国发展特高压输变电的原因、中国特高压技术成功的原因，并对中国特高压输变电行业面临的机遇与挑战进行全面解读。

第一节　特高压输变电的行业格局和产业价值

一、什么是特高压

在国际上，输变电压划分为高压、超高压和特高压这几个等级。如表 7-1 所示，高压是指交流电压有效值为 10~220 千伏，超高压是指交流电压有效值为 330~750 千伏。而特高压是指直流输电电压在±800 千伏及以上，或交流输电电压 1 000 千伏及以上。与较低电压输电方式相比，1 000 千伏特高压交流输电线路输送功率约为 500 千伏输电线路的 5 倍，±1 000 千伏特高压直流输电功率约为±500 千伏输电线路的 4 倍。在输送相同电功率的情况下，1 000 千伏特高压交流输电距离是 500 千伏交流输电的 4 倍，±1 000 千伏特高压直流输电距离是±500 千伏直流输电距离的5倍。① 因此特高压输变电具有输送容量大、传输效率高、输电距离远、线路损耗低、节约土地资源等优势，能解决远距离损耗问题和输电通道占地面积大的难题。

表7-1　电压等级分类

种类	分类	电压等级
交流输电	高压	10~220千伏
	超高压	330~750千伏
	特高压	1 000千伏及以上
直流输电	特高压	±800千伏及以上

资料来源：人民电器集团上海有限公司，《干货：电压等级如何划分》。

二、特高压直流输电与交流输电各有利弊

特高压输变电分为直流输电与交流输电两种方式，其区别在于构建电网和工程投资两方面。

（一）构建电网

对于特高压传统直流输电而言，在输电过程中，只能在两端之间点对点输电，中间无落点，因而不能构建电网。这种方式常用于超远距离点对点输电，只有输电功能。直流输电系统的工作原理如图7-1所示。首先，火电站、水电站等发电端的交流系统通过升压变压器进行升压。其次，通过换流阀，将交流电转换成直流电。再次，通过特高压直流线路进行输电。从次，用逆变器将直流电变换为交流电。最后，再通过变电站进行电压降压，降到用电端需要的电压，输送到用电端交流系统。

特高压柔性输电是一种以电压源换流器、自关断器件（IGBT）和脉宽调制（PWM）技术为基础的新一代高压直流输电技术。它对电压、频率的

① 中信证券．电力设备行业特高压产业链全景解析［EB/OL］．(2022-05-30)［2023-10-01］．https：//xueqiu. com/9508834377/221283451.

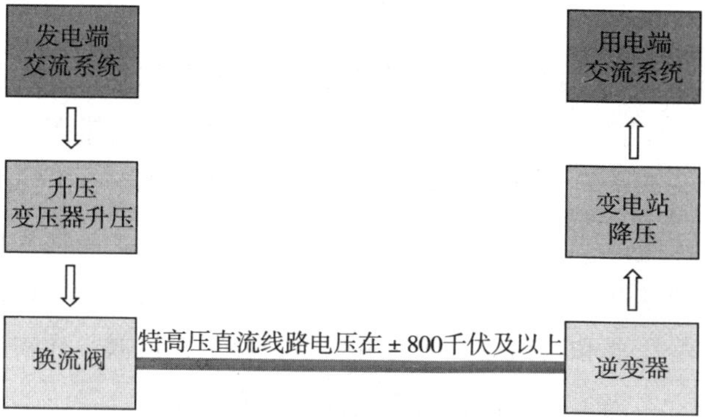

图 7-1 特高压直流输电系统基本结构示意图

资料来源：作者整理。

控制更加灵活，就像一个完全可控的水泵，能够精准控制水流的方向、速度和流量，使水库更加安全，水流被截停的概率也大幅下降。这种方式具有灵活可控，可以独立控制有功功率或无功功率并实现并网、联网等特点，是一种新型的特高压直流输电模式。一改传统的直流输电不能联网的不足，柔性直流输电技术是支撑全球能源互联网化、电力电子化电网的重要组成部分，未来在大规模电力输送、跨海互联电网等方面将有更大作用。

而特高压交流输电模式采用的是三相电输送，直接将 1 000 千伏及以上的电压进行输送，不需要进行直流与交流的电流换流，而且交流输电中间可以有落点，能构建电网。这对于电力的接入、分配和导出都非常方便，既具有输电功能，也具有构建电网功能。因此，一般短距离输电更适合采用交流输电模式（见图 7-2）。

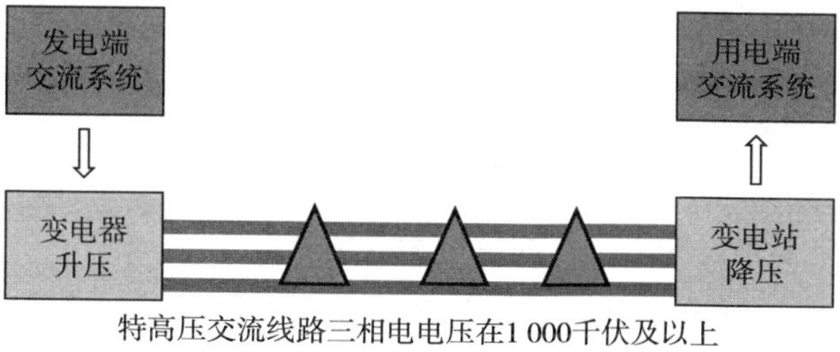

图 7-2 特高压交流输电系统基本结构示意图

资料来源：作者整理。

（二）工程投资

与特高压交流输电相比，直流输电线路输送相同的功率，可以节省1/3或者2/3的导线，且输电通道占地面积相对较小。然而直流输电的换流站占地面积非常大，比如四川白鹤滩至浙江的±800千伏特高压直流输电工程，换流站占地面积约62万平方米，相当于87个足球场那么大。换流站的造价非常高，一个换流站的工程造价高达数亿元。交流变电需要的主要设备是变压器和断路器。而直流输电，除了换流阀，还需要平波电抗器、交流滤变器等主要设备，这些设备的成本较高。

无论是从构建电网还是从工程造价来看，直流输电线路都适合远距离传输。一般来说，800公里以内采用交流输电较好，800公里以上采用直流输电较好。如表7-2所示，可以看出特高压交流输电、直流输电以及柔性直流输电的优势与不足。

表7-2 特高压交流输电、直流输电及柔性直流输电的优势与不足

	特高压交流输电	特高压直流输电	特高压柔性直流输电
主要优势	设备简单、可靠，中短距离输电成本较低，同时具有输电和构建网络的功能	适合远距离、大功率输电，输电损耗小	灵活可控，柔性直流输电系统的电流可双向流动，具备多点输送的功能，具有建网的功能
主要不足	损耗较高，三相电导线耗材较多	换流站成本较高，只能点对点输送，不能构建电网	损耗较大，自关断器件等可关断器件成本高

资料来源：作者整理。

三、中国为何要发展特高压输变电

（一）需要是发明之母：缓解电力供需错配

能源资源与电力需求的逆向分布，客观上推动了特高压输变电的发展。从能源供应角度来看，我国发电厂的主要发电方式是火力发电、水力发电、核能发电、风力发电、太阳能发电。2022年，我国火电厂发电量为 58 887. 9 亿千瓦时，占发电总量的 66. 55%，水电厂发电量为 13 522. 0 亿千瓦时，占发电总量的 15. 28%，而核电、风电以及太阳能发电量共计 16 077. 2 亿千瓦时，占发电总量的 18. 17%。① 可见，我国主要依靠火电厂来发电，而火电厂主要以煤、石油、天然气等化石能源为燃料，形成了以“化石能源—火力发电”为主的能源供应体系。2022 年，煤炭消费量占能源消费总量的 56. 2%，石油消费量占能源消费总量的 17. 9%，天然气、水电、核电、风电、太阳能发电等清洁能源消费量占能源消费总量的 25. 9%。近年来，虽然以太阳能发电、风电的清洁能源供给有所提升，但我国依然是一个高度依赖煤炭资源的国家。而火电厂发电所需要的煤炭资源主要集中在山西、内蒙古、新疆、陕西等华北、西北地区，水电厂发电所需要的水资源主要集中在西部、西南等地区。

如图 7-3 所示，从用电总需求看，随着城镇化进程的加快和人民生活水平的提升，全社会用电量逐年上升，已由 2017 年的 63 077 亿千瓦时升至 2022 年的 86 372 亿千瓦时。

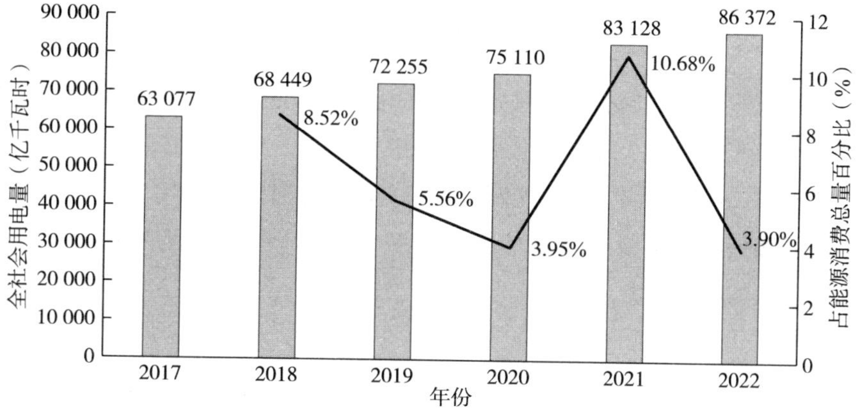

图 7-3　2017—2022 年全社会用电量情况

数据来源：国家能源局。

① 国家统计局 . 中华人民共和国 2022 年国民经济和社会发展统计公报[EB/OL].(2023-02-28)[2023-10-01] . http：//www. stats. gov. cn/xxgk/sjfb/zxfb2020/202302/t20230228_1919001. html.

从需求分布看，国内第七次人口普查显示，93.43%的人生活在胡焕庸线（今黑河—腾冲）以东地区，且四大工业基地均分布在东部沿海省份，全国用电需求主要集中在东部地区。如图7-4所示，2022年，东部、中部、西部和东北地区全社会用电量占比分别为46.66%、19.09%、28.99%以及5.26%。

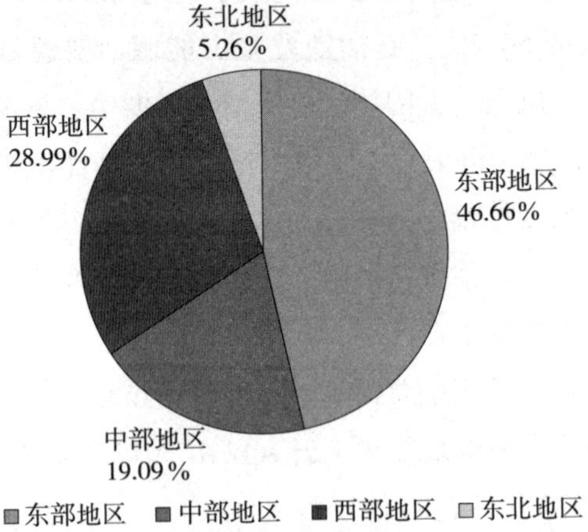

图7-4　2022年我国各地区用电量占比情况

数据来源：Wind。

结合能源供给和电力需求分布，发电所需要的煤炭资源主要分布在西部、北部等地区，水能资源主要集中在西部地区，而电力需求主要集中在东部地区。这就形成了国内能源供给与需求的逆向分布局面。十五届四中全会明确提出了实施“西电东送”工程，将西部地区丰富的煤炭和水能资源转换的电力资源运送到东部地区。然而，长距离输电代价不菲。我国幅员辽阔，例如从新疆到安徽全长3 000多公里，从四川省的白鹤滩到浙江省杭州市，直线距离1 700多公里。如果采取普通的电网输电技术，那么电能损耗大、输电通道占地面积大，支出成本极高。

要减少远距离输电的损耗，在输送过程中就得降低电流。根据物理学公式$P=UI$，在相同功率下，可以通过提高电压以减少电流的方式，来降低因电流过大造成的热损失和远距离输送的电缆成本。而特高压输电技术通过发电厂用升压变压器将发电机输出的电压升压后传输，到达用户端时，再用降压变压器进行降压，以解决远距离输电的损耗问题。一条

1 000 千伏线路的输送能力相当于 5 条 500 千伏线路的输送能力。在输送总容量相同的情况下，采用 1 000 千伏输电比采用 500 千伏的线路至少节约投资 25%，而且其电能损耗只有 500 千伏时的 1/5。与 500 千伏超高压交流输电相比，1 000 千伏特高压交流输电距离和容量增加了 4~5 倍，输电损耗仅为 1/3，走廊宽度仅为 1/3，单位造价只需 70%。

截至 2022 年年底，我国已经投运的特高压输电线路中有 15 条交流输电线工程和 21 条直流输电线工程，其中准东—皖南±1 100 千伏特高压直流输电工程最远输电距离达到 3 324 公里，输电能力超过 2.5 亿千瓦。我国成为全球唯一一个全面掌握特高压技术并用于商业化运营的国家，在特高压输变电领域掌握全球话语权。

（二）突破关键技术：特高压工程带动产业链发展

目前，“新基建”成为政府逆周期调节的重要手段，其中特高压是“新基建”七大推动领域之一。特高压设备行业具有进入壁垒高、市场集中度高、关键设备价值量占比高等特点。特高压输电工程产业链主要由上游的基础研发产业、中游的特高压设备制造产业以及下游的工程施工与运营维护产业构成。如图 7-5 所示，上游基础研发是产业链的开端，分为科研攻关和工程设计两大部分。中游是特高压设备制造，可进一步分为特高压交流关键设备和特高压直流关键设备，还有电源控制端、铁塔架、绝缘器件、线缆等设备。下游是工程施工（配网设备建设、输电网建设）和运营维护。

相较于传统高压输电，特高压输电技术在输电容量和输送距离上都实现了跨越式前进。在产业链竞争方面，特高压核心设备主要由核心头部企业掌控，市场集中度较高，铁塔架、电缆市场格局相对分散。特高压输变电电网工程投资大，产业链带动力强，形成辐射状，其带来的经济效益非常显著。“十四五”期间，国家电网规划建设特高压工程“24 交 14 直”，涉及线路 3 万余公里，变电换流容量 3.4 亿千伏安，总投资 3 800 亿元。① 特高压

① 何昱璞．特高压项目建设提速 产业链公司持续受益［EB/OL］.（2024-04-16）［2024-05-01］. https：//www.cs.com.cn/ssgs/gsxw/202404/t20240416_6402261.html.

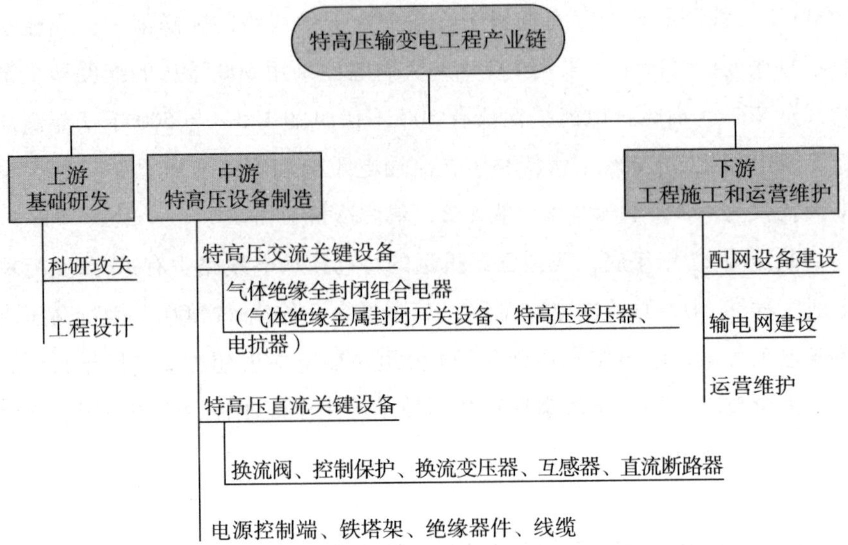

图 7-5　特高压输变电工程产业链情况

资料来源：作者整理。

输电项目成为中国“新基建”。特高压的投资趋势及规模变化详见图 7-6，特高压设备产业壁垒高、格局优，加大投资力度有望带动产业链业绩放量。

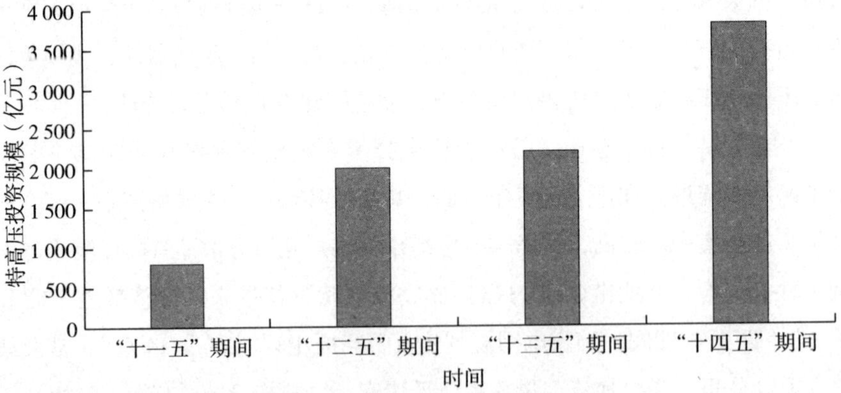

图 7-6　特高压投资趋势及规模变化

资料来源：中商产业研究院、东亚前海证券研究所。

第二节　中国特高压输变电的发展历程及经验启示

一、全球视域下的中国特高压发展

（一）国外特高压发展：起步早但缺乏大规模需求支撑

国外对特高压输电技术的研究虽然起步早，但是在商业化应用方面并未取得大规模突破。特高压输电技术的研究，是由美国、苏联、日本率先进行的。

早在 1967 年，美国通用电气与美国电力研究协会就开始进行特高压研究，并建立了特高压试验中心。1973 年，美国电力公司建成了 765 千伏的超高压输电线路。

20 世纪 70 年代，苏联开启 1 000 千伏特高压交流输变电技术的研究，1985 年建成了埃基巴斯图兹—科克契塔夫线路以及两座 1 150 千伏变电站（升压站），并投入运行。1991 年苏联解体后，由于经济衰退导致用电量急剧下降，后来这条输电线被迫降压到 500 千伏。

1973 年，由于战后经济复苏带来了用电需求量提升，日本开始进行特高压输电的研究，并于 1988 年开工建设 1 000 千伏交流输变电工程。两条总长度为 430 公里的 1 000 千伏输电线路于 1999 年建成，这两条线分别称为“南北线”和“东西线”。后来在遭遇东亚危机后，日本就放弃了特高压输变电的研究与创新工作。后又因为福岛核电站爆炸事故，日本将特高压输变电降压至 550 千伏。

20 世纪 70 年代，意大利和法国开始进行欧洲大陆特高压输电方案的论证工作。之后在国家主导下，意大利进行了该项目技术研究和设备制造等工作，并于 1995 年完成了 1 050 千伏试验工程，取得了一定的运行经验。

（二）我国特高压发展：起步晚但领先全球且创造标准

相比之下，我国进行特高压研究的时间较晚，2006 年才开始进行特高压试验工程建设。我国地缘辽阔，且能源资源分布与实际需求呈逆向分布，使得我国需要特高压输电工程输送电力。于是，我国的特高压输变电工程较早投入商业化运营。随着经济的发展，输变电工程实现了跨越式发展，并在核心技术上实现了全面国产化。

如表 7-3 所示，在特高压输变电领域，中国由“跟跑人”角色转换为“领跑人”角色，处于全球领先地位。2020 年，中国已经投运成功全球首条特高压柔性直流输电技术工程——±800 千伏昆柳龙输电工程，该技术是继交流输电、常规直流输电后的一种新型柔性直流输电方式。

表 7-3　各个国家超高压和特高压工程建设情况

年份	国家	电压等级（千伏）	线路类型	输电距离（公里）	备注
1965 年	加拿大	735	交流	600	水电站外送
1967 年	苏联	750	交流	—	科纳科夫电厂—莫斯科
1969 年	美国	765	交流	—	
1985 年	苏联	1 150	交流	494	埃基巴斯图兹—科克契塔夫
1992 年	日本	1 000	交流	38	西群马干线
1995 年	意大利	1 050	交流	3	试验
2006 年	中国	1 000	交流	654	国内首条特高压交流晋东南—南阳—荆门示范工程
2007 年	中国	±800	直流	1 907	全球首条特高压直流向家坝—上海输电工程
2016 年	中国	±1 100	直流	3 324	全球首条 1 100 千伏准东—皖南（新疆昌吉—安徽宣城）特高压直流输电工程
2020 年	中国	±800	直流	1 452	全球首条特高压昆柳龙柔性直流工程

资料来源：作者整理。

国际电信联盟采纳了中国制定的±800 千伏直流、1 000 千伏交流的电压标准，并以此作为国际标准。中国制定了全球首个特高压输变电工程从设计到制造、施工、调试、运行、维护的全套标准体系。目前，中国共制定特高压输电国际标准 14 项、国家标准 50 项、行业标准 73 项、企业标准 189 项，全世界都在使用中国的这一套标准。

二、发展历程：后来居上的中国特高压发展

（一）基于国家发展需要，从国家层面规划特高压输变电行业

我国从 1986 年开始立项研究特高压输电技术。1994 年，在武汉研究所建成我国第一条百万伏级特高压输电研究线段。2005 年之后真正进入特高压技术试验阶段，在此之前二滩发电站发出的电在当地难以消纳，迫使国家电网开始考虑电力输送问题。

位于四川省攀枝花市的二滩水电站于 2000 年建成，成为当时中国最大的水电站，但是当地对电力没有大规模需求，真正缺电的是华东地区。而二滩水电站发出的电只能依靠一条 500 千伏交流线路输送，输送容量为 90 多万千瓦。想要解决电力供需结构性矛盾，只能靠提高电压等级来扩大输送容量。于是，国家电网于 2005 年启动特高压输变电可行性研究，并就发展特高压向国家递交了报告。

基于国家电力供需错配的现实需要，2005 年 2 月 16 日，《国家发展改革委关于开展 1000 千伏级交流、±800 千伏直流输电技术前期研究工作的通知》（发改办能源〔2005〕282 号）明确提出启动我国特高压项目的前期研究工作。2006 年，国务院发布《国家中长期科学和技术发展规划纲要（2006—2020 年）》，将开发大容量远距离直流输电技术和特高压交流输电技术与装备列入重点研究领域及优先主题。

（二）发展特高压输变电行业曾有一场旷日持久的“论战”

国家发展改革委于 2005 年发文后，国内曾出现不少反对声音，关于要不要发展特高压开始了一场旷日持久的“论战”。为此国家发展改革委

在北戴河组织专家、学者召开第一次论证会。会上的争论主要集中于四个方面：一是输煤输电的优劣比较，二是特高压输电的经济性，三是特高压输电的安全性，四是特高压输电电磁场对环境的影响。特高压一度成了争议的话题，开始陷入“专家向上提意见—国家电网汇报—政府论证—专家再向上提意见—国家电网再汇报—政府再论证”的循环圈。20 世纪 70 年代，美国、苏联、日本进行特高压输变电技术的研究，或者因为各种原因中途放弃，或者降压使用。而中国电力行业在过去的几十年，已经习惯了学习和借鉴发达国家的做法。当这些国家放弃，国内有些人就习惯性地认为发达国家都做不到，中国人也难成功，于是反对声音很大。

2005 年 10 月 31 日，国家发展改革委又召开第二次论证会。会议邀请了原电力部部长史大桢、原电力部副部长陆延昌等老领导，并由国家电网针对专家提出的问题进行汇报，最后参与此次论证会的专家都写了书面意见，并在意见书上签署了名字。

（三）凭借国内超大规模市场，特高压输变电很快驶上“快车道”

我国幅员辽阔，能源地理分布两极分化导致的供需不匹配，使特高压输变电发展迅猛。中国特高压输变电项目始于 2006 年，中国首个特高压交流输变电工程（晋东南—南阳—荆门 1 000 千伏特高压交流试验示范工程）获得国家核准，以解决华东地区的用电困难。该输电线路全长 654 公里，该工程的静态投资为 56. 88 亿元，于 2006 年开工，一、二期工程分别于 2009 年和 2011 年投运。该工程投运后每年为湖北省节约电煤约 700 万吨，相当于为湖北省援建了一个葛洲坝电站。

2007 年，第一条特高压直流输变电工程（向家坝—上海±800 千伏输电示范工程）获得国家核准，起于四川复龙换流站，终至上海奉贤换流站，额定输送容量 640 万千瓦，最大输送功率达 700 万千瓦，途经四川、重庆、湖南、湖北、安徽、浙江、江苏和上海 8 个省市，全长约 1907 公里。该工程于 2010 年投运，最大输送功率约占上海高峰负荷的三分之一，也标志着我国国家电网全面进入特高压交直流混合电网时代。

党的十八大以来，国家对环境保护的重视程度越来越高，由此，特高压输变电就有了更大的市场需求。2013 年，国务院印发《大气污染防治行动计划》（国发〔2013〕37 号）。2014 年，国务院常务会议明确提出“实施跨区送电项目”，这为特高压输变电工程的快速发展提供了机遇。我国已经投运的特高压交流与直流输电项目见表 7-4。

表 7-4　我国已经投运的特高压交流与直流输电项目

序号	项目名称	电压等级（千伏）	长度（公里）	容量（万千瓦）	开工时间	投运时间
1	晋东南—南阳—荆门工程	1 000	654	1 800	2006 年	2009 年
2	淮南—浙北—上海工程	1 000	2×649	2 100	2011 年	2013 年
3	浙北—福州工程	1 000	2×603	1 800	2013 年	2014 年
4	锡盟—山东工程	1 000	2×730	1 500	2014 年	2016 年
5	淮南—南京—上海工程	1 000	2×738	1 200	2014 年	2016 年
6	蒙西—天津南工程	1 000	2×608	2 400	2015 年	2016 年
7	榆横—潍坊工程	1 000	2×1 049	1 500	2015 年	2017 年
8	锡盟—胜利工程	1 000	2×240	600	2016 年	2017 年
9	北京西—石家庄工程	1 000	2×228	暂未查到	2017 年	2019 年
10	淮南—南京—上海工程中的苏通 GIL 综合管廊工程	1 000	2×738	1 200	2016 年	2019 年
11	潍坊—临沂—枣庄—菏泽—石家庄工程	1 000	2×820	1 500	2017 年	2020 年
12	蒙西—晋中工程	1 000	2×304	800	2018 年	2020 年
13	张北—雄安工程	1 000	320	600	2018 年	2020 年
14	山东—河北环网工程	1 000	820	1 000	2017 年	2020 年

续表

序号	项目名称	电压等级（千伏）	长度（公里）	容量（万千瓦）	开工时间	投运时间
15	南昌—长沙工程	1 000	345	800	2020 年	2021 年
16	向家坝—上海工程	±800	1 907	1 280	2008 年	2010 年
17	云南—广州工程	±800	1 373	500	2006 年	2010 年
18	锦屏—苏南工程	±800	2 059	1 440	2008 年	2012 年
19	云南普洱—广东江门工程	±800	1 413	500	2011 年	2013 年
20	溪洛渡—浙西工程	±800	1 653	1 600	2012 年	2014 年
21	哈密南—郑州工程	±800	2 210	1 600	2012 年	2014 年
22	宁东—浙江工程	±800	1 720	1 600	2014 年	2016 年
23	晋北—南京工程	±800	1 100	600	2015 年	2017 年
24	锡盟—泰州工程	±800	1 620	2 000	2015 年	2017 年
25	酒泉—湖南工程	±800	2 447	1 600	2015 年	2017 年
26	扎鲁特—青州工程	±800	1 234	2 000	2016 年	2017 年
27	上海庙—山东工程	±800	1 150	2 000	2015 年	2019 年
28	昌吉—古泉工程	±1100	3 324	1 200	2016 年	2019 年
29	糯扎渡—广东工程	±800	1 541	500	2015 年	2017 年
30	滇西北—广东工程	±800	1 959	500	2015 年	2017 年
31	青海—驻马店工程	±800	1 597	800	2018 年	2020 年
32	陕北—武汉工程	±800	1 135	800	2019 年	2021 年
33	雅中—南昌工程	±800	1 700	800	2019 年	2021 年
34	乌东德—广东广西工程	±800	1 489	800	2018 年	2020 年

资料来源：作者整理。

注：表中“2×”表示双回路架设。

2022 年，我国 35 千伏及以上输电线路长度达到 226 万公里，新增 220 千伏以上的输电线长度达 38 967 公里，已经建成投运特高压输电通道 36 条，西电东送规模接近 3 亿千瓦。我国的发电装机容量、输电线路长度、西电东送规模分别较十年前增长了 1.2 倍、0.5 倍、1.6 倍，我国已建成全球规模最大的电力系统。[①] 我国电网的总体格局是以东北、西北、西南区域为送端，华北、华东、华中区域为受端，主网架为特高压和 500（750）千伏电网，区域电网间交直流混联。中国的经济是在高速发展的，对能源的需求极度迫切，经济规模可以摊平技术成本，这使得此技术越用越便宜。凭借国内超大规模市场优势以及规模经济，特高压输变电驶上"快车道"。

三、经验启示：发挥新型举国体制优势

从特高压输变电发展的历程来看，中国特高压输电技术的发展并非一帆风顺。而在关键时刻，中央从国家层面作出决策，基于国内超大规模市场，凭借新型举国体制优势，成功使得特高压技术全球领先。

（一）规划引领：以国家规划实施重点突破战略

我国发展特高压项目是需求导向的启动和发展。如表 7-5 所示，特高压输变电在国家政策文件中多次出现，从战略层面为特高压输变电的发展指明了方向和目标。

表 7-5　国家出台特高压输电技术规划文件

年份	国家出台文件
2005 年	国务院会议纪要明确同意启动发展特高压电网，并将特高压纳入国家重大装备规划
2006 年	《国家中长期科学和技术发展规划纲要（2006—2020 年）》，重点研究开发大容量远距离直流输电技术和特高压交流输电技术与装备
	《国民经济和社会发展第十一个五年规划纲要》提出开发 1 000 千伏特高压交流和±800 千伏直流输变电成套设备

① 中新网．国家能源局：我国建成全球规模最大电力系统[EB/OL].（2022-09-26）[2023-10-01]. https://www.chinanews.com.cn/cj/2022/09-26/9860526.shtml.

续表

年份	国家出台文件
2011 年	《国民经济和社会发展第十二个五年规划纲要》提出发展特高压等大容量、高效率、远距离先进输电技术
2016 年	《2016 年政府工作报告》提出建设特高压输电项目，并将其列为 2016 年要启动的一批“十三五”规划重大项目之一
2020 年	《中华人民共和国国民经济和社会发展第十四个五年规划及 2035 年远景目标纲要》提出提高特高压输电通道利用率

资料来源：作者整理。

党中央统筹谋划，在政策方面给予支持。2011 年以后，随着各项政策的出台，特高压发展被提升到国家层面的战略高度，使得特高压输变电工程获得了高速发展，并在一些重大标志性工程上取得了突破，如准东—皖南±1 100 千伏特高压直流输电工程（全国输电距离最长、输电量最大的直流输电工程，全长 3 324 公里，可同时满足华东地区 5 000 万户家庭的用电需求）①、滇西北—广东±800 千伏特高压直流输电工程（世界上海拔最高、抗震级别最高的输电工程）、昆柳龙±800 千伏输电工程（全球首条特高压柔性直流工程）。

2021 年，国家电网发布了“双碳”行动方案，加快建设特高压主网架，提高清洁能源接纳能力。

（二）实施策略：开放创新与自主创新协同共进

在特高压输电技术实施阶段，困难重重。由于国内经验不足，国家电网本着“科学论证，示范先行，自主创新，扎实推进”的原则，开启了国内特高压技术研究之路。20 世纪 80 年代，超高压 500 千伏交流输电设备要从国外引进。2000 年，建设三峡—常州±500 千伏超高压直流输电工程时，该工程建设的政平换流站的核心设备主要来自瑞典、德国、法国等

① 国家能源局．准东—皖南±1100 千伏特高压直流工程开工[EB/OL].（2016-01-11）[2023-10-01]. http://www.nea.gov.cn/2016-01/11/c_134998360.htm.

10多个国家，当时该工程的国产化率只有30%。国内的电网技术人员为了学习外国的先进技术，人手一本外文字典，对设备使用的外文说明书逐字逐句翻译。为了不耽误白天的正常工作，他们晚上会加班到深夜，共翻译设备资料百余份，为后续的模仿、学习打下了坚实的基础。

2004年，继三峡—常州±500千伏直流输电工程实现国产化率30%之后，三峡—广东±500千伏直流输变电工程实现了国产化率50%，而之后建设的三峡—上海±500千伏直流输变电工程可以实现国产化率70%，只需要重点引进国外的直流输电控制与保护系统关键技术。可以说，中国的大规模市场体系，为国外技术提供了市场支持；国外技术在中国的应用，也同时为中国提供了“干中学”的机遇。

自2005年灵宝换流站投运以来，我国已经实现成套设备完全国产化，彻底改变了高压直流输电设备依赖进口的局面，特别是晶闸管、换流阀、换流站等设备均取得重大突破。在此之前，许继电气股份有限公司引进西门子直流控制保护技术，并在此基础上进行技术创新，独立开发出具有完全自主知识产权的DSP-2000成套控制保护设备。①

特高压的标准是直流在±800千伏及以上，从±500千伏到±800千伏的转变，此前并没有成熟的技术，而且设备制造难度非常大。于是国家电网技术人员有了一个极具创新的想法：当电池电力不足时，可以多加一节电池进行补充，将两个±400千伏电极进行叠加以达到±800千伏；同时，采取两层的拓扑结构。因此，±800千伏特高压输变电达到80多种运行形式，是±400千伏特高压输变电运行形式的两倍。2021年，由于政平换流站的核心设备出现老化问题，国家电网将原有的国外核心元器件全部换成国产器件，更换了国产的直流控制保护系统，以市场换得技术，并进行自主创新。

四十多年来，我国特高压输变电技术通过引进、消化、吸收国外先进的产品设计和制造设计，以开放创新的方式进行研发设计。当电压等级升

① 喻新强，梁旭明，王祖力．国家电网公司灵宝背靠背工程实现完全国产化[J]．中国电力，2006（01）：42-45.

级到特高压等级后，由于国外也没有成熟的技术，我国特高压交流输电技术的发展面临既“不能买”也“买不来”的难题和制造技术问题。中国采取开放创新与自主创新协同共进的方式，由“跟随者”变为“引领者”，才形成了今天的这种“中国制造”“中国标准”的局面。

（三）补齐短板：构建产学研创新攻关生态体系

自特高压被上升为国家规划以来，面对国内特高压技术的核心设备制造短板，国家电网先后组织大批国内重点科研机构和知名高校参与技术研发和设计，组织200多家设备制造企业攻克核心设备制造技术难题。在此期间有500多家建设单位、几十万人参与了特高压研究的全产业链。从上游的设计与研发，到中游的设备制造，再到下游的工程建设、调试运行及运营维护，一共攻克了310项关键技术，凭借全国之力解决了特高压与绝缘配合、电磁环境控制、特高压核心设备、大电网安全控制等世界级难题。

在研制特高压换流变压器时，参与该项技术研究的两家企业起初各自进行技术攻关，分别研制出了样品。然而这两个样品的试验都以失败告终。这时产学研协同攻关体系发挥了作用，由国家电网主导，召集生产换流变压器的相关企业，联合该领域国内外专家，一起进行技术论证分析。很快他们就找到了问题的根源，然后进行技术改进，最后研制出了高标准的特高压换流变压器。类似这样的例子还有6英寸①晶闸管的制造：在5英寸晶闸管技术成熟时期，国内外都没有生产、使用过6英寸晶闸管，这也给当时的技术人员带来了很大的困难。最终他们依靠产学研联合攻关，生产出了6英寸晶闸管，使得输送电流能力从5英寸晶闸管的3 000安，提高到6 000安以上，并在灵宝换流站首次采用6英寸4 500安晶闸管换流阀，并成功运行。

（四）协调市场：大型国企发挥产业链链长职能

特高压输变电的成功，离不开我国大型国有企业的努力。大型国有企

---

① 1英寸=2.54厘米。

业拥有资源基础和产业经验，在人才、技术、资金、产业基础、现代化管理等各方面具有比较优势，充分发挥了其作为现代产业链链长的功能。1997 年，我国成立国家电力公司。2002 年，《国务院关于印发电力体制改革方案的通知》（国发〔2002〕5 号）提出，重组电网资产，设立国家电网公司。由国务院授权国家电网公司，作为原国家电力公司管理的电网资产出资人代表。国家电网公司按国有独资形式设置，在国家计划中实行单列。设立华北（含山东）、东北（含内蒙古东部）、西北、华东（含福建）、华中（含重庆、四川）电网公司。设立南方电网公司，其经营范围为云南、贵州、广西、广东和海南。

国家电网在特高压输变电项目中发挥了重要作用：2005 年，由国家电网率先向中央提出特高压建设的建议；在论证阶段，当专家提出反对意见时，由国家电网负责汇报；在项目实施过程中，国家电网联合专家、学者和企业进行产学研联合攻关，突破了一项项“卡脖子”技术。国家电网作为特高压输电工程的链长同时也是用户，负责特高压项目牵头工作、打破了常规性的多主体、分阶段的输电工程管理模式，对加快技术突破、顺利进行投运起到了关键作用，这是由特高压输电工程的特性和国家电网的实力决定的。

国有企业可以通过“链长主导”解决身份合法性，通过“科研—工程”耦合的组织方式推进流程，通过“产学研用协同”构建合作网络利用资源，推进关键核心技术攻关和自主创新。① 作为大型国有企业，国家电网拥有大局意识、责任与使命担当，甘于奉献，敢为人先，这种精神被大家称为“特高压精神”。

第三节　特高压输变电未来的机遇与挑战

2021 年 7 月，国家电网发布了《构建以新能源为主体的新型电力系统

① 赵晶，刘玉洁，付珂语，等．大型国企发挥产业链链长职能的路径与机制：基于特高压输电工程的案例研究[J]．管理世界，2022，38（05）：221-240.

行动方案（2021—2030年）》。通过特高压输电通道，国家电网可以充分利用发、用电时空特性及资源禀赋差异性，最大限度地挖掘大电网资源优化配置潜力，灵活调剂省间电力余缺，加强“点对网”电厂富余清洁能源消纳力度，提高西电东送通道利用水平，保障西部清洁能源消纳及东部电力稳定供应。为缓解电力供应紧张的局面，在中央和地方政府的推动下，电力建设大规模展开，这为特高压输变电行业带来了发展契机。然而特高压还面临着安全性与稳定性以及经济性的挑战，未来中国应利用好作为大国的独特优势。

一、把握好国内超大规模市场带来的机遇

中国特高压技术解决了“不能买”也“买不来”的问题。在特高压输电领域，中国走在世界前列，几乎没有竞争对手。新能源的发展将会带动能源格局的调整：一方面，清洁能源发电技术正在快速发展，推动中国能源结构变革；另一方面，中国大规模的特高压输电线路建设将改变能源供应的空间布局。从自然地理条件看，中国中西部地区不仅化石能源丰裕，而且清洁能源资源同样丰富，未来中国的清洁能源发电基地也主要规划在中西部地区。[①] 如图7-7所示，2010年我国发电装机容量为9.66亿千瓦，截至2022年底，我国发电装机容量已达到25.64亿千瓦，年复合增长率达8.47%。

为满足东南沿海地区日益增加的用电需求，“西电东送”工程的规模日益扩大，会为特高压产业的发展带来机会。因此，要牢牢利用好国内规模市场优势，通过规模经济逐渐降低特高压输电成本，从而在经济性领域实现突破。

① 段巍，王明，吴福象．能源结构、特高压输电与中国产业布局演变[J]．中国工业经济，2022（05）：62-80.

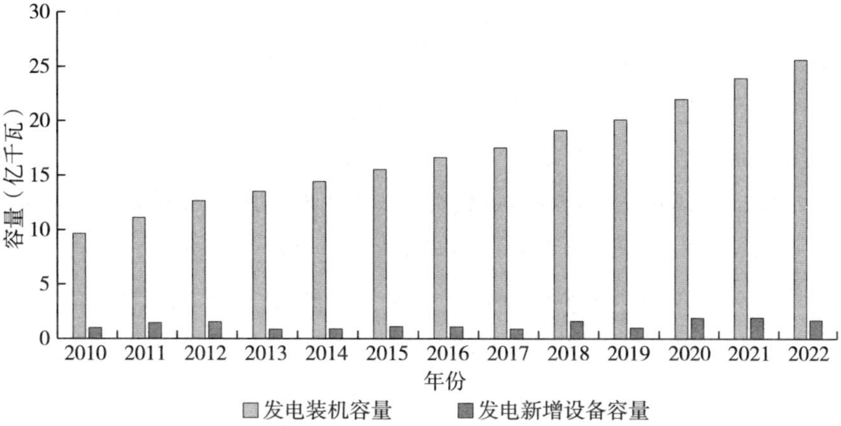

图 7-7　我国发电装机容量情况

资料来源：国家铁路局、开源证券研究所。

二、利用丰富应用场景优势提升产品国际竞争力

特高压输电技术已成为继高铁、核电之后中国在世界范围内的第三张高科技名片。从关键设备到技术，中国的特高压输电一直处于国际领先地位。不过，特高压输电目前还面临能量储存等问题，要实现全面普及，中国仍有很长的路要走。中国几乎拥有全世界各种气候条件，因此特高压输变电应该利用国内丰富的应用场景优势，不断进行技术改造升级。例如：中国已建成世界上海拔最高、抗震级别最高的滇西北—广东±800 千伏高压直流输电工程，西起云南省大理白族自治州剑川县，终点为深圳市；建成大量的穿过荒漠、沙丘地带的输变电工程……这些应用场景，无不体现了中国特高压技术的飞速发展。因此，中国应该紧紧把握国内丰富的应用场景优势，增强产品的安全性能和稳定性，提升产品的竞争力，为特高压技术“走出去”创造条件。

三、中小企业参与特高压产业链、供应链，机遇宽广

当前，随着我国新型能源体系的构建，加快新型电力系统建设已经成为

中央重大决策部署。特别是随着全国大型新能源基地建设的全面展开，在新能源电力供应的集中地与电力需要的主要消纳地之间，对跨区域电力输送的需求仍然非常迫切。总体来看，实现远距离、大规模输送，缓解能源供需错配问题，特高压仍然是有广泛前景的。同时，得益于产业链、供应链的完备，特高压电力传输也有较大的成本下降空间，而成本的下降有赖于产业链、供应链上下游更好地协调关系。特高压产业链条长，在一些关键环节、技术领域，中小企业有深度参与的机会，这对于降低整个产业链、供应链运转成本是至关重要的。

第八章

中国核电产业异军突起

“华龙一号”与“国和一号”等第三代核电机组的问世，标志着中国特色自主创新取得重大成果。中国成功跻身世界核电大国行列，核电成为又一张现代工业的国家名片。核电产业的成功，充分体现了大国产业格局下新型举国体制的制度优势。本章在分析核电的技术特征、全球核电发展进程、行业格局以及中国核电产业现状的基础上，介绍中国发展核电产业的原因，还从产业发展历史进程中，归纳值得反思的经验教训，并对核电产业未来面临的机遇和挑战提出展望。

第一节　核电产业的行业格局和产业价值

一、核电的优势与劣势

核电主要是利用核裂变释放的能量发电的。核裂变是一个质量较重的原子核，裂变为两个或两个以上的中等质量原子核并释放能量的过程。核电与常规火电站发电具有一定的相似性，即都是对水进行加热形成水蒸汽，通过水蒸汽推动汽轮发电机产生电能。两者的主要区别在于核电是以核反应堆（核岛）代替锅炉，以少量的核燃料代替大量的煤、石油等化石燃料，实现核能—热能—电能的转换。

（一）核电的优势

核电的优势体现在以下三方面。一是核电具有绿色环保性，不像化石燃料发电那样排放巨量的二氧化碳、二氧化硫等气体。二是核能发电所使用的是铀燃料，而铀的蕴藏量相对丰富，不像石油和天然气等化石燃料那样短缺。铀在燃烧效率上远远高于化石燃料，一粒花生大小的铀燃烧释放的能量与800千克煤燃烧释放的能量相当。一座百万千瓦的核电厂一年只需30吨的铀燃料。另外，核燃料组件换料周期一般为1年到1年半，单次更换1/3的燃料，铀燃料的运输和储存非常方便。三是核能发电不受自然环境影响，比如水力发电需要水，光伏发电需要足够的光照，而核能发电只需要有铀燃料即可。

（二）核电的劣势

核电的劣势体现在以下四方面。一是安全是核电建设的高压线，核反应堆里有大量的放射性物质。随着第三代核电技术的改进和人为操作的流程化、规范化，核电站的安全性已经有了大幅度提升。目前，容易发生核泄漏事故的主要是第二代核电技术。二是核电站筹备建设期很长，且新建一个核电站成本很高。核电站的建成一般需要十年左右的时间，不过近几年由于核电技术的升级，核电站反应堆建设的时间为80多个月（约7年）。三是核电是一个高资金投入、高耗时、高技术壁垒的行业。一个百万千瓦核电站的成本通常为100亿~200亿元人民币，资金投入高，技术壁垒也高。四是核电站的拆除工作是一大难题，拆除一座核电站需要十余年时间。2022年10月的《世界核能状况报告》显示，虽然全球已有204座核电站关闭，但是真正完成拆解工作的只有10座。如2023年，德国虽然已经关闭了国内所有的核电站，但是在已退役的33座核电站中，只有3座被完全拆除。德国反应堆退役和拆除工作总成本估计将达到488亿欧元。其中，最大的问题就是对放射性废物的处理，只有将乏燃料的放射性物质处理完毕，才能“真正完成”核电站拆除工作。

二、核电产业的发展进程与行业格局

（一）国际核电产业发展进程

国际核电产业的发展历程长达八十余年。1942年美国芝加哥大学建成了世界上第一座核反应堆，到如今，核电技术已经从第一代发展到第四代。核能最初主要是运用于军事领域，因此核电产业是从核能的军事利用转移而来的。第二次世界大战结束后，在军事上拥有核武器的国家，纷纷寻求核能军用兼民用的转型。拥有核武器的国家，如苏联、美国在20世纪50年代开始进行核电方向的研究。国际核电技术的发展经历了四个阶段，如表8-1所示。

表8-1　全球核电技术的发展进程

阶段	时间	主要堆型	现状
第一代原型核电站	1950—1960年	石墨沸水堆（苏联）、天然铀石墨气冷堆（英国）、压水堆（美国）、天然铀重水堆（加拿大）	这一代核电站目前已基本退役
第二代商用核电站	1970—1990年	压水堆、沸水堆（美国），石墨水冷堆、VVER型压水堆（苏联）	大批量投运，是现今运行核电站的主要类型
第三代先进核电站	1990年至今	AP1000（美国）、CAP1400（中国）、EPR（法国和德国）、华龙一号（中国）	更安全、更智能，功率更高
第四代未来核电站	目标是2030年以后	超临界水冷堆、超高温气冷堆、熔盐堆、钠冷快堆、铅冷快堆、气冷快堆	处于开发阶段，中国以高温气冷堆为重要方向

资料来源：作者整理。

历史上核放射性物质外漏的问题带来了惨痛的教训。通过总结经验教训，美国电力公司和欧洲分别提出《用户要求文件》（URD）和《欧洲国家用户要求文件》（EUR条例），明确提出必须把核电安全放在设计的第一位。于是出现了以欧洲的EPR、美国的AP1000和美日合作开发的ABWR为代表的安全性强的第三代核电技术。第四代核电系统的概念最先由美国能源部提出，它的主要目标体现在可持续性、安全性、经济性、防核扩散性四个方面，代表了先进核能系统的发展趋势和技术前沿。后来，包括中国在内的十几个第四代核能系统国际论坛成员一致认可，开发钠冷快堆、超高温气冷堆、熔盐堆、铅冷快堆、气冷快堆、超临界水冷堆等六种第四代反应堆系统。①

（二）行业格局：美国、法国、中国装机量全球前三

2021 年，全球核能总发电量为 2 653 太瓦时，比 2020 年增长了 3.77%。2019 年核能发电达到最高值，为 2 657 太瓦时。不考虑 2020 年新冠疫情的影响，自 2012 年以来，全球核能发电一直呈上升趋势。② 如图 8-1 所示，分地区来看，西欧和中欧地区核能发电量在下降，亚洲地区的核能发电量呈上升趋势。

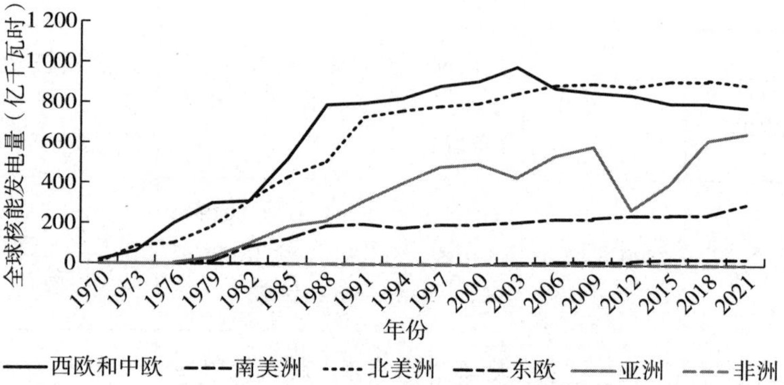

图 8-1　1970—2021 年全球核能发电量

资料来源：世界核协会，《世界核电厂运行实绩报告（2022）》。

从核电反应堆数量来看，2021 年反应堆数量较 2020 年减少 5 座，仅为 436 座。在所有可运行核电站反应堆中，约 70% 为压水堆。2017—2021 年，在新启动的 34 座反应堆中，有 33 个都采用压水堆。

---

① 房勇汉，刘达，李林蔚，等．第四代核能系统发展现状分析与对策建议[J]．产业与科技论坛，2022，21（23）：19-20.

② 世界核协会．世界核电厂运行实绩报告（2022）[EB/OL]．(2022-07-26)[2023-10-01]．https：//www.world-nuclear.org/getmedia/b7463856-5d94-40d2-8780-ba8b1f3f1bab/世界核电厂运行实绩报告（2022）_1.pdf.aspx.

如图 8-2 所示，从全球核电装机容量来看，截至 2021 年底，全球装机容量排名前三的国家为美国、法国和中国，其中美国的装机容量约为中国的 2 倍。

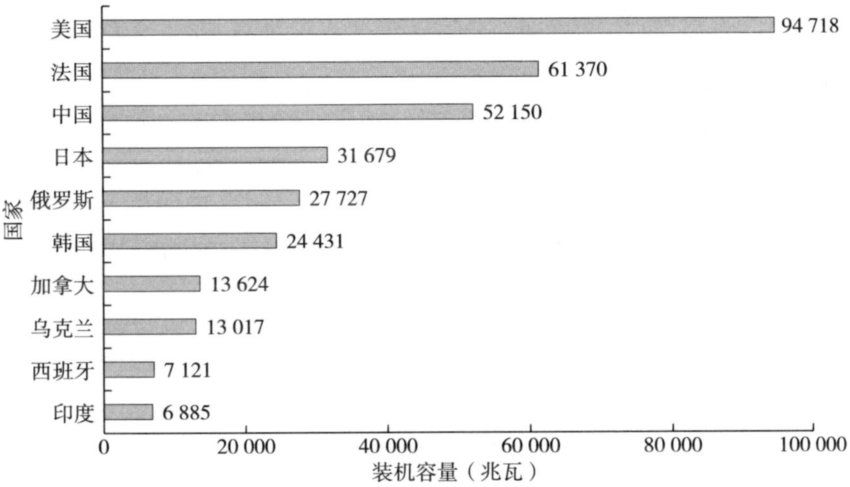

图 8-2　装机容量排名前十的国家

资料来源：世界核协会和国际原子能机构动力堆信息系统。

从全球核电实力来看，美国是第四代核能技术的发起者和先行者，也是目前装机容量最大的国家。装机容量第二大的国家是法国。法国拥有完备的核电工业体系，具有超强的核电设备制造能力。该国不仅掌握了乏燃料后处理的先进技术和工艺，而且建立了相当规模的生产能力，目前乏燃料的处理能力已达 1 700 吨/年，是欧洲最重要的处理核废料的国家。俄罗斯拥有的核工业与核技术基础坚实，是世界最大的核燃料出口国和核废料处理进口国。随着“华龙一号”的正式投运，中国成为继美国、法国、俄罗斯等国家之后，真正掌握核电技术的又一国家。

如图 8-3 所示，从在建的反应堆容量来看，中国、印度和韩国排名前三位，中国的在建反应堆容量约为美国的 10 倍。

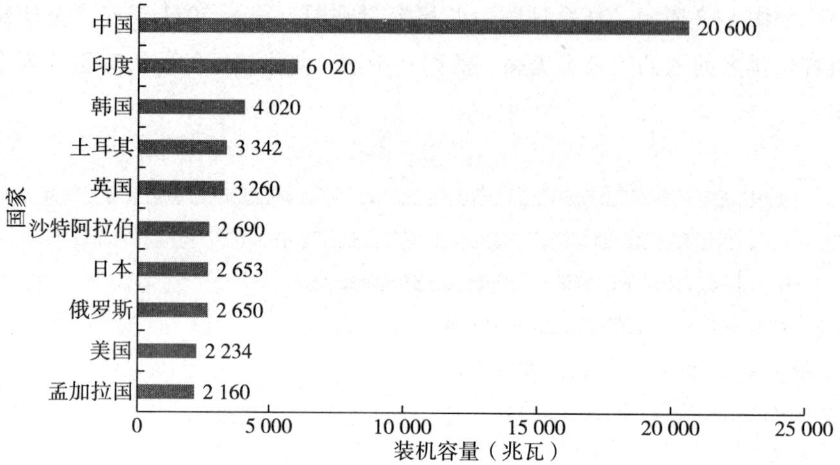

图 8-3　在建反应堆容量排名前十的国家

资料来源：世界核协会和国际原子能机构动力堆信息系统。

三、中国为何要发展核电

（一）能源产业备份：大国底线思维下的必然选择

核电是国家战略性资源，在不同时期担负着不同的国家使命。基于我国的国家战略调整，核电产业承担了不同的任务。

一是核电完成了核电产业的市场化转型。20 世纪 60 年代，自我国原子弹研发成功后，一直靠国家经费支撑的国防核工业遭遇巨大的经费挑战，甚至面临关停的风险。面对这一困境，发展核电产业，将核能从军用改为民用，并进行商业化运作，是核电产业解决经费困境的出路，也是国防工业的一大希望。除了现实考虑，中国是一个大国，必须有核电产业，以应对人口剧增和消费需求上升导致的资源匮乏危机。

二是保证极端情况下的能源供给。20 世纪 70 年代，我国发展核电是因为当时国际上出现石油危机，为了摆脱对石油的依赖，我国开始进行核电实验。从能源需求上看，中国是全世界第二大煤炭和石油消费国，能源总量消费高；煤炭质量差，影响空气质量；而石油则主要依赖进口。水电站发电会受水流的限制，若干旱缺水，水电站就无法发电。风能和太阳能分别需要风和阳光。而核电站只需要借助铀燃料就可以发电，且铀燃料在全世界蕴藏量非常丰富。

三是在新时代，为适应我国实现碳达峰、碳中和目标的发展要求，支撑我国清洁、低碳能源体系和新型电力系统的建设，核电装机规模和发电量将进一步扩大。综合各机构的预测，预计“十四五”期间，我国将保持每年 8 台左右核电机组的核准开工。到 2030 年，核能发电量在我国电力结构中的占比将可能达到 10%，与当前全球平均水平相当。到 2060 年，核能发电量在我国电力结构中的占比需要达到 20%，与当前经济合作与发展组织（OECD）成员的平均水平相当。

（二）能源体系转型：满足中国清洁能源需求

虽然近几年以太阳能、风能为代表的清洁能源发展迅速，但是我国目前的能源结构依然是以火力发电为主。如图 8-4 所示，2022 年，火力发电量占总发电量的 69.77%，核能发电量占总发电量的比例只有 4.98%。核能发电是对中国能源清洁、可持续发展的一个重要补充。

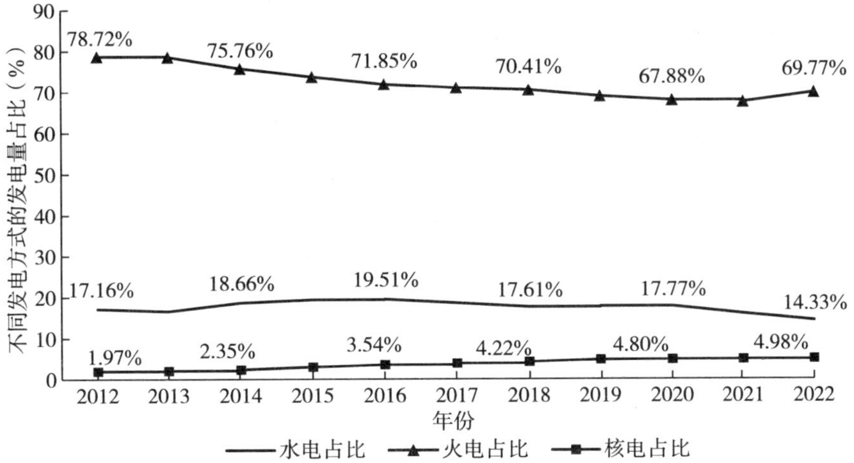

图 8-4　中国火力、水力、核能发电量占比情况

资料来源：Wind。

考虑中国国情，中国已经成为仅次于美国的世界第二大能源消费国。

随着经济的发展以及人均能源消费水平的提升，我国未来对能源的需求总量和强度都会进一步提升。我国是以煤炭为主的能源消费大国，85%的二氧化碳、90%的二氧化硫和73%的烟尘都是由燃煤排放造成的，因此，解决环境污染面临较大压力。我国的能源消费面临着巨大的环保压力，必须逐步加大绿色清洁能源供应来减少碳排放。核电是清洁能源，可以大规模解决中国一次能源供应不足的问题。随着中国国内能源需求越来越高，且在碳达峰、碳中和的目标下较大的减排压力，核电在中国能源供给中的作用只能是越来越大，因此，支撑中国的高质量发展客观上需要发展核电。

四、国内核电产业现状及产业链带动

（一）中国跻身世界核电大国行列

1. 核电已成为中国东部沿海地区主力清洁能源

近十年来，我国核电产业进入快速发展阶段。截至2023年1月，我国拥有商运核电机组53台，约为2012年的3.5倍（2012年底15台），总装机容量5 560万千瓦，约为2012年的4.4倍（2012年底，1 260万千瓦），在建核电机组23台，总装机容量2 549万千瓦，在建规模继续保持全球第一。

从发电量来看，核电在当前我国电力供应中占比在5%左右，较十年前的约2%有了大幅度提高。自1991年我国首台核电机组并网发电以来，核能累计发电量已超过3.3万亿千瓦时，相当于减少二氧化碳排放24亿吨以上。

根据过去10年我国核电机组装机容量和运行台数，开源证券研究所预测，2030年我国核电装机容量将达120 000兆瓦（见图8-5），在运台数达90台（见图8-6）。

2. 自主三代核电技术以及第四代高温气冷堆技术取得突破性进展

2022年3月25日，具有完全自主知识产权的三代核电“华龙一号”示范工程——中国核工业集团有限公司（以下简称“中核集团”）福建福清

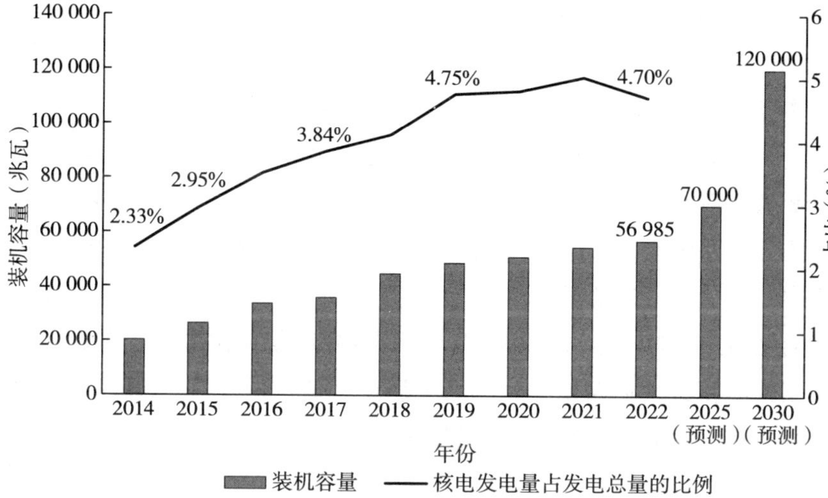

图 8-5　中国核电机组装机容量预测及核电发电量占比

资料来源：开源证券研究所。

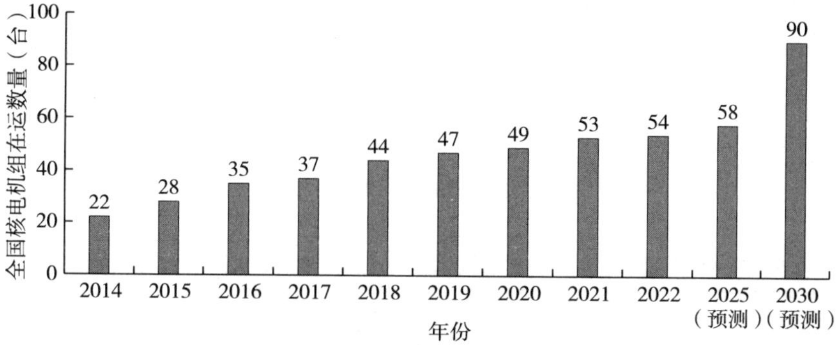

图 8-6　中国核电机组在运台数预测

资料来源：开源证券研究所。

核电站 5、6 号机组全面建成投运。这标志着我国已成为继美国、俄罗斯、法国之后真正掌握自主三代核电技术的国家，我国核电技术水平已跻身世界前列。通过核电自主创新，我国核电技术水平显著提升，形成了具有自主知识产权的三代压水堆“华龙一号”“国和一号”，这些都是国产化品牌。

（1）“华龙一号”。

“华龙一号”集中核集团与中国广核集团有限公司（简称“中广核集

团”）的研发成果于一体，采用中核集团的 ACP1000 技术的“177 堆芯”，和中广核集团的 ACPR1000 技术的非能动安全装置，通过非动能安全技术进行双重保护。简单说就是用超级大的冷水箱进行最后的非动能保护。假设之前的安全措施都因为非常特殊的原因失去了保护作用，这个时候，超大水箱里的水会在重力作用下进行反应堆冷却。只要地球还有正常的重力存在，在这种设计的安全措施下，就不会出现核泄漏的可能。“华龙一号”在安全上达到了世界领先标准。“华龙一号”攻克了几个难关：一是自主研发了 N36 锆合金燃料组件，芯块燃料密封在锆合金包壳内，防止放射性物质进入回路水中；二是采用了“177 堆芯”，避开国外专利；三是攻克蒸汽发生器技术；四是增加非动能安全装置。“华龙一号”国产化率达 85%。

（2）“国和一号”。

“国和一号”由国家电力投资集团有限公司（简称“国家电投”）研制，历时 12 年。2020 年，该公司研制出拥有自主知识产权的第三代核电技术，取名为“国和一号”。如表 8-2 所示，“国和一号”与“华龙一号”虽然均采用中国自主研发的第三代核电技术，但是在技术研制基础、单机功率、安全性能、研发主体方面有所区别。“国和一号”是国内单机功率最高的核电机组，可达 150 万千瓦。

表 8-2　中国研发的第三代核电技术“华龙一号”与“国和一号”的区别

项目	华龙一号	国和一号
技术研制基础	在法国二代堆 M310 基础上改进	美国西屋公司的三代堆 AP1000 技术
单机功率	可达到 100 万千瓦	可达到 150 万千瓦
安全性能	“能动+非能动”安全设计	“非能动”安全设计
研发主体	中核集团与中广核集团联合	国家电投

资料来源：中国核能行业协会，《中国核能行业智库丛书（第五卷）》。

（3）第四代核电技术高温气冷堆核电站示范工程。

2021 年 12 月 20 日，石岛湾高温气冷堆核电站示范工程投入运行。该核电站设备国产化率达 93.4%，是全球首座球床模块式高温气冷堆核电站，具备极致的固有安全性，即“两不靠、两不会”。“两不靠”是指反应性控制不靠紧急停堆系统、衰变热载出不靠应急冷却系统。“两不会”是指具备放射性包容，即反应堆不会熔化、不会造成放射性大量释放。石岛湾高温气冷堆是全世界首个堆芯不会熔化的反应堆。

（二）产业链带动经济增长

如图 8-7 所示，核电产业链以核电站为中心，上游主要是核燃料供应、核燃料运输、技术设计和工程建设生产，中游主要是核电运营和核电设备制造，下游主要是电网公司、电力用户、检修维护和乏燃料后处理。核电产业链主要由五大产业构成，分别是核燃料提供产业、核配件制造产业、核工程建设产业、核废料处理产业以及核电站运营产业。核电站建造需要大量的机械设备。以“华龙一号”为例，涉及 5 300 多家设备供货厂家，这些厂家分布在全国各地，各项组件共计 6 万多套。“华龙一号”的成功运行，带动了一大批产业链企业伴随“华龙一号”迅速成长，形成了以东方电气、哈尔滨电气、上海电气三大电气设备巨头国企为主导的三代核电装备供应链。按照每年 6~8 台的核准节奏，单个核电站投资约 200 亿元人民币，每年有 1200 亿~1600 亿元的市场空间。

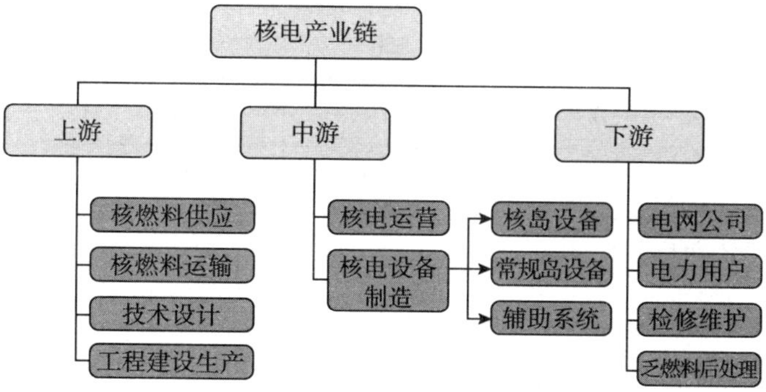

图 8-7　核电产业链

资料来源：作者整理。

1. 上游产业链

国家授予中核集团核燃料生产与经营的特权，中核集团是中国唯一的核燃料生产商、供应商和服务商。制作核燃料的主要过程包括铀矿勘查、铀矿开采、铀冶炼、铀转化、铀浓缩和燃料元件组件制造。

目前我国的核电厂主要建设在东南沿海，核燃料的生产厂和核废料的处置库位于西部地区，核燃料运输耗时一周左右。根据测算，至 2030 年新燃料运输容器、乏燃料运输容器的市场空间将分别达到 20. 17 亿元、103. 44 亿元。

2. 中游产业链

我国核电投运环节准入门槛极高，项目建设需要国务院核准。目前国内只有四家公司有核电运营牌照，分别是中核集团、中广核集团、国家电投、中国华能。截至 2023 年 5 月，四大核电集团的核电运营情况见表 8-3。核设施营运单位进行核设施选址、建造、运行、退役等活动，应当向国务院核安全监督管理部门申请，需要经过国务院的核准。

表 8-3　四大核电集团的装机及容量情况

公司名称	在运机组（台）	在运容量（万千瓦）	在建机组（台）	在建容量（万千瓦）
中核集团	25	2 375	11	1 118
中广核集团	27	3 056	6	689
国家电投	2	550	3	432
中国华能	0	0	3	261
合计	54	5 981	23	2 500

资料来源：德邦证券。

如表 8-4 所示，压水堆核电站主要由核岛、常规岛和辅助系统等组成：核岛主要包括反应堆堆芯、反应堆压力容器、控制棒驱动机构、蒸汽发生器、主泵和主管道等几大部分；常规岛主要包括汽轮机及发电机等；辅助系统主要包括维持电厂运行所需的系统、安全设施和系统、乏燃料后处理系统等。其中，核岛设备技术含量最高，市场主要集中在东方电气、上海电气、哈尔滨电气和中国一重等大型国企。我国的压水堆核电站形成了每年10台/套左右的百万千瓦级压水堆主设备制造能力，自主三代核电综合国产化率在90%以上，核心技术、重大装备已不受国外制约。

表8-4　压水堆核电站主要设备

设备类型	主要设备
核岛	反应堆堆芯
	反应堆压力容器
	控制棒驱动机构
	蒸汽发生器
	主泵
	主管道
常规岛	汽轮机
	发电机
辅助系统	维持电厂运行所需的系统
	安全设施和系统
	乏燃料处理系统

资料来源：作者整理。

3. 下游产业链

下游主要是并网、设备检修以及乏燃料后处理，其中乏燃料后处理是制约我国核电事业发展的一大因素。乏燃料含有放射性物质铀-235、钚-239以及铀-238等元素。将裂变燃料进行回收再利用，是乏燃料后处理的主要目的。乏燃料具有放射性强、毒性大、发生临界事故的危险等特点，要由国家许可的专门容器、专用车辆、专营公司来装卸和运输，以确保安全。由于乏燃料的辐射性，处理环节需要用到智能装备与机器人，技术要求较高。布局乏燃料后处理设备的上市公司主要有江苏神通、通裕重工、兰石重装等。

第二节　中国核电产业的发展史及经验启示

自20世纪70年代起，中国核电产业的发展经历了五个发展阶段，分别是：起步阶段（20世纪70年代初至20世纪90年代初）、适度发展阶段（1995—2004年）、积极快速发展阶段（2005—2010年）、暂缓审批阶段（2011—2015年）以及稳定发展阶段（2015年至今）。2011—2015年，受日本福岛核电站事故的影响，中国暂停了核电站的审批工作。经过近50年的发展，中国的核电站建设已经跻身世界前列，背后成功的根本原因是充分发挥了新型举国体制的制度优势。

一、中国核电产业的发展进程

中国自20世纪70年代开始发展核电产业，直到1991年才建成第一座核电站。如图8-8所示，受到美国和日本核泄漏事件影响，中国核电产业出现停滞。直到2015年，中国核电产业才开始飞速发展。

（一）20世纪70年代初至20世纪90年代初（起步阶段）

早在20世纪60年代，世界上率先掌握核武器的国家就纷纷将核能转为民用核电。中国最早开始筹备建设核电站是在1958年，拟建一座苏联式的石墨水冷堆核电站，代号“581工程”，却因争取苏联援助未果而停止。1964年，上海市科委又成立了代号为“122工程”的反应堆规划小组。1970年的春节前夕，周恩来总理在北京听取上海市领导汇报由于缺电导致工厂减产的情况后，答应设法缓解上海缺电问题，同时指出，从长远来看，华东地区缺煤少油，要解决用电问题，需要搞核电，并同意上海

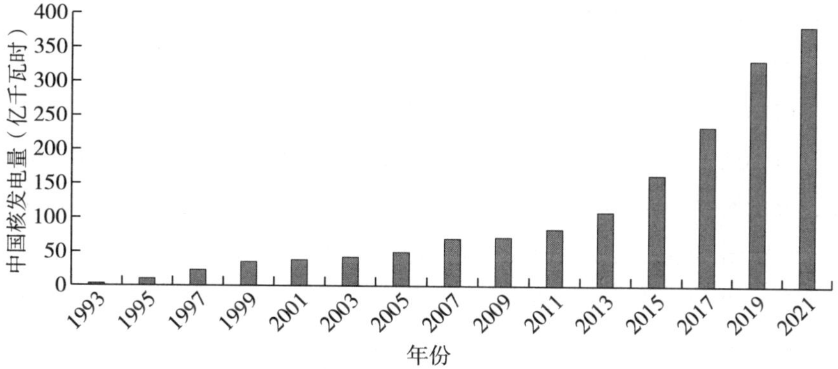

图 8-8　1993—2021 年中国核电发电量

资料来源：世界核协会。

市研制核电站。① 这进一步增强了上海市搞核电站的决心。1970 年 2 月 8 日，以核电工程代号“728 工程”代替了“122 工程”。1974 年，我国开始对核电站进行最初的试验研究。

1979 年 3 月 28 日，美国发生了三里岛核电站事故，中国国内又掀起一股反对核电建设的浪潮。1981 年 11 月 4 日，国务院批准了五委（国家计委、国家建委、国家科委、国家机械委、国家能委）一部（二机部）关于建设 30 万千瓦核电站的报告。我国首座核电站秦山核电站的建设一波三折，终于于 1984 年开工。然而，1986 年 4 月 26 日，苏联发生了切尔诺贝利核电站 4 号反应堆核事故。国家核安全局以及国家原子能机构对秦山核电站的安全壳质量产生怀疑，并邀请南斯拉夫核电专家来现场检查。后来的分析结果一致表明：国内自主设计的核电站满足设计和规范要求。1991 年 12 月 15 日，我国第一座自主研究设计、自主建造调试、自主运行管理的 30 万千瓦级核电站开始向电网输入电流。1993 年和 1994 年，我国从法国引进的两套 M310 型 90 万千瓦核电机组在广东大亚湾并网发电，这标志着我国在核电建设领域首度展开国际合作。1995 年 7 月，时任国

① 朱学蕊 .728：中国核电的“拓荒”代号（史海钩沉）[N]. 中国能源报，2017-02-20（12）.

务院副总理吴邦国题词：“中国核电从这里起步！”①

（二）1995—2004年（适度发展阶段）

由于这一阶段我国电力供应相对充裕，核电被定位为我国能源的补充，核电发展方针为“适度发展”。21世纪初，我国建设了岭澳2台法国压水堆机组、秦山三期2台加拿大压水堆机组、田湾2台俄罗斯压水堆机组。截至2004年年底，共6台机组建成并网发电，装机容量为470万千瓦，初步形成广东、浙江、江苏三个核电基地。

（三）2005—2010年（积极快速发展阶段）

2006年3月，国务院审议通过了《核电中长期发展规划（2005—2020年）》，确立了核电在我国经济与能源可持续发展中的战略地位。自此，我国核电进入规模化发展新阶段。2007年，我国提出积极主动推动核电建设政策，我国核电产业发展进入新阶段。

（四）2011—2015年（暂缓审批阶段）

2011年日本发生福岛核事故后，我国的核电核准按下了暂停键，自此至2015年，我国核电产业进入暂缓审批阶段。

（五）2015年至今（稳定发展阶段）

直到2015年恢复审批，核电机组装机规模有所提升。如图8-9所示，2018年，受环保压力的影响，核电机组装机规模大幅提升，同比增长24.69%。自2022年以来，核准节奏加快，预计未来5年每年或有6~8台核电机组核准开工。《中国核能发展与展望2021》显示，中国将在“十四五”期间和之后长期稳步扩大核电装机容量，中国核电装机容量预计在2025年达到70吉瓦，在2030年达到120吉瓦，10年（2021—2030年）

① 嘉兴日报．迎接秦山核电基地开工建设30周年[EB/OL]．(2015-03-18)［2023-10-01］．https：//www.china5e.com/news/news-900325-1.html.

复合增长率为 9.13%，中国每年将增加 6~8 座核反应堆。

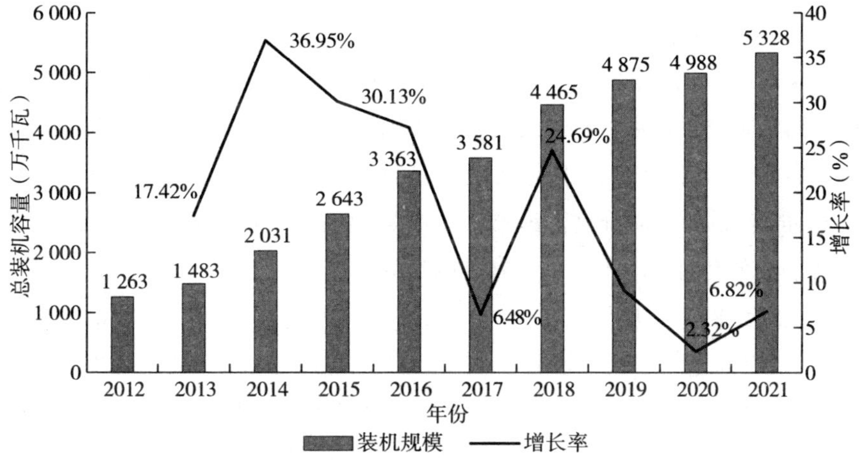

图 8-9　中国商运核电机组装机规模及增长率

资料来源：中国核能行业协会，《中国核能发展与展望（2022）》。

二、中国核电产业的突破之路

（一）自主创新：从“中国制造”到“中国创造”

1991 年，我国自行设计的首座核电站——秦山核电站并网，使中国成为继美国、英国、法国、苏联、加拿大、瑞典之后的世界上第 7 个能够自行设计、建造核电站的国家。中国核电产业用了 40 多年的时间，经历了从“跟跑”到“并跑”，并在第四代核电技术中处于“领跑”地位。40 多年来，我国并没有采取“造不如买”的技术路线，而是走“自主创新”的技术路线，通过不懈努力，攻坚克难，拥有了完全自主知识产权的第三代核电技术。“华龙一号”的成功并网，标志着我国成为继美国、法国、俄罗斯等国之后真正掌握自主三代核电技术的国家，实现了“并跑”。“华龙一号”和“国和一号”成为中国名片。

50 多年前，我国核电处于起步阶段，大到压力容器，小到一根电缆、一颗螺丝钉都需要进口，核心技术受到美国、法国、苏联等核电强国的牵制。作为世界上最复杂的能源系统，核电涉及 70 多个专业，要想实现整体升级，就必须在全球范围内汲取经验。在此基础上，我国核电的主要技术实现了自主创新和重大突破。

1. “177 堆芯”

实现 30 万千瓦的秦山核电站一期和 60 万千瓦的秦山二期核电站并网后，因为国家要发展，科技要进步，中国核动力研究设计院副院长张森如就开始思索自主化百万千瓦级压水堆核电机型。自主化的重要标识为“177 堆芯”，即反应堆堆芯装载 177 核燃料组件。堆芯就是核电站的魂，相当于汽车上的发动机，决定着核电站的性能。

当时面临着“拿来用”还是“拿来改”的选择。国际上核电站大多采用“157 堆芯”，“177 堆芯”的设计是在“157 堆芯”的基础上增加了 20 组核燃料组件。“177 堆芯”可以增强堆芯的安全性，同时也能提升功率。当时，在方案上，核动力研究人员有争议，有人认为应该采用“157 堆芯”，因为国际上有成熟的经验，至少能保证安全，缩短设计研发的时间。而一旦改了堆芯，整个反应堆的堆芯系统就要全部更换，困难重重。经过核动力研究院的反复讨论，最终取得一致意见：坚持高精尖技术还得靠自主研发。看似只是增加了 20 组核燃料组件，实际背后的计算量非常大，“拿来用，可以。拿来改，太难了”。当时“177 堆芯”的燃料管理系统参考法方设计，设计出来的结果却不满足基本的物理要求。为了找出问题，核动力研究院团队只能用笨办法——用当时的点阵打印机打印。相关数据打印出来铺了整整一间屋子，最后才发现关键的反应堆堆芯反射层数据以二进制的形式被隐藏在数据库中，根本看不见。因此，研究人员通过解决堆芯反射层的计算问题攻克了“177 堆芯”建模难题。

核反应堆牵一发而动全身，从“157 堆芯”到“177 堆芯”，看似简单，实则很复杂。增加或者减少堆芯，不是随意增减几盒燃料那么简单，而是要重新设计整个反应堆的堆芯系统。有人曾说：“敢动反应堆的堆芯，就如同敢动芯片的电路。敢提出自己的堆芯，就如同敢提出自己的芯片电路。”就是因为这种坚持自主创新的决心，才有了“华龙一号”全球首个“177 堆芯”。

2. 主泵国产化

主泵（核电运转控制水循环的关键设备）的国产化是一大难题。中国最初引进美国西屋公司的第三代核电技术 AP1000，很难脱离美国主泵制造商的技术控制。在购买谈判中，我们要求在 4 台机组中，有 3 台机组主泵由西屋公司提供，1 台机组的主泵必须国产化。但是，西屋公司的主泵承包商负责人参观中国的工厂后，认为以我们的设备条件和技术根本无法按期供货。后来通过参观、考察美国的主泵工厂，我们也认识到依靠现有的设备和技术确实很难自主生产。

然而我们始终坚持一个原则，即必须实现主泵国产化，必须要把中国制造的主泵用到依托工程的核电机组上。经过反复谈判，最后达成一致，我们同意增加购买 4 台美方主泵，但同时美方必须帮助中方工厂按时制造出 2 台主泵，优先用于海阳核电站 2 号机组。美方承诺增加派出人员到中国工厂，帮助工厂按时制成 2 台主泵，同时也要求增加技术服务费用。在不懈努力下，我国终于制造出国产化的 AP1000 主泵，也为重大专项 CAP1400 的主泵制造奠定了基础。

（二）发挥体制优势：“集中力量办大事”

2014 年 8 月 22 日，国家能源局和国家核安全局通过了“华龙一号”总体技术方案。中核集团与中广核集团共同签署技术融合的协议，两集团发挥各自优势，共同开展技术融合工作。为全面落实国家“一个华龙、一面旗帜”和“核电出海，要加强合作，形成强大合力”的战略要求，在党中央、国务院的关怀下，由国家能源局牵头，中核集团与中广核集团共同出资成立华龙国际核电技术有限公司，进一步将两家集团深度绑定在一起，助推“华龙一号”成为我国核电建设和“走出去”的主力品牌。

“华龙一号”既采用了中核集团 ACP1000 技术的“177 堆芯”，又采用了中广核集团的 ACPR1000 技术的非能动安全装置，实现了安全性和性能的综合提升。这既离不开国家整合两个集团集中力量研制“华龙一号”，即集中力量办大事的决心，也展现了我国体制集中力量办大事的优势。

（三）协同创新：全球化“政产学研用”研发平台

“华龙一号”在研发之初，就确定了“小核心、大协作”的合作模式，中核集团“华龙一号”总设计师、中国核电工程有限公司总工程师邢继带领“华龙一号”大团队搭建了全球化“政产学研用”高效协同创新研发平台，有效整合技术资源，实现优势互补。在总结了三十余年核电科研设计、建造和管理经验的基础上，形成了我国首个具有完整自主知识产权的百万千瓦级第三代核电技术“华龙一号”，并汇集了“最高的安全标准”“177 堆芯”“双层安全壳”“能动与非能动安全系统”等多项自主创新成果。“华龙一号”的面世，打破了国外核电技术垄断与知识产权限制，实现了核电从“跟跑”到“并跑”的跨越。2021 年 1 月 30 日，“华龙一号”全球首堆——中核集团福建福清核电站 5 号机组投入商业运行，成为我国科技自立自强的“国家名片”，标志着我国在第三代核电技术领域跻身世界第一方阵。

（四）追求自主知识产权并强化产权制度保护

“华龙一号”工程共获海外专利 65 项、国内专利 716 项、软件著作权 120 余项，解决了设备自主化和软件自主化等“卡脖子”问题。[①] 第三代核电技术“华龙一号”通过欧洲用户要求符合性评估，获得了 EUR 认证证书。“华龙一号”作为“走出去”的国家名片，能够底气十足地在落地国内的同时拓展海外市场，就是因为拥有完全自主知识产权。

西方一百年前就开始经营知识产权，且科技发展在中国前面，很多发明创造都提前得到保护。近些年中国科技迅速发展，然而要与发达国家的发明创造不同，只能另辟蹊径，这对国内科技创新提出了更高要求，也带来了更大挑战。

早在引进美国西屋公司第三代核电技术时，美国人就在合同里加了一条非常苛刻的条款：只有中国制造出来的核电机组功率达到 135 万千瓦以

① 央视网．核工业的“中国方案”：当“华龙一号”走向世界舞台[EB/OL].（2022-07-28）[2023-10-01]．http：//news. cnr. cn/native/gd/20220728/t20220728_525937087. shtml.

上，才承认中国拥有第三代核电自主知识产权，否则的话，必须向美国交专利费。美方制定这个条款，就是笃定中国制造不出135万千瓦以上的核电机组。因为135万千瓦的核电站，对非能动安全、主要设备制造来说都是个“大门槛”。然而现实是“国和一号”核电站最大功率达到150万千瓦，是我国自主设计的最大功率的核电机组，比原定标准高了不少。

当前，中国制造正在向“中国智造”“中国方案”“中国标准”转变，这离不开日趋完善的知识产权制度保护。

第三节　中国核电产业未来的机遇与挑战

当今的全球经济呈现“逆全球化”趋势，国家安全、能源安全摆在首要位置。在极端情况下，能源供给关乎国家安全，加强产业链关键产能储备和备份至关重要。在现实需求层面，能源低碳化速度加快，除了风电、光伏、水电等能源品类推进，我国还将加大力度推动氢能、核能的利用，加快淘汰煤电。中国能源正在迎来结构性大调整，先进核电、储能等重点领域充满机会。

一、以产业备份谋求高水平的产业链开放合作

2020年，习近平总书记在《国家中长期经济社会发展战略若干重大问题》中指出，“为保障我国产业安全和国家安全，要着力打造自主可控、安全可靠的产业链、供应链，力争重要产品和供应渠道都至少有一个替代来源，形成必要的产业备份系统”。[①] 产业备份对国家的作用体现为两点：一是在极端情况下能够保持产业链、供应链的畅通；二是产业备份构成“可信威胁”，能够有效促进链主国主动合作，从而推动更高水平的产

① 习近平．国家中长期经济社会发展战略若干重大问题[J]．求是，2020（21）．

业链开放合作。

对于能源领域，核电可以应对极端情况下的能源供给，比如出现石油进口危机、水力资源枯竭等，备份产业可以解决能源之需。核电产业应以产业备份谋求高水平的产业链开放合作，将产业备份作为企业的战略目标。要具有从产品备份走向技术备份的长远眼光，实现从产业生态视角打造产业备份体系。①

从国际产业链发展趋势来看，低碳化已经成为产业链发展的底色。当前，欧盟已开始实行碳边境调节机制，未来我国产品要“走出去”，需要企业系统性地为碳排放支付更高的成本。绿色电力的发展既是降低这类合规成本的有效应对之策，也是产业链低碳发展的关键所在。而核电作为一种清洁能源，目前尚未得到“绿色电力体系”的官方认证。随着市场对于绿色电力的需求不断增加，未来将核电纳入绿色电力体系存在较大的可能性，这对于核电产业发展来说是提高市场竞争力的重要机遇。

二、利用规模经济提升核电产业的经济竞争力

由于核电发电成本比火电发电成本高，在市场供求两侧压力的作用下，经济性已成为事关我国核电发展命运的关键因素。核电作为一种商品，必须具备经济上的竞争力。只有这样，核电产业才能有可持续发展的空间。想要实现批量化建设的经济性，应从以下三个方面着手努力。

一是立足于国内规模市场，利用规模经济摊薄平均成本。我国以电能为主的新能源汽车行业发展迅速。中国汽车工业协会统计显示，2022 年我国新能源汽车的产销量分别为 705.8 万辆和 688.7 万辆，同比分别增长 96.9% 和 93.4%。截至 2022 年年底，我国新能源汽车保有量已经达到 1 310 万辆，其中纯电动汽车为 1 045 万辆。与之同步快速增长的还有用电

① 焦勇．数字经济时代产业备份的大国方略[J]．经济学家，2022（11）：43-51.

需求，这对核电来说也是重大机遇。

二是抓住“一带一路”发展机遇，扩大海外市场。国际能源署统计显示：2021 年，电动汽车对电力的需求占全球总电力消耗量的 0.2% 左右；2030 年，这一比例将增加到至少 2%。野村证券预测：未来五年，全球电动汽车电池需求量将以每年 18% 的速度增长；2028 年达到 1 647 吉瓦时；2030 年达到 2 107 吉瓦时。在电力市场需求侧，供过于求的电力市场使得部分核电厂面临发电量滞销的问题。2035 年的新一轮核电发展战略，将带来核电与其他新能源的全面协调发展。

三是国家应充分认识到核电在能源安全方面的巨大贡献。核电产业的发展也是为了促进核工业的市场化转型，对中国核事业的发展具有重大帮助。因此，国家层面应科学谋划核电布局和规划实施路径，按节奏分批、分步启动实施，保持相对稳定的建设节奏和合理的建设规模，形成标准化、批量化效益，提升核电经济的竞争力。

三、为核电产业设置专项债以解决融资难问题

随着核电建设规模不断扩大，核电融资呈现多元化发展格局。从秦山一期单一地通过国家财政筹集资金，到“引进技术、合资办厂、借贷建设、卖电还钱”的大亚湾模式，再到秦山二期先后发行短期融资债券，以及之后中广核集团成立产业投资基金管理公司，我国核电项目的融资模式越来越丰富。当前我国核电产业的融资模式主要包括证券融资、股权融资、融资租赁等，涌现出中国核电、中国核建、中广核电力等诸多上市公司。总体而言，我国核电仍然保持以国家股权资金投入为主的方式，债券筹资比较单一。与国外完全市场化的融资模式相比，我国现有的融资模式更可控。

核电产业是关系国计民生的重要基础产业和公用事业，是国民经济的重要组成部分和能源工业的中心。作为资金、技术密集型项目，核电项目投入大、周期长、风险高，投资方普遍持谨慎态度，想要完全依托市场化融资较为困难。因此，国家层面应探索为核电产业发行专项债，以保证核电产业的可持续发展。

第九章

中国通信产业的赶超之路

20 世纪 80 年代，摩托罗拉 Dyna TAC 8000X 在美国芝加哥诞生，第一代移动通信技术（1st Generation，简称 1G）登上舞台。1987 年，在发达国家部署 1G 网络数年之后，中国第一个 1G 网络才在广州出现。中国真正进入全球移动通信市场，是从 2G 时代开始的，起步相对较晚。中国先后经历了 2G 时代的跟跑，3G 时代的突破，4G 时代的并跑，5G 时代的领跑。在此期间，国际市场出现了巨大的波动，行业发生巨大变革，企业巨头起起伏伏。本章聚焦的是中国的通信技术如何从跟跑一步步实现了领跑，试图从中找出过去三十多年行业发展的经验与教训，以更好地抓住机遇、应对挑战。

第一节　通信产业的价值与行业格局

如图 9-1 所示，移动通信网络是实现移动用户与固定点用户或移动用户之间通信的介质，可以被分为两段：一段是从终端到基站，另一段是从基站到互联网。前者是无线通信，负责将终端信息接入通信网络；后者是有线通信，负责信息的传输和交换。通信基站通过在一定区域内提供无线信号覆盖，实现有线通信网络与无线终端之间的无线信号传输，是移动通信网络的核心基础设施。

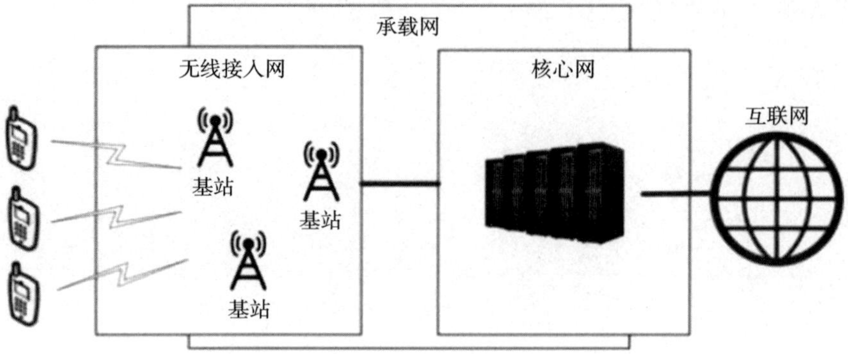

图 9-1　移动通信网络结构

资料来源：民生证券研究院。

一、通信产业的技术特征

（一）迭代速度快

通信产业是一个技术驱动的领域，不断的技术创新与发展是推动产品迭代的主要动力。从 2G、3G、4G 到 5G，每一代移动通信技术的推出，都意味着更高的传输速度、更低的延迟和更大的容量，研发人员需要不断寻求新的解决方案，以此来提升通信网络的性能、可靠性和安全性。同时，随着物联网、云计算、人工智能等技术的快速发展，通信产业也不断融合这些新技术，推出更加先进的解决方案，以满足不断增长的通信需求。

除了技术创新速度快，通信产业还是一个竞争激烈的市场，各家企业争相推出更新、更具有吸引力的产品和服务，以争取市场份额。在这种竞争环境下，通信企业不断加大研发投入、加速产品的更新和迭代。此外，消费者对通信服务的需求也在不断增加，这迫使企业不断创新，以满足用户不断变化的需求。这种技术创新、市场竞争和商业驱动促使通信产业保持高速更新的态势，从而让通信产业的发展呈现迭代速度快的特点。

（二）准入壁垒高

通信产业作为准入壁垒非常高的产业，具有技术复杂、资本投入大、法律和监管要求严以及市场竞争激烈的特征。

首先，作为高度技术密集型行业，通信产业的发展和竞争要求企业具备先进的技术实力。通信产业涉及广泛的技术领域，包括无线通信、光纤通信、卫星通信等多个子领域。这些技术都具有较高的复杂性，需要深厚的专业知识和技术能力才能掌握。例如：无线通信涉及调制解调、信道编码、频谱管理等技术，光纤通信涉及光纤的原理、光纤传输系统的设计和维护等方面的知识。这类技术的复杂性提高了企业进入通信产业的门槛。

其次，通信产业需要大量的资本投入，尤其是在网络基础设施建设方面。例如：建设一个覆盖广泛的移动通信网络需要巨额的资金投入，包括基站建设、频谱购买、网络优化等。通信设备的研发和制造也需要相当规模的资金支持，而且投资回报周期较长，对投资者的耐心和长期战略规划也提出了更高要求。由于资本需求较高，很多小型企业或初创公司很难进入通信产业。

最后，由于通信产业涉及国家的重要基础设施和信息安全，因此在很多国家都受到严格的监管和政策限制。政府会通过控制许可、频谱分配、国际合作等手段来规范和管理通信产业。这些政策和法规对于新进入者可能造成不小的阻碍，从而形成政策壁垒。

二、中国为何要发展通信产业

中国凭借举国之力发展通信产业，是基于中国式现代化、新一代科技和产业革命的发展、国家安全战略考虑。

第一，通信产业是实现中国式现代化的重要支撑。通信是降低沟通成本、活跃经济组织的重要载体。作为一个发展中的大国，中国需要一个强大的通信基础设施来满足经济增长的需求。同时通信产业的发展为中国经济高质量发展提供重要支撑，为中国经济社会赋能，带动中国经济增长。中国信通院发布《中国 5G 发展和经济社会影响白皮书（2023 年）》，其中的数据显示，预计 2023 年，5G 直接带动经济总产出 1.86 万亿元，直接带动经济增加值约 5 512 亿元，分别比 2022 年增长 29%、41%，间接带动总产出约 4.24 万亿元，间接带动经济增加值约 1.55 万亿元，分别比 2022 年增长 22%、22%。①

第二，发展通信产业能为新一代科技和产业革命提供基础支撑。5G 基站的快速建设，为中国提供了高速、稳定的网络环境，为各行各业进行数字化转型提供了契机，助力企业提升生产效率和市场竞争力。同时，通信技术的快速发展有利于推动新一代科技和产业革命，对数字经济、电子商务、物联网、云计算、大数据等领域的发展至关重要。通过发展通信产业，中国可以推动经济结构升级和产业转型升级，提高国民经济整体竞争力。

第三，通信产业对于国家的战略安全具有重要意义。现代社会通信基础设施是国家安全和国防的重要组成部分。过去，美国通信设备在全球占有垄断地位，拥有大量的使用者。我国必须发展自主的通信技术和产业，减少对外国技术的依赖，以提高国家信息安全和保密能力。通信产业的发展还可以支持国家的网络主权，加强网络安全和信息主权，保护国家的核心利益和重要数据。

通信产业如此重要，因此，中国要发挥举国制度优势发展通信产业。在未来大国博弈中，通信技术决定了一个国家能走多快，而通信安全防御能力则决定了这个国家能走多远。

三、通信产业的发展进程和行业格局

（一）国际通信产业发展进程

1. 全球通信技术从 1G 到 5G 的发展进程

如图 9-2 所示，从全球移动通信技术发展历程来看，从 1G 到 5G，每一代移动通信技术从起步、成熟到被下一代技术基本替代的周期一般约为十年。

第一代移动通信技术（1G）开始于 20 世纪 80 年代，主要采用的是模拟调制技术与频分多址接入（FDMA）技术。1G 无线标准的主要代表有：

① 此报告采用国民经济核算的生产法，测算 5G 对经济活动的影响。

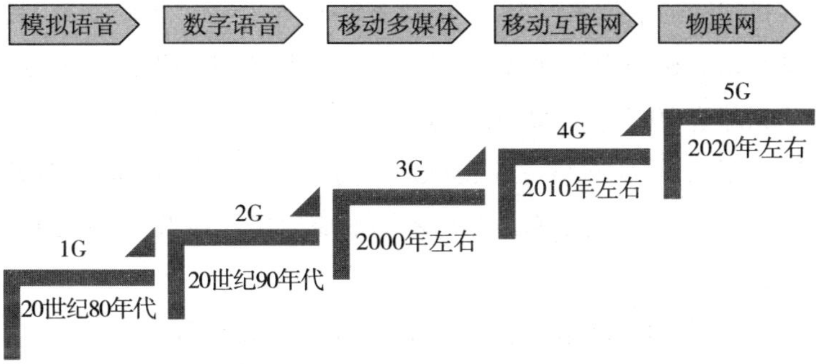

图 9-2　全球移动通信技术发展历程

资料来源：民生证券研究院。

美国电话电报公司（AT&T）开发的最早的蜂窝电话系统标准（AMPS）、英国的全球接入通信系统（TACS）和日本的电报电话系统（NMT）。1G 时代是“大哥大”风靡的时代，移动电话的代表公司是美国的摩托罗拉。

第二代移动通信技术（2G）开始于 20 世纪 90 年代初期，主要采用数字的时分多址（TDMA）和码分多址（CDMA）技术。第二代移动通信数字无线标准主要有美国高通公司推出的 CDMA、欧洲的全球移动通信系统（GSM）等。美国、韩国主要采用 CDMA，我国主要采用 GSM。这一时期诺基亚成为全球最大的移动电话商。

第三代移动通信技术（3G）开始于 2000 年左右，是数字移动通信技术。3G 最基本的特征是智能信号处理技术，它可以提供如高速数据、慢速图像与电视图像等服务。世界上主流的 3G 规格为 WCDMA 与 CDMA2000 系列，另外还有中国移动主推的 TD-SCDMA。2007 年，第一代苹果手机（iPhone）的出现将诺基亚手机拉下神坛。

第四代移动通信技术（4G）开始于 2010 年左右。中国于 2008 年发布第四代网络 4G，并成为该技术标准的制定者之一。第四代移动通信数字无线标准主要有：中国的 TD-LTE 系统标准、国际电信联盟（ITU）的 WiMax 和 LTE-FDD 标准。在 4G 时代初期，中国政府决定采用 TD-LTE 作为国家的主要 4G 技术标准，这直接导致它与 WiMax 和 LTE-FDD 技术标准形成了直接竞争。

第五代移动通信技术（5G）开始于2020年左右。相较于3G和4G技术，它具有以下显著优势和特征：第一，5G技术具备更高的数据传输速度，可达到超过10 Gbps的峰值速度；第二，5G技术的延迟较低，通常在毫秒级别；第三，5G网络具备更大的容量，可以同时连接更多的设备；第四，5G技术被设计用于满足各种不同的应用场景和需求。中国在5G商用方面领先于全球。

2. 4G为移动通信网络主流，5G仍有较大成长空间

如图9-3所示，从全球范围看，4G网络是移动通信网络的主流，5G网络尚未大规模应用。从区域来看，北美地区、东北亚地区和西欧地区的4G网络建设已取得较大进展，渗透率在70%以上。而东南亚地区、大洋洲、中东地区和非洲等的4G网络渗透率仍处于较低水平，中东、非洲等部分地区2G网络渗透率占比居高。截至2022年底，全球已有102个国家和地区的251家运营商提供5G业务。受益于中国、韩国等5G商用的普及，东北亚地区5G网络用户渗透率达到24.30%。[①] 相比之下，东南亚等地渗透率仍较低，未来东南亚地区的5G网络建设将成为市场主要增量来源。如图9-4所示，爱立信预测，到2027年5G将成为全球最主要的移动

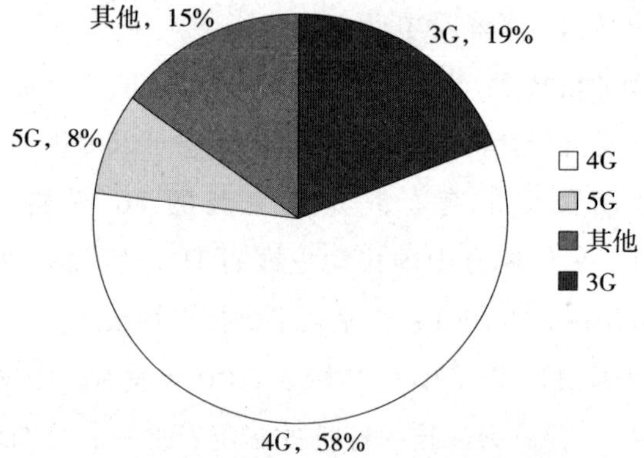

图9-3 全球移动通信网络使用情况

资料来源：民生证券研究院。

① Wind。

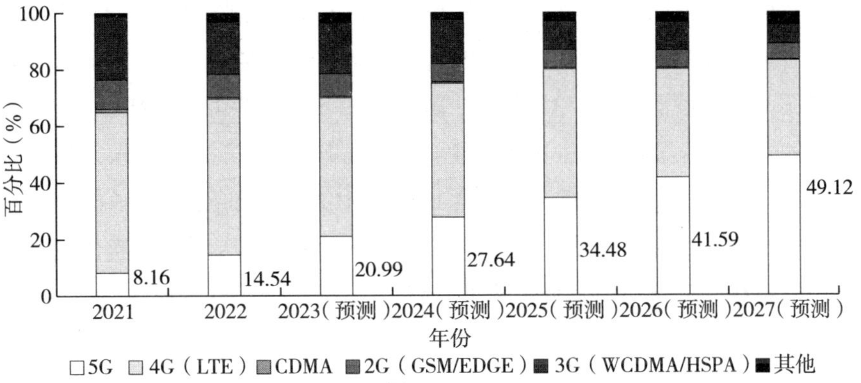

图 9-4　移动通信网络发展趋势预测

资料来源：民生证券研究院，《爱立信移动报告》。

通信技术。全球 5G 用户将达到 44 亿人，占所有移动用户的 49.12%，而因为用户流失，全球 4G 用户下降至 33 亿人左右，占比仅为 36.67%。5G 网络的推广依赖于 5G 基站的普及，5G 的流行将同步推动 5G 基站数量的上行。全球 5G 基站建设加速进行，2022 年全球 5G 基站新增数量为 153 万个左右。

（二）行业格局

如图 9-5 所示，目前，通信主设备商已形成寡头垄断的市场格局，全球前三的通信主设备商分别是华为、诺基亚和爱立信，其次是思科、中

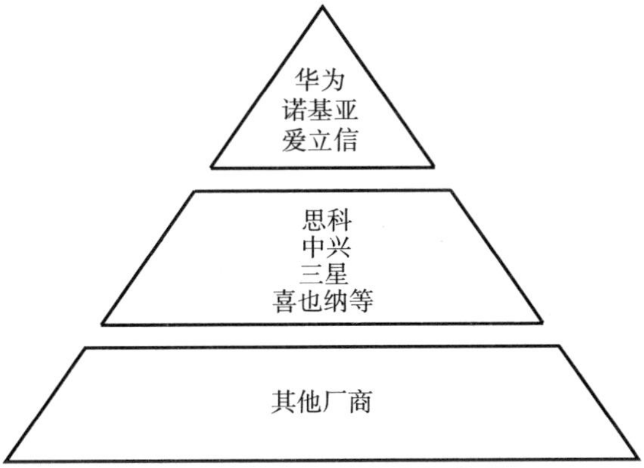

图 9-5　通信主设备市场格局

资料来源：民生证券研究所。

兴、三星、喜也纳等公司。如图 9-6 所示，市场研究公司 Dell′Oro 集团的数据显示，按销售额计算，2021 年，华为占全球通信设备市场份额的 28.7%，爱立信以占比 15.0% 位居第二，诺基亚占 14.9%、中兴占 10.5%、思科占 5.6%、三星占 3.1%。截至 2022 年第一季度末，华为依然以超过 25% 的市场份额处于领先地位，中兴的电信设备市场份额接近 12%。受芯片以及市场准入壁垒等因素影响，华为虽然占全球通信设备的市场份额有所下滑，但仍处于头部位置。

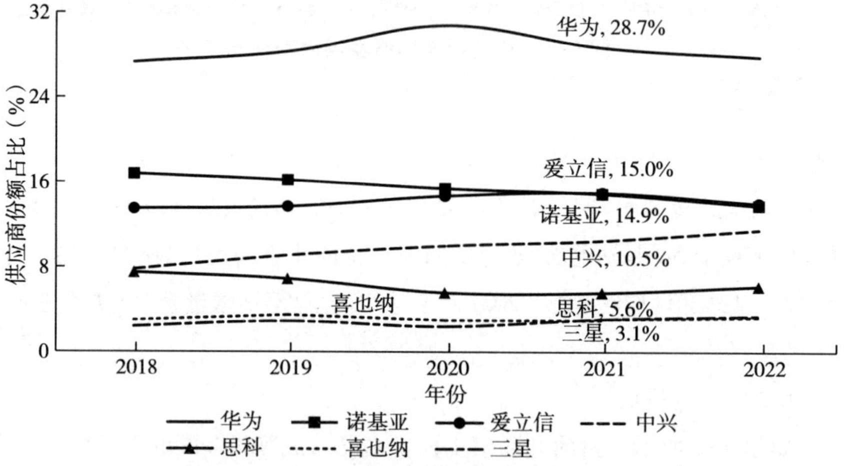

图 9-6　全球电信网络设备供应商份额

资料来源：Dell′Oro 集团。

上游产业主要包括通信设备制造商和芯片厂商。这些企业负责设计、研发和生产通信设备及芯片，为整个通信产业提供基础设施和关键技术。在上游领域，全球范围内重要的通信设备制造商和芯片厂商有华为、诺基亚、爱立信、思科和英特尔等。这些企业在通信技术创新和产品研发方面发挥着关键作用，并与运营商合作，提供先进的通信设备和解决方案。

中游产业包括运营商和网络设施提供商。运营商是通信产业的核心部分，负责建设和运营通信网络，给最终用户提供通信服务。在中游领域，全球范围内有几家主要的运营商，如中国移动、中国联通、中国电信、威瑞森通信（Verizon）、美国电话电报公司等。

下游产业涵盖终端设备制造商和应用开发商。终端设备制造商是生产手机、平板电脑、路由器和其他通信终端设备的企业。这些企业将上游的通信设备和技术整合到具体的产品中，并满足用户的需求。全球范围内有许多知名的终端设备制造商，如苹果、三星、华为、小米等。应用开发商则是为通信产业开发各种应用程序和服务，这些程序或服务包括社交媒体、移动支付、电子商务和在线娱乐等。

第二节　中国通信产业的发展历程与经验、启示

1987 年，中国首个蜂窝移动电话系统的投入使用，标志着中国移动通信产业的起步。自此以后的三十多年，中国通信产业经历了 2G 跟跑时代、3G 突破时代、4G 并跑时代，如今已经进入 5G 领跑阶段，中国通信产业技术标准逐渐成为世界标准。

一、中国从 2G 到 5G 的发展之路

（一）2G 跟跑时代：中国选择 GSM 作为 2G 技术标准

中国通信产业在 2G 时代主要聚焦技术引进和国产化制造。1987 年，中国首个蜂窝移动电话系统在广东投入使用，华为等国内企业开始介入基站和手机的生产。政府也对此进行了大力扶持，“863 计划”和“973 计划”的实施，对移动通信技术的发展起到了关键作用。1999—2001 年，政府对移动通信行业的总投资达 12.10 亿元人民币，这一资金支持了 118 个项目以及上百家行业内的骨干企业。① 相较于西方国家所推出的通信技术标准，中国进入通信市场领域较晚，技术开发落后于他们，更不用说制定自己的通信技术标准。当时中国只能依靠引进国外技术。国际上有两种

① 张睿涵，王石玉．“有为政府”如何促进中国产业政策演进：基于移动通信产业的案例分析[J]. 公共管理学报，2024，21（01）：94-105，172.

主流通信技术标准 GSM 和 CDMA，中国选择通过各种渠道引进 GSM 关键移动通信技术，致力于填补国内技术空白，使得中国的通信网络与国际接轨，便于与其他国家和地区进行通信互联。在 2G 时代，中国是跟跑者，主要依靠国外技术引进。

（二）3G 突破时代：TD-SCDMA 的自主研发与突破

经过 2G 时代多年的跟跑，中国已形成巨大的通信市场规模。如果总是按照西方国家所设定的技术标准路线，中国通信产业永远无法实现独立自主。此时的中国也深知技术标准的价值，下定决心要加快自主研发标准的脚步。

无论是基于中国的市场需求规模，还是出于国家安全的角度，都要求中国独立自主研发 3G 技术标准，以确保通信网络的可靠性和信息安全，满足国内市场需求。当时，国际上通信行业的主流标准主要是由欧洲和美国来制定的，其核心组织主要有三个：国际电信联盟、以欧洲为主体的 3G 标准化合作组织（3GPP）和以美国为主体的 3G 标准化合作组织（3GPP2）。

1997 年，国际电信联盟宣布征集 3G 标准的提案。中国深知标准的价值，于是成立 3G 无线传输技术评估协调组，跟踪相关技术标准的进展。1997 年，中国在移动通信领域的经验很少，华为、中兴主要生产程控交换机设备，GSM 设备还在研制开发过程中，对 3G 和标准研究甚少。

面对如此窘境，1998 年 1 月，一个至关重要的会议在北京香山召开，会议主要讨论关于候选技术提交和中国如何确定 3G 候选技术策略。很多参会人员对于中国的 TD-SCDMA 没有信心。邮电部相关领导最后拍板："中国发展移动通信事业不能永远靠国外的技术，总得有个第一次。第一次可能不会成功，但会留下宝贵的经验。我支持他们把 TD-SCDMA 提到国际上去。"至此，这次会议为 TD-SCDMA 一锤定音。2000 年 5 月，在土耳其召开的国际电信联盟全会上，经投票表决，中国提出的 TD-SCDMA、欧洲提出的 WCDMA 和美国提出的 CDMA2000 同列为 3G 三大标准。2001 年 3 月，TD-SCDMA 被 3G 标准化合作组织正式接纳。同年 4 月，国际电信联盟确认 TD-SCDMA 为 3G 标准之一，从此之后，中国正式有了自己的 3G 通信标准。2002 年 3 月，大唐移动通信设备有限公司挂牌成立，同年，TD-SCDMA 产业联盟在北京正式成立。自此，中国 TD-SCDMA 技术全面产业化的序幕正式拉开。2009 年 1 月，3G 牌照在中国正式发放。在 3G 时代，中国 TD-SCDMA 标准的提出标志着中国在移动通信领域的自主创新取得了突破。

（三）4G 并跑时代：TD-LTE 成为国际主流标准

随着 4G 时代的到来，中国的移动通信产业开始进入并跑时代。2013 年 4G 商用牌照的发放具有里程碑的意义，标志着我国步入 4G 时代。进入 4G 时代，我国主导的 TD-LTE 逐渐发展成为全球主流 4G 标准。

随后，中国举全国之力支撑 TD-LTE 走向全球。TD-LTE 在走向国际的进程中，同 LTE-FDD 和 WiMAX 展开了白热化的竞争。由于 LTE-FDD 已经经过长期的发展和检验，相对成熟，拥有庞大的用户群体和国际市场，因此中国的 4G 想要在国际上竞争，毫无疑问需要有庞大的用户和市场支持，更离不开中国政府、运营商、科研院所等多方的参与和支持。为充分发挥高校、科研院所和企业各自的优势，形成合力，在“863 计划”和重大专项支持下，国家设立了标准化推进平台、产业协作平台、国际化推广平台。同时，中国巨大的市场规模为 TD-LTE 的推广提供了强大的支撑和发展空间。华为在这一时期开始崭露头角，成为国际移动通信市场的重要竞争者。

（四）5G 领跑时代：技术标准和产业应用引领全球

进入 5G 时代，中国的移动通信产业实现了从追赶到领先的历史性转变，这一转变在国际标准制定中尤为显著。2013 年 4 月，工信部、国家发展改革委、科技部共同成立 IMT-2020（5G）推进组，将 IMF-2020（5G）作为 5G 推进工作的平台。2013 年 4 月 19 日，IMT-2020（5G）推进组第一次会议在北京召开，由此正式开启了 5G 在中国的发展进程：规划部署阶段、研发试验阶段、商业应用阶段。

第一阶段（2013—2015 年）：规划部署阶段。2013 年，国务院发布《“宽带中国”战略及实施方案》。随后，中国明确提出“5G 引领”的发展目标，将 5G 纳入国家战略，作为下一代移动通信技术的重要发展方向。同时，《中华人民共和国国民经济和社会发展第十三个五年规划纲要》等规划也对 5G 发展作出明确部署，积极推进 5G 和超宽带关键技术研究。

第二阶段（2016—2018 年）：研发试验阶段。2016 年 1 月，中国 5G 技术研发试验正式启动，分为 5G 关键技术试验、5G 技术方案验证和 5G 系统验证三个阶段，并发布首个 5G 技术白皮书。经过三年时间，中国在 5G 技术研发和标准制定方面取得了重要进展，中国企业在 5G 关键技术领域取得了突破，如毫米波通信、大规模多路输入多路输出（MIMO）、网络切片等。同时，中国在 5G 标准制定过程中发挥了积极的引领作用，推动了国际标准的制定和统一。

第三阶段（2019 年至今）：商业应用阶段。2019 年 6 月 6 日，工信部正式向中国电信、中国移动、中国联通、中国广电发放 5G 商用牌照，中国正式进入 5G 商用元年。中国在 5G 商用化方面取得了全球领先的地位。同时，中国成功启动 5G 商用网络，并率先推出一系列 5G 终端设备，建设 5G 基站和网络，实现了全国范围的 5G 覆盖。政府和运营商共同推动了 5G 应用的发展，涵盖智慧城市、工业互联网、医疗健康、无人驾驶等领域。此外，中国在 5G 创新应用和产业生态方面取得了显著进展。随着 5G 网络建设的持续深化，5G 行业应用向纵深发展，5G+工业互联网从辅助生产走向核心生产，进入 5G 全连接工厂新阶段。工信部已给中国商飞发放第一张企业 5G 专网①频率许可证，后续相关牌照发放有望持续推出，这将进一步推动 5G 行业应用发展。

如今中国的移动通信技术研制标准已经进入 5G 网络的演进和增强技术 5G-Advanced 阶段，该阶段在通信技术从 5G 向 6G 演进中起到承上启

① 5G 专网，是指在特定区域实现网络信号覆盖，为特定用户在组织、指挥、管理、生产、调度等环节提供通信服务的专业网络。

下的作用。未来，中国会围绕网络能力升级，增强行业适配能力，聚焦与推进空口引入人工智能机制和全双工等新方向探索。

二、中国通信产业发展的经验与启示

回顾中国通信产业发展的历史，从一穷二白，到如今以华为为代表的中国通信企业在商用领域领先全球，中国通信产业为什么能发展起来？究其原因：一是坚持核心技术必须自主研发；二是充分利用中国超大规模市场优势；三是中国企业积极融入国际市场；四是重视“技术—标准—产业”，统一推进；五是中国充分发挥新型举国体制的制度优势。

（一）坚持核心技术必须自主研发

回顾中国通信产业发展的历史，可以看出核心技术必须自主研发。一直以来，欧美企业对通信产业的垄断，使拥有大量通信需求的中国依赖进口。为此，中国每年要支付大量外汇，而外资企业从中牟取暴利。在 3G 时代通过自主创新和技术研发，中国摆脱了对外国技术的依赖，并在通信领域获得更大的话语权和竞争优势。

除此之外，采取自主研发的方式，间接地催生了国内通信设备制造业的快速崛起，提升了中国在全球通信设备市场的地位。同时，也催生了国内通信芯片产业的快速发展。为了支持自主研发的技术标准，中国的芯片制造商加大了对通信芯片的研发和生产力度。这推动了通信芯片产业的成长，并带动了相关产业链的发展，包括射频前端模块、集成电路设计等。这使得中国的通信芯片制造商得以在国内市场占据一定份额，并逐渐进军国际市场，提升了中国在全球通信芯片领域的竞争力。因此，自主研发技术标准不仅有助于提高行业话语权，更有助于推动中国整个通信产业的发展。

（二）充分利用中国超大规模市场优势

中国庞大的市场需求和制造能力，是通信产业发展的主要竞争力。中国拥有 14 亿人口，市场空间极大。2021 年华为占全球通信设备市场 28.7%的份额，几乎是爱立信（15.0%）的两倍。如果不包括中国的通信市场，华为的份额仅为 18.0%，爱立信和诺基亚的份额分别为 20.0%。由此可见，中国巨大的市场为华为提供了广阔的市场空间。

同时，庞大的市场需求有助于通信产业迅速形成规模经济，降低通信主设备商的成本，从而形成强大的市场竞争力。超大规模市场将吸引全球的优秀技术、人才、产品、企业、资金等向中国集聚，迅速形成产业生态系统。这使中国本土的企业能够近距离向行业领军企业学习，将产品迅速销售出去，从而获得资金，进一步投入更高水平技术的研发。相比之下，一些市场规模小的国家就缺乏这种优势。虽然日本、韩国等一度在通信标准上有一定竞争力，但最终其影响力日渐式微。国际通信标准最终还是由美国、欧洲、中国来主导。中国的华为、中兴等企业进入国际通信领域的第一梯队，这和中国的大市场和制造能力是分不开的。

（三）中国企业积极融入国际市场

我国通信产业的快速发展，离不开企业的不懈创新和国际市场的淬炼。通信产业技术更新迭代非常快。我国的通信设备企业华为、中兴，以技术创新为生命，在技术创新上后来居上，最终成为 5G 必要专利持有的全球第一和第三。中国 5G 时代之所以走在前列，中国的运营商、设备厂商和研究机构在 5G 技术研发和标准制定方面起到了关键作用。中国积极参加国际标准化组织和机构，如国际电信联盟和 3G 标准化合作组织，并在标准制定过程中发挥了积极的引领作用。

因此，中国企业应该进一步积极参与全球竞争，融入全球市场，以高水平的对外开放，来倒逼国内企业的科技创新进步，在风高浪急的国际市场上练就过硬的本领。

（四）重视“技术—标准—产业”，统一推进

在 2G 时代，中国多是进行技术引进和国产化改造，根本无法在标准上拥有话语权。在 3G 时代，中国虽然自主研发出来了 TD-SCDMA 技

术标准，但是仅仅取得了技术上的突破，并未真正取得商业化的成功、国际主流运营商和制造商的认可和接纳。而在推动4G时代和5G时代的技术标准的发展中，中国积极参加国际标准化组织和机构，与全球各国通信企业共同制定技术标准和规范。中国的运营商和设备厂商通过积极参与标准制定过程，提出自己的技术方案，努力推动中国标准成为全球通用的技术标准。

而5G之所以能领先，得益于它的商业应用，从技术、标准逐步向产业推进。在3G、4G时代，中国大市场的支撑为TD-SCDMA和TD-LTE技术标准在国内的快速发展提供了强大的推动力，运营商和设备厂商也积极投资和推广相关的网络和终端设备，以满足用户对高速数据传输和多媒体应用的需求。在5G时代，中国的大规模市场和用户需求不仅是推动自身发展的关键，也成为吸引国际运营商和设备厂商合作的重要因素，进一步推动了国际化进程。因此，只有提高技术标准应用转化的能力，才能使自己在一个行业中真正站稳，而中国具有丰富的应用场景，为通信产业技术标准应用转化提供了契机。

（五）充分发挥新型举国体制的制度优势

中国通信产业的发展历程也表明，国家充分发挥了新型举国体制的制度优势：一是组建平台，由工信部、国家发展改革委、科技部共同支持成立IMT-2020（5G）推进组，作为5G推进工作的平台；二是出台较多产业政策扶持中国通信产业的发展（见表9-1）。在3G突破时代，中央政府针对中国通信产业颁布政策文件14份，地方政府颁布政策文件49份，该阶段的产业政策重点主要表现在“税收优惠”和“技术投入”等方面。在4G并跑时代，地方政府颁布政策文件47份，产业政策重点主要表现为“法规标准”“应用发展”“网络建设”“研发创新”等主题。在5G领跑时代，中央政府和地方政府纷纷加大对中国通信产业的扶持，其中中央政府出台政策文件49份，地方政府颁布政策文件799份，该阶段的产业政策重点关注“信息支持”“公共服务”“国际合作”等。

表 9-1　我国 3G、4G 及 5G 的产业政策出台情况①

移动通信技术	中央政府	产业政策数量（份）	地方政府	产业政策数量（份）
3G	部门规章 行业规定	10 4	地方规范性文件 地方工作文件	16 33
4G	—	—	地方规范性文件 地方工作文件 行政许可批复	7 37 3
5G	部门规章 行业规定	45 4	地方政府规章 地方规范性文件 地方司法文件 地方工作文件	1 159 1 638
合计	—	63	—	895

中国通信产业的迅速发展，除了企业自身的自主研发，更离不开中央政府举全国之力给予的支持。在大国博弈日趋紧张的今天，各国通信产业背后都有国家支撑，美国、韩国、日本以及欧洲各国政府都纷纷出台 5G 计划。因此，通信产业已经不只是简单的企业之间的相互竞争，更体现了大国之间的博弈。

第三节　中国通信产业未来的机遇与挑战

我们必须看到中国通信产业虽然全球领先，但是依然面临两大严峻的挑战：一是以华为、中兴为代表的中国通信主设备商频遭国际打压；二是中国的 5G 应用发展不如预期。因此，中国必须思考通信产业下一步的发

① 张睿涵，王石玉．“有为政府”如何促进中国产业政策演进：基于移动通信产业的案例分析[J]．公共管理学报，2024，21（01）：94-105，172.

展机遇，以危机倒逼产业发展。中国通信产业必须以团结昂扬的斗志面对未来的不确定性，借用华为创始人任正非的话来说，“被美国打压后，华为更团结了”。中国通信产业必须抓住中国超大规模市场优势和丰富的应用场景优势，提前布局6G，抢占先机。

一、中国通信产业面临的挑战

（一）中国通信主设备商频遭国际打压

在进入国际市场时，中国企业面临着政策、法规、技术壁垒等方面的挑战。一些国家对中国企业进行技术限制、国家安全审查或贸易制裁，这对企业的海外业务和市场拓展带来了不确定性和阻碍。在无法通过正常市场竞争击败中国通信产业时，以美国为首的西方国家频繁打压中国通信设备商。如图9-7所示，早在2007年，美国就开始打压中国通信企业，完全摒弃自由市场原则，对中国通信企业进行全面制裁。2020年5月15日，美国商务部发起了对华为的终极制裁：所有使用美国技术的厂商，向华为提供芯片设计和生产都必须获得美国政府的许可。除了美国，瑞典在2020年同样以“莫须有”的罪名禁止华为等中国企业参与当地5G网络的建设。因此，中国通信产业面临着前所未有的外部挑战。

（二）5G应用于产业互联网方面不如预期

我国5G通信网络走在世界前列。虽然我国已建成大量5G通信设备，但5G应用仍面临较大挑战，尤其是5G应用规模上不去，导致投资回报比较低，进而导致应用推广难。① 虽然目前的智慧工厂、智慧电网、智慧港口、智慧矿山、智慧农业等取得了一定的成果，但是现有的应用要么受众面较窄（如远程医疗），要么这些应用在4G网络下也能实现。根据美国学者埃弗雷特·M. 罗杰斯（Everett M. Rogers）的“创新扩散

① 黄鑫 .5G规模应用还需迈过几道坎［N］. 经济日报，2023-07-03（6）.

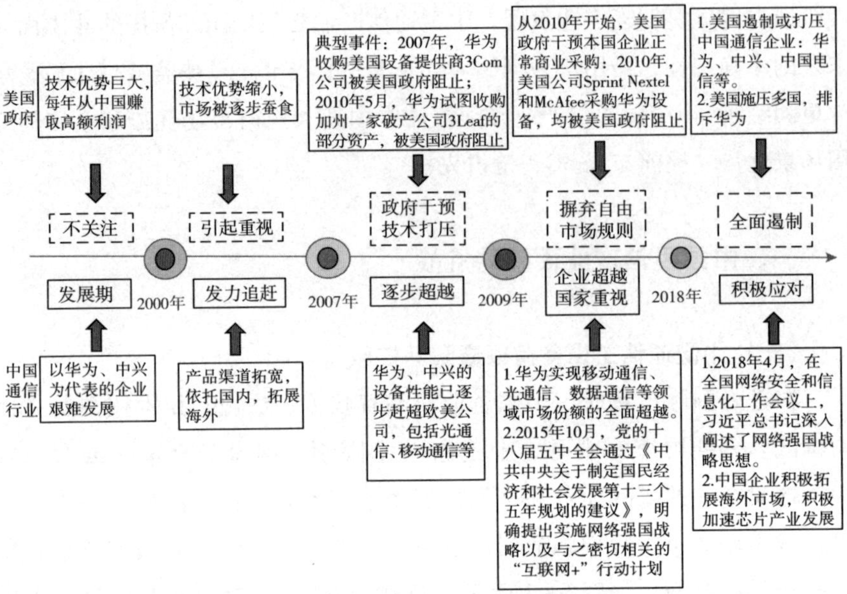

图 9-7　美国政府打压中国通信企业

资料来源：作者整理。

理论”，创新扩散这一过程分为知晓、劝服、决定、应用、确定五个阶段。如果一项创新想要快速扩散，可试性是一个要点，即用户能亲自感受到其优点和弊端，借以产生直观、理性的认识。而当前终端支持能力不足是导致 5G 公众应用尚未广泛普及的主要因素。因此，未来要加大终端对 5G 公众应用的支持。

二、中国通信产业面临的机遇

（一）全球市场规模还有较大成长空间

如图 9-8 所示，Dell′Oro 集团的数据显示：预计 2021—2027 年，全球通信设备市场规模年均复合增速为 4% 左右；到 2027 年，全球通信设备市场规模将达到 1 217 亿美元。在全球通信设备供应商市场竞争方面，尽管美国实施了贸易制裁，但华为和中兴在全球通信基础设施市场的份额仍在前列。

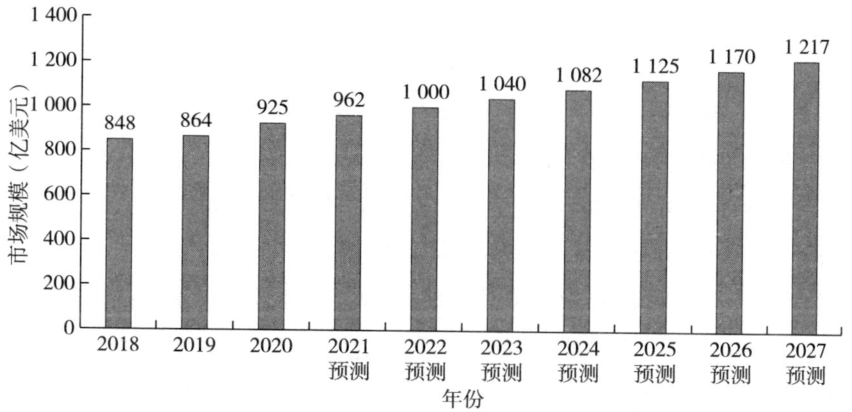

图 9-8 2018—2027 年全球通信设备市场规模及其预测

资料来源：Dell'Oro 集团、前瞻产业研究院。

2022 年初，OpenSignal 公司数据显示，美国 5G 网络速率全球最慢，只有 50.9 Mbps。欧洲的整体 5G 进度也严重滞后，5G 覆盖人口目前仍然不足 10%。相比中国 60% 以上、韩国 90% 和美国 45%，欧洲处在较低的水平。沃达丰（Vodafone）首席执行官尼克·里德（Nick Read）在 2022 世界移动通信大会上表示，欧洲地区最早在未来 10 年后才能实现 5G 全地区覆盖。因此，中国要抓住 5G 时代的机遇，除了把握住国内超大规模市场优势，还应该在保持全球领先地位的同时不断扩大国际市场。全球市场规模还有较大的成长空间。

（二）抓住中国应用场景丰富的优势

从市场竞争来看，移动通信行业的全球市场竞争激烈，中国企业面临来自全球的竞争对手。然而，中国具有超大规模市场和丰富的应用场景，可以促进通信技术迭代升级。5G 概念自提出后便备受关注，随着我国 5G 的不断发展，已出现多种 5G 应用场景。它们之间产生作用力与反作用力，这些场景不断催生着 5G 产业的市场需求变化，从而不断推动着我国 5G 产业的发展。

未来，我们要抓住 5G 在网络教育、在线医疗、远程办公等方面的发展机遇，进一步丰富 5G 应用场景，促进品类丰富、高性价比的 5G 终端投入市场。要充分调动各行业应用5G的积极性，积极探索可复制、可推广的商业模式，打通5G与各个行业的应用通道。

首先，5G的高速和低延迟特性为远程医疗提供了巨大的机遇。医生和专家可以通过高清视频和实时数据传输对患者进行远程会诊。其次，5G的大容量和高密度连接能力为智能城市和物联网（IoT）的发展创造了条件。通过5G网络，各种设备和传感器可以实时连接和交换数据，实现智能交通、智能能源管理、智慧安防等功能。最后，5G的高密度连接和大规模物联网支持为工业物联网和智能制造带来了巨大的机遇。通过5G网络，工厂内的设备和机器可以实时互联，形成智能化的生产环境。工业物联网的应用可以实现设备的远程监控、数据采集和分析，以提高生产效率和质量。此外，5G还能支持机器人的高速通信和协作，实现更灵活、智能的生产流程。

（三）提前布局6G抢占先机

按照移动通信技术“十年一代”的发展规律，6G最早将于2030年进入商用阶段。2021年3月至12月，我国先后发布了《中华人民共和国国民经济和社会发展第十四个五年规划和2035年远景目标纲要》《“十四五”信息通信行业发展规划》《“十四五”数字经济发展规划》《“十四五”国家信息化规划》。这些规划指出要“前瞻布局6G网络技术储备”。6G技术作为下一代移动通信技术的重要方向，目前处于研究和探索阶段。同时，6G技术的商业化进程可能面临不确定性和市场竞争，需要企业具备敏捷应变和市场预测的能力。因此，中国的企业一方面需要积极争取和合理利用频谱资源，参与国际标准的制定，确保自身在技术规范和产业链方面的发言权；另一方面还需要积极研究和洞察市场需求，与产业链上下游企业进行合作和联动，加强对市场竞争的预测和战略规划，提前布局和调整企业发展战略。

产业代际演进的核心动力是关键技术的突破，通信技术面临跨域融合的技术发展趋势。对于中国企业而言，要积极发挥产业推进平台作用，持续开展面向6G的关键技术征集活动，汇聚“产学研用”各方面力量，从基础技术、原创技术、应用技术等多个角度推动6G理论创新和工程实现取得突破。同时，要用好技术试验，让其起到研与产之间桥梁的作用；用好横向对比和纵向突破，推动技术不断迭代成熟，加速技术产业化。我国应继续加强“产学研用”协同创新，坚持技术突破与产业实践相结合，汲取5G成功发展经验，扎实推进，为全球6G发展贡献“中国力量”。

第十章
大国产业支撑下的大国工程

凭借新型举国体制优势，无论是科技创新能力还是创新速度，我国的重大工程建设都取得了举世瞩目的成就，形成“上天有神舟、追风有高铁、入地有盾构”的态势。中国盾构机从“赶”到“超”的技术跨越，成为继高铁之后的又一张中国名片。中国航天事业从无到有，从弱到强，使中国逐步跻身世界航天大国行列。中国超级工程港珠澳大桥的建设，更是创造了世界桥梁史上的奇迹。

第一节　地下工程：盾构机

盾构机①是我国自主创新的大国重器的见证。盾构机的研发制造始于英国、德国和日本等国。盾构机广泛应用于地铁、水利、公路、铁路、管道、城市市政等隧道工程，并扩展到海底隧道、深埋隧道等领域，是现代城市建设不可或缺的工程机械，也成为衡量一个国家工程技术和建设能力的重要标志。20世纪60年代，我国开始引进并自主研发盾构机技术。当前，我国实现了盾构机大型化、智能化和高效化的发展，集机、电、液、光、计算机技术为一体，已经成为全球重要的盾构机制造中心之一。中国盾构机技术从无到有，实现了技术鸿沟的跨越，突破了时间与资源的双约

---

① 从狭义上看，将用于软土层的隧道掘进机称为盾构机，将用于硬岩层的隧道掘进机称为全断面硬岩隧道掘进机（TBM）。从广义上看，将用于软土层或岩石层的隧道掘进机都称为盾构机。为表达方便，本书所提及的盾构机均指广义的盾构机。

束，充分依靠大国条件进行自主创新和持续迭代。

一、盾构机技术的起源和发展

盾构机包括“盾”和“构”两部分。其工作原理是利用外面构筑的“盾”，即它的刀盘和盾壳，来挖掘和防护；而“构”是指在盾里面进行隧道切削、挖掘、排渣，即盾构机的构筑修建功能，是推动隧道挖掘向前进行的一系列连贯施工组合。①

如图 10-1 所示，1806 年，布鲁诺尔（Brunnel）从船蛆在船的木头中钻洞，并从体内排出一种黏液加固洞穴的现象中得到启示，创造性地提出了盾构挖掘隧道原理。如图 10-2 所示，1825—1843 年，人类历史上第一台盾构机应用于伦敦泰晤士河下的矩形隧道。

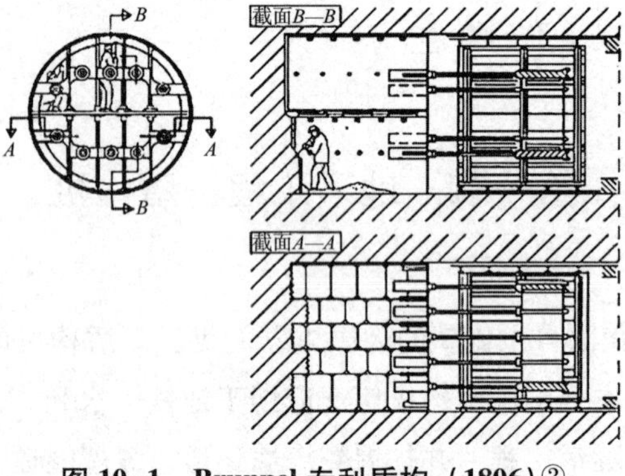

图 10-1　Brunnel 专利盾构（1806）②

日本于 1917 年引进盾构施工技术，1963 年，由日本公司佐藤工业（Sato Kogyo）开发出土压平衡盾构。经过大直径、大深度、长距离和多样

① 欧阳桃花，曾德麟．拨云见日：揭示中国盾构机技术赶超的艰辛与辉煌[J]．管理世界，2021，37（08）：194-207.

② 陈馈，洪开荣，焦胜军．国内外盾构法隧道施工实例[M]．北京：人民交通出版社，2016.

图 10-2　盾构机首次应用于隧道施工（1825）①

化的发展之后，日本一度成为世界上盾构隧道技术最先进的国家。

后来，越来越多的国家加入竞争，全球盾构机行业形成了以美国、日本和德国为中心的垄断局面。如表 10-1 所示，从世界范围来看，按结构特点和开挖方式，盾构机技术的发展脉络大致分为 5 个阶段。

表 10-1　盾构机技术发展脉络

盾构产品	种类、特征与功能
手掘式盾构	有敞开式、正面支撑式和棚式。属于较早期的盾构机，适用于地下障碍较多的地层。在精心施工的条件下，可将地表变形控制到中等或较小的程度
挤压式盾构	有全挤压、局部挤压、网格等形式。仅适用于软弱黏性土层，在地面有建筑物的地区不宜使用，只能用在空旷的地区或江河底部、海滩处等区域
半机械式盾构	包括正铲、反铲、螺旋切削、软岩掘进机等。在手掘式盾构正面装上挖土机械和出土装置，是手掘式盾构的改进版本，可减轻劳动强度
机械式盾构	有开胸的大刀盘切削，闭胸式的局部气压、泥水加压、土压平衡等形式。适用于各类土层，尤其适用于极易坍塌的砂性土层

① 陈馈，王江卡，谭顺辉，等．盾构设计与施工［M］．北京：人民交通出版社，2019.

续表

盾构产品	种类、特征与功能
全断面岩石隧道掘进机	分为敞开式隧道掘进机和护盾式隧道掘进机。技术密集程度较高，广泛适用于复杂的岩石地层，以异形化、多功能、综合化为特色，掘进速度快、安全环保、施工质量高

资料来源：作者整理。

二、中国盾构机技术的艰辛追赶

中国盾构机技术的发展曾长期被西方封锁，而如今已领跑世界。国产盾构机每年的出厂台数、拥有量、盾构隧道施工里程，都处于世界领先水平。在盾构机全球十强榜单中，有 8 家中国企业上榜。①

（一）中国盾构机技术的发展历程

中国盾构机的技术发展可大致分为探索期、自主创新期和跨越期。

在探索期（20 世纪 50 年代—21 世纪初），中国以引进国外技术为主，并逐步掌握盾构机的制造工艺和技术，进行国产化设计与应用。1953 年，辽宁阜新煤矿的隧道修建采用了盾构法。而使用现代化大型盾构机进行施工则是在 1996 年，我国从德国维尔特公司引进盾构机，用于秦岭隧道的施工。此外，有诸多以引进设备为主进行施工的工程，例如：1990 年，从美国罗宾斯公司引进伸缩式全断面隧道掘进机，用于“引大入秦”引水工程；1994 年，从日本三菱重工公司引进的泥水加压平衡盾构掘进机，用于上海市延安东路隧道南线工程。该阶段不乏国产盾构机的应用案例：1987 年，上海市用于火车南站过江电缆隧道工程的盾构机，是一套加泥式土压平衡盾构掘进机；2000 年，广州地铁 2 号线使用了土压平衡盾构掘进机。

① 《2024 年 CNPP 盾构机行业十大品牌榜中榜名录》显示，十大品牌包括中国铁建重工、中交天和、中铁工业、海瑞克、北方重工、三三工业、上海隧道、济南重工、罗宾斯、中国船舶。

在自主创新期（21 世纪初—2012 年），我国开始研发具有自主知识产权的盾构机产品。2000 年，我国盾构机数量有 20 多台，无自主知识产权。自 2002 年起，我国以揭榜挂帅的公开招标方式实行“863 计划”。2008 年，第一台具有自主知识产权的复合式土压平衡盾构机——中国中铁 1 号下线，该机国产率超 65%。此时盾构机（含全断面岩石掘进机）数量大约为 300 台，其中约有 85% 依赖进口。直至 2012 年，中国工程机械工业协会掘进机械分会于上海成立，国产盾构机生产才走上正轨。

在跨越期（2012 年至今），我国盾构机产业逐渐实现产业化与商业化，走向国际市场。2012 年，中国中铁制造的盾构机进入马来西亚市场。目前，我国已经成为全球最大的盾构机市场。

经过多年盾构机技术的引进与自主创新能力的提升，国内盾构机生产企业已形成完整的盾构机产业链。在全球最完整的产业链的支撑条件下，我国盾构机产业正在向自主化、国产化、智能化的高端行业发展。① 我国盾构机畅销国外。截至 2023 年，中国盾构机在全球市场占比达 70%，出口约 40 个国家和地区。② 在与国外盾构机的竞争中，国产盾构机在国内市场的占有率在 90% 以上，占全球市场份额的 2/3，并将同类产品价格拉低 40%。③ 如图 10-3 所示，随着地下隧道工程的不断增多，国内对盾构机的需求越来越强烈，盾构机的市场规模也在不断扩大。我国地域广大，地层地质条件复杂多样，为适应不同环境和领域，盾构机的种类和形式也越来越多，如矩形断面盾构机（如图 10-4 所示）和异形截面盾构机（如图 10-5 所示）。我国盾构机的产量及市场规模都已处于世界领先地位。

---

① 李云山，刘放．盾构机发展趋势分析[J]．一重技术，2018（01）：23，35-38.

② 娇阳．掘进，一路向前：中国盾构机走向世界始末[EB/OL].（2023-11-10）［2024-04-19］. https：//www. chinanews. com. cn/gn/2023/11-10/10109482. shtml.

③ 史志鹏．国产盾构逆袭之路：已连续三年产销量世界第一［EB/OL］.（2020-10-10）［2024-04-19］. http：//www. sasac. gov. cn/n2588025/n2588139/c15635920/content. html.

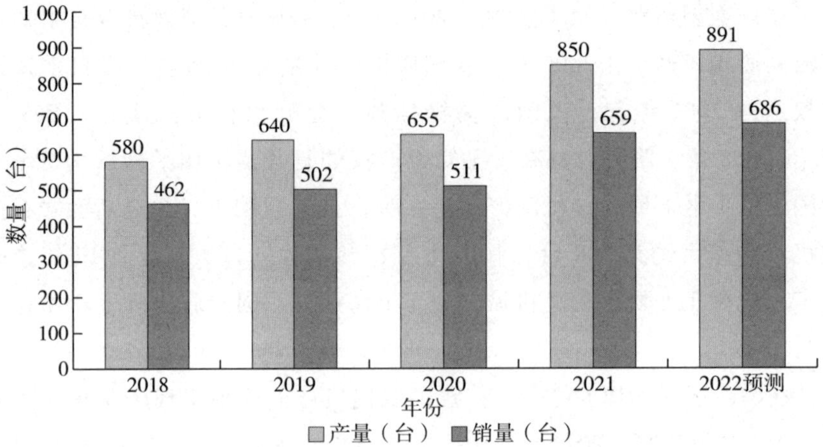

图 10-3　2018—2022 年中国盾构机产量与销量

资料来源：观研天下网站，《中国隧道施工机械行业现状深度调研与发展战略评估报告（2023—2029 年）》。

图 10-4　矩形断面盾构机

资料来源：新华社。

图 10-5　异形截面盾构机

资料来源：中国路面机械网。

（二）中国盾构机技术在发展过程中遇到的困难与解决方法

困难之一是技术研发基础薄弱。在盾构机发展的初期，我国技术研发能力相对较弱，在盾构机的设计制造、质量控制和安全监管等方面都面临很多困难，导致产品性能无法满足市场需求。为解决这一问题，我国开始自主培养高素质技术研发团队。2002 年 10 月，中铁装备在缺乏设计规范、设计程序和设计经验的条件下，成立盾构机研发项目组进行攻关。

困难之二是造价极高、维修费用昂贵。盾构机是大型复杂技术系统，无论是制造盾构机所需的高强度钢材和复合材料，还是整机引进，价格都极高。如 1996 年用于秦岭隧道的从德国维尔特公司引进的敞开式硬岩掘进机就高达 3.5 亿元每台，支付外国专家每人每天的维修费用高达 3 000 美元，且计费从他们离开居住地的那一刻开始算起。德国工程师在维修时甚至设置警戒线，防止中国工程师学习和掌握这些关键技术。此外，国外盾构机制造商对于国内施工方的需求与反馈，既无法做出及时回应，也不能够及时对故障进行维修。面对这些问题，我国意识到必须自主掌握盾构机技术，开始积极引导企业进行关键零部件的研发、生产和整机的国产化，以政策或资金支持企业、科研院所和高校投入盾构机的研发中。2002 年，我国将盾构机技术纳入“863 计划”。2006 年，《国务院关于加快振兴装备制造业的若干意见》明确提出，加快大断面岩石掘进机等大型施工机械的研制，尽快掌握关键设备制造技术。2012 年，科技部又以国家项目资助的形式提供资金要素，培育必要人才，资助龙头企业牵头组建任务型、体系化的创新联合体，联合攻关全断面岩石掘进机技术。

困难之三是市场竞争激烈。盾构机制造工艺复杂，上下游产业链很长，涉及材料、研发、生产等多个环节，产业带动效应显著。多类高端装备发展成熟后，累加起来的产业规模巨大。我国虽然逐渐摆脱了对西方盾构机的依赖，生产出一系列高质量的产品，也占据了一定份额的国际市场，但是价格却相对较低，在品牌知名度和市场份额上与德国等西方国家相比还存在差距。一方面，德国等国家在盾构机领域有着悠久的历史和丰富的经验，在国际市场上享有较高的品牌声誉，而且拥有更高的定价权。另一方面，在国内市场，由于基础设施建设的快速发展，盾构机需求量大，盾构机的大规模产能也影响了产品价格。与此同时，多方企业进入盾构机市场，对市场份额的争夺也进一步降低了盾构机价格。尤其是在国际市场上，虽然我国盾构机的品牌知名度优势不明显，但是质优价廉也吸引了众多海外客户。相比于高达数亿美元的德国盾构机，中国的盾构机售价仅为 5 000 万美元。在海外的工程建设中，中国盾构机的进入进一步促进了盾构机的技术迭代。我国不断加强高端装备制造企业之间的合作与交流，推动产业集群建设，更进一步提高了我国装备制造企业在国际市场上的整体竞争力。

（三）发展盾构机技术的优势条件

一是体制机制优势。盾构机的一次性投资大、生产周期长，然而实际利用率低，一般不超过50%。国家意志成为大型技术系统赶超的启动器与加速器，而社会主义制度集中力量办大事则是成就事业的重要法宝，尤其是新型举国体制，以规划设计、政策设计、金融支撑、平台搭建、联合创新、全球联盟和锻造优势等为特征，能在最大程度上高效地集中和利用公共资源，降低盾构机技术产业化和商业化落地的不确定性。

二是企业主体优势。盾构机技术要适应不同环境，因此在具体的技术路线和应用场景当中有很大的不确定性。我国幅员辽阔、人口众多，且存在大量的具有异质性的科研机构、科学家、工程师和企业，在盾构机大规模产业化的过程中为不同技术路线的探索提供了广阔的空间。

三是产业配套优势。中国盾构机技术经历了从无到有的历程，集聚和培养了大量懂科学、懂技术、懂工程、懂管理的人才，再加上我国所具备的完整制造业体系，支持着盾构机产品能够大规模产业化和商业化。一方面，受学习效应的影响，盾构机相关行业不断进行经验积累和技术改进，优化工艺流程、设备设计和施工方法等，进而创造前沿技术；另一方面，受规模经济和范围经济的影响，完善的产业配套优势可以为盾构机技术的发展提供全方位的支持，包括设备制造与供应链、技术服务与维护保障、工程施工配套支持和技术创新与应用推广等方面，推动盾构机技术不断向前发展。

四是市场规模优势。盾构机技术的产业化和商业化是技术推力和市场拉力共同作用的结果。一是超大规模的国内消费市场。这主要受益于城市化进程加速、交通基础设施建设投资需求、水利工程建设需求、地下管线建设需求以及政府政策支持等多方面因素的共同作用。二是超大规模的国内产业市场。这归因于技术需求与创新推动市场发展、本土化制造和供应链优势。三是超大规模的出口市场。这得益于全球基础设施建设需求、价格竞争力、服务与售后支持、合作项目以及不断提高的国际认可度和口碑。

三、盾构技术的发展趋势

国际上盾构技术日趋完善。盾构技术的发展趋势是微型和超大型化、形式多样化、高度自动化和高适应性。①

（一）微型和超大型化

为适应轨道交通隧道及城市地下空间的建设发展需要，随着业内的技术不断革新，盾构机具有向超大、微小两极化发展的趋势。② 自 1994 年日本东京湾隧道工程中应用第一台直径超过 14 米的盾构机（直径 14.14 米）以来，全球超大盾构隧道工程总数早已超过 40 个。2015—2020 年，香港屯门—赤鱲角接线隧道工程就使用了直径达 17.60 米的超大直径盾构，超过西雅图 SR99 工程中 17.45 米的“伯莎（Bertha）号”盾构机，成为目前世界上直径最大的盾构。③ 而中国自主研制的“春风号”最大直径泥水平衡盾构机用于深圳市春风隧道工程（直径 15.8 米）④，世界最大直径高铁盾构机“领航号”用于上海市崇太长江隧道（直径 15.4 米）⑤，不断创造我国超大直径盾构机施工奇迹。另外，2016 年南京市洪武路污水主干管进出水管线工程使用了超小直径盾构（直径 2.8 米）。这种微小型盾构被广泛用于市政、排水、输气、电力等管道或隧道工程。与传统的隧道断面挖掘相比，小型盾构分断面挖掘方法可以降低成本 30% 以上。2023 年 10 月 12 日，中国铁建重工开发的全球直径最大、单体最重、承载最高的整体式盾构主轴承在长沙下线（直径 8.61m），意味着我国企业掌握了主

---

① 陈馈，洪开荣，焦胜军．盾构施工技术[M].2 版．北京：人民交通出版社，2016.

② 张凤祥，朱合华，傅德明．盾构隧道[M]．北京：人民交通出版社，2004.

③ 本刊编辑部．香港屯门—赤鱲角工程全球最大直径盾构已开始掘进[J]．隧道建设，2015，35（10）：1081.

④ 新华社．我国自主研制最大直径泥水平衡盾构机下线[EB/OL].(2018-09-30)[2024-04-24]. http：//m. xinhuanet. com/ha/2018-09/30/c_1123506254. htm.

⑤ 姚立伟．世界最大直径铁路盾构机成功合体[EB/OL]．(2024-03-28)[2024-04-24]. https：//www. sohu. com/a/767427588_114822.

轴承全系列产品设计、材料、制造、试验全过程的关键核心技术，实现了国产盾构机主轴承从中小直径到超大直径型谱的全覆盖，从此“大国重器”有了全系列的中国“心”。①

（二）形式多样与高适应化

为适应不同的地质，既要设计能适合复杂地质条件使用的多模式复合盾构，又要制造用于简单地质条件的功能单一软土盾构。为适应不同工程的需要，盾构的掘进断面形式越来越多，目前，已生产了断面为圆形、矩形、多圆等异形断面盾构机，以及球形盾构、对接盾构、子母盾构等特种盾构机。② 随着盾构技术的发展，盾构机也体现出对环境的高适应性。硬岩掘进机技术与软土盾构技术相互渗透、相互融合，使盾构的地质适应能力大大增强。复合盾构成为盾构高适应性的发展趋势，其通过采用不同的掘进模式（泥水+土压等）及不同的刀盘布置以适应不同地层。③

（三）高度自动化

盾构机的设计制造在一定程度上反映了一个国家的综合科学技术和工业水平，体现了计算机、新材料、自动化、信息传输和多媒体等技术的综合和密集水平。④ 目前，国际先进盾构机已普遍应用计算机控制技术、网络远程通信遥控技术、现代传感检测技术、激光导向技术、超前地质探测技术、通信技术等，盾构机的自动化程度越来越高，具有施工数据采集功能、盾构姿态管理功能、施工数据管理功能、设备管理功能和施工数据实

---

① 本刊编辑部. 为国之重器装上中国“心”，铁建重工自主研制全球最大直径盾构机主轴承在长沙下线[J]. 隧道建设（中英文），2023，43（10）：1809.

② 周双禧，李志华，陈非龙，等. 城市轨道交通盾构法隧道施工新技术及应用[J]. 施工技术，2020，49（19）：87-92.

③ 《中国公路学报》编辑部. 中国交通隧道工程学术研究综述 · 2022[J]. 中国公路学报，2022，35（04）：1-40.

④ 张镜剑. TBM 的应用及其有关问题和展望[J]. 岩石力学与工程学报，1999（03）：363-367.

时远传功能①，可自动检测并调整盾构机的位置和姿态，实现平衡压力的控制和管片的拼装等。

第二节　航天工程

中国航天事业自1956年创建以来，相继实施了以“两弹一星”、载人航天、月球探测、“北斗”导航为代表的重大航天工程，走出了一条自力更生、自主创新的发展道路。② 以“东方红一号”人造地球卫星、“神舟五号”载人飞船、“嫦娥一号”月球探测器和“天宫”空间站为代表的航天四大里程碑分别展示了我国航天工程在人造地球卫星、载人航天、月球深空探测和空间站等领域一路走来的经历和成就。③ 近年来，我国“北斗”导航卫星建成全球通信网、“嫦娥五号”采样返回以及“天宫”空间站在轨组装建造，这些航天活动的成功实施，推动着我国由航天大国向航天强国转变。

一、运载火箭

“长征”系列火箭的发展共经历了5个阶段。④ 第一阶段基于战略导弹技术起步，根据“东风号”战略武器型号改进而来，解决了我国运载火箭从无到有的问题，主要包括CZ-1、CZ-2。第二阶段是按照运载火箭技术自身发展规律研制的火箭，包括CZ-3、CZ-3A、CZ-4，仍然带有战略武器型号特征。第三阶段为满足商业发射服务而研制，典型代表是CZ-

---

① 陈馈 .TBM 在铁路隧道施工中的应用前景[J]. 建筑机械，2006（15）：14-17.

② 中华人民共和国国务院新闻办公室 .2016 中国的航天[EB/OL].（2016-12-27）[2023-10-01]. https：www.gov.cn/zhengce/2016-12/27/content_5153378.htm.

③ 陈金宝 . 航天工程概论[M]. 北京：北京理工大学出版社，2021.

④ 秦旭东，龙乐豪，容易. 我国航天运输系统成就与展望[J]. 深空探测学报，2016，3（04）：315-322.

2E。第四阶段是为载人航天需要而研制的，装备了数字控制系统，具备任务适应能力和使用维护性能，如 CZ-2F。第五阶段是为适应环保及快速反应需要研制的运载火箭，以高可靠性、低成本、低污染、模块化、通用化为设计原则，完善了火箭谱系，大幅提高了运载能力和国际竞争力，如 CZ-5、CZ-6、CZ-7、CZ-11 等。

综合来讲，第一阶段与第二阶段的运载火箭于 20 世纪 70 年代研制成功，是“长征”系列火箭的奠基；第三阶段与第四阶段的运载火箭于 20 世纪 80 年代后期研制，满足了大容量应用卫星和载人飞船、空间实验室发射的需要，助力“长征”系列火箭走向成熟；第五阶段的运载火箭是进入 21 世纪后的新一代“长征”火箭，运载能力大为提高，可满足发射大型载荷和空间站舱段的需要。①

二、科学和应用卫星

我国发展了五大谱系的卫星：通信卫星、导航卫星、遥感卫星以及新技术试验卫星和空间探测卫星。② 由通信卫星、导航卫星、遥感卫星三大系统构成的国家民用空间基础设施，支撑了我国现代化建设、国家安全和民生改善的发展。③ 我国还研制了通用卫星平台并实现整星出口，以整星出口配套发射服务业务为整合资源、参与整体竞争的重要手段。

通信卫星的发展有四大系列，包括东方红通信卫星、鑫诺通信卫星、中星通信卫星和亚太卫星。1997 年 5 月，“东方红三号”（中卫 6 号）通信卫星发射成功，技术性能真正达到了国际同类通信卫星先进水平，并从通信卫星平台逐步演变为公共卫星平台。通过搭载不同的有效载荷可以组成各类功能的卫星，如“中星”系列卫星、“天链一号”数据中继卫星、

① 李成智．中国航天技术的突破性发展[J]．中国科学院院刊，2019，34（09）：1014-1027.

② 陈筠力．中国卫星事业发展史[EB/OL]．(2020-06-05)[2024-04-24]．https://www.shkp.org.cn/articles/2020/06/wx284081.html.

③ 王礼恒．推进航天军民深度融合发展的几点认识[J]．网信军民融合，2017（02）：20-22.

“嫦娥一号”和“嫦娥二号”月球探测器以及“北斗”导航卫星。2021年1月，“东方红五号”卫星平台以“实践二十号卫星”名义发射；该平台设计指标媲美美国波音、法国泰勒斯的水准，达到了世界先进水平。鑫诺通信卫星、中星通信卫星和亚太卫星是卫星通信的产业化探索，其功能包括通信广播、对地观测、导航定位、科学实验以及信号中继五大类，极大地提高了我国参与国际商业卫星的市场竞争力。

我国的北斗导航卫星是全球第三个成熟的卫星导航系统，与美国的GPS、俄罗斯的GLONASS和欧洲的Galileo等多系统共存，这些系统都是具备全球覆盖能力的导航卫星系统，提供全方位、全天候、高精度、高速率定位导航服务。导航系统源于战争需求，在电力、车辆管理、工程测绘、出海航行、灾害救援、精准农业、智慧物流等关系国民经济生产安全的众多领域发挥着更重要的作用。2020年7月31日，“北斗三号”全球卫星导航系统正式开通，标志着中国自主建设、独立运行的全球卫星导航系统已全面建成开通。①

遥感卫星也被称为对地观测卫星，是通过高分专项发展起来的，其类别包括气象卫星、资源卫星、海洋卫星和环境卫星。② 高分专项工程是一个非常庞大的遥感技术项目，具备高空间分辨率、高时间分辨率和高光谱分辨率，主要用于提升生态环境遥感监测业务的能力。③ 2006年4月27日发射的“遥感卫星一号”是“遥感”系列对地观测卫星的第一颗，2023年3月31日发射的是“遥感三十四号”04星。在此期间，“遥感”系列卫星共发射55颗，主要用于国土资源勘查、城市规划、土地确权、路网设计、环境监测、农作物估产、防灾减灾和空间科学试验等领域④，对我国国民经济发展发挥了积极作用。其他航天器为不同应用领域提供

① 张亮．“非对称”战略思想在重大科技项目组织实施中的实践与运用[J]．科技中国，2022（08）：63-65.

② 孙伟伟，杨刚，陈超，等．中国地球观测遥感卫星发展现状及文献分析[J]．遥感学报，2020，24（05）：479-510.

③ 中华人民共和国国务院．国家中长期科学和技术发展规划纲要[N]．人民日报，2006-02-10（001）.

④ 本刊编辑部．2022测绘地理信息十大新闻[J]．中国测绘，2023（01）：6-11.

强大数据支持，在国际合作、科研探索和环境监测等领域发挥了重要作用，如“资源”系列卫星不仅能提供地形图制图、高程建模以及资源调查等数据，更重要的是推动了我国卫星工程管理与国际接轨。“风云”系列气象卫星也被世界气象组织纳入全球业务应用。而“环境”和“海洋”系列卫星具有很强的针对性，其中，“环境”系列卫星是专门探索具体环境领域的民用新技术试验卫星，“海洋”系列卫星主要观测海面风场、浪高、海流、海面高度、海面温度、盐度及海洋水色等环境参数。①

新技术试验卫星和空间探测卫星包括“实践”系列卫星、“探测”系列卫星、“墨子号”量子科学实验卫星和返回式卫星。“实践”系列卫星主要用于科学实验、技术验证等领域。“探测”系列卫星包括“探测一号”和“探测二号”，是“地球空间双星探测计划”中的两颗卫星，用于探测近地空间地球磁场及其粒子运动变化规律。“墨子号”量子科学实验卫星是中国研制的首颗空间量子科学实验卫星，用于开展卫星与地面站建立高精度光链路、量子通信实验。返回式卫星是一种主要用于国土普查的遥感卫星，在城乡规划、水利建设、地质资源勘探、考古以及空间育种等众多领域发挥了重要作用。② 此外，“天链”系列卫星作为中继卫星，也是科学领域专门进行实验的专业用途卫星，用于在执行航空航天任务时将信号进行中继转发，维持链路畅通。

三、月球探测

深空探测是一个重要的航天领域，月球探测是深空探测的首选目标。③ 中国月球探测工程——嫦娥工程，以“探”为主攻方向，有“绕”

---

① 王丽丽，丁振宇，章雷，等．“中法海洋卫星”成功发射，两国载荷并肩探风测浪[J]．中国航天，2018（12）：22-28.

② 闵桂荣，林华宝．中国返回式卫星的进展[M]//王希季．20 世纪中国航天器技术的进展，北京：中国宇航出版社，2002：40-41.

③ 杭科．中国开展月球探测工程的重大意义[J]．中国航天，2007（11）：63-64.

“落”“回”三步走计划，包括探月一、二、三期工程。[①] 目前，“绕”“落”“回”三期目标皆圆满达成。

中国探月的三期工程，每期的主题和目标都不同，旨在探索月球并研究其构成、地质和环境，具体来说，包括获取月球表面三维影像、探测月球物质成分、探测月壤特性和探测地月与近月空间环境等。一期工程是“嫦娥一号”卫星，它的成功发射树立了中国航天事业的第三个里程碑。[②] 二期工程是“嫦娥二号”“嫦娥三号”和“嫦娥四号”探测器。“嫦娥二号”空间任务的完成，填补了中国对地球远磁尾区域的离子能谱、太阳耀斑爆发和伽马射线暴的科学探测的空白。[③]“嫦娥三号”首次实现了中国地外天体软着陆和巡视探测，所搭载的“玉兔号”月球车也拍摄了月面高分辨率全彩色照片。“嫦娥四号”实现了人类首次月球背面软着陆和巡视勘察。三期工程是嫦娥五号探测器，这是中国首个实施无人月面取样返回的月球探测器。至此，中国探月工程三期目标圆满完成，标志着中国已初步具备了更远目标的深空探测能力。目前国家已批复探月工程四期任务，包括“嫦娥六号”“嫦娥七号”和“嫦娥八号”。[④]

对未知太空世界的探索驱动着人类对月球的探测。月球是人类研究宇宙和地球本身的最佳平台，对月球的研究成果可以展现一国的综合实力。月球中蕴藏的丰富的物质资源和能源，能促进科技进步和经济发展。[⑤] 中国的月球探测工程，是提升国家地位的载体，也为人类开发利用月球资源

---

① 欧阳自远．我国月球探测的总体科学目标与发展战略[J]．地球科学进展，2004（03）：351-358.

② 中国航天事业的三个里程碑事件：1970 年，“东方红一号”卫星发射成功；2003 年，“神舟五号”载人飞船首次飞天；2007 年，“嫦娥一号”月球探测器迈出了中国深空探测第一步。

③ 黄江川．嫦娥二号卫星技术成就与展望[EB/OL]．（2012-10-26）[2023-10-01]．https：//cpfd. com. cn/Article/CPFDTOTAL-LGCD201210001003. htm.

④ 吴艳华．探月四期已全面启动，中国航天事业全面开启星际探测新征程[EB/OL]．（2022-04-24）[2023-10-01]．https：//baijiahao. baidu. com/s？ id=1730948204452060520&wfr=baike.

⑤ 张永红，郭健，张继贤，等．月球探测 50 年[J]．测绘通报，2007（12）：24-26，51.

做好准备，最重要的是，它带动和促进了我国基础科学和空间天文研究的发展，进而推动了中国航天领域的国际合作。①

四、载人航天

在我国载人航天工程的发展历程中，国家通过早期的“714 工程”“863 计划”“921 工程”和“507 所”等计划的实施有力地支持了中国载人航天事业的发展，推动了整个载人航天工程的顺利实施。② 目前，中国的空间站已全面建成。

载人航天工程与探月工程一样，也有“三步走”战略规划。1999 年 11 月 20 日，“神舟一号”拉开了我国载人航天“三步走”发展战略“第一步”的序幕。2003 年 10 月 15 日，“神舟五号”实现了“成功发射、精确测控、正常运行、安全返回”的任务目标，这是中国航天发展史上又一新的里程碑。2008 年 9 月 25 日，“神舟七号”开启了“第二步”征程。“天宫一号”在轨期间与“神舟八号”“神舟九号”“神舟十号”交会对接，初步建立了长期无人在轨运行、短期有人照料的载人空间试验平台，为空间站研制积累了经验。随着空间站“T”字三舱基本构型在轨组装完成，“神舟十四号”“神舟十五号”载人飞船航天员乘组在空间站“胜利会师”，“三步走”战略目标全面实现，中国空间站时代也全面开启。③ 2023 年 5 月 30 日，“神舟十六号”完成发射，将空间站基本构型由“T”字形升级为“十”字形。④

“三步走”战略任务的完成，自主建造、独立运行的中国空间站，书

---

① 杭科．中国开展月球探测工程的重大意义[J]．中国航天，2007（11）：63-64.

② 戚发轫．中国航天发展历程与启示：2009 年空间环境与材料科学论坛大会报告[J]．航天器环境工程，2010，27（01）：5-12.

③ 赵迎龙，赵宏校．载人航天工程飞行任务大事记[J]．航天器工程，2022，31（06）：269-274.

④ 央视网．中国星辰丨神舟十六号载人飞船成功发射 两个乘组航天员会师太空[EB/OL].（2023-05-30）[2023-10-01]．https：//news.cctv.com/2023/05/30/ARTIwSWAI2wFbquuVvR0LAE g230530.shtml.

写了用航天梦托举中国梦的壮丽篇章。① 空间站的应用与发展，是空间科学和空间技术的具体表现，是中国航天事业高水平科技自立自强的体现，也是科技强国、航天强国的重要标识。

五、航天工程发展的经验与意义

（一）充分利用举国体制优势

中国航天工程是一个多学科、高技术集成的系统工程，它涉及空间应用系统、载人飞船系统、运载火箭系统等诸多系统，各系统既分工明确又相互关联。航天工程建设步伐的加快，展示出我国航天工业基础能力的提升、关键技术攻关和前沿技术研究的加强，更体现出我国举国体制的优越性。

1. 基于需求调研的统一规划

航天工程的决策过程通常始于对国家航天需求进行调研和规划。相关政府部门、航天机构和科研院所会共同参与这一阶段，通过调研分析国家的航天发展需求、未来任务需求、技术发展趋势等因素，确定任务的发展方向和战略目标，形成统一规划。

2. 群策群力参与项目预研和方案设计

一旦确定了最终的技术方案，相关单位将启动项目立项程序，向政府主管部门提交项目申请，并进行初步的预研工作。这一阶段通常包括项目的可行性研究、预研方案的设计与论证等工作，以确保项目的可行性和科学性。

在项目立项后，相关单位将进入具体的方案设计与工程研制阶段。这一阶段涉及航天器的整体设计、系统集成、关键技术攻关等工作。同时，还需要建立相关的生产制造体系和测试验证体系，确保航天器的质量和性能满足设计要求。

---

① 周建平．漫谈航天与教育[J]．力学与实践，2023，45（05）：1188-1197.

3. 动员各方面资源进行试验验证

在航天器研制完成后，需要进行一系列试验验证和飞行试验工作，包括地面静态试验、系统集成测试、模拟环境试验等，以及逐步的飞行试验。在试验过程中，我国以幅员辽阔、人口众多、资源丰富、产业体系完备、国内市场巨大、抵御冲击和风险的能力较强、单位生产成本较低等特征为优势条件，支撑着试验过程的不同场景验证。这一阶段的工作通常由相关单位和航天任务指挥部门共同组织和实施。

一旦航天器通过了试验验证，就可以投入实际运行和使用。相关单位将组织和实施航天器的发射任务，并对其进行运行和维护。同时，还会不断改进和完善航天技术，以适应未来航天发展的需求。

在上述整个过程中，政府主管部门、航天科研院所、航天企业等都扮演着重要角色，共同参与发展战略及规划制定、任务部署、资源调配、条件建设等工作，充分利用举国体制“集中力量办大事”的优势。

（二）充分利用大国优势进行迭代升级

我国的航天工程借鉴和吸收了先进管理方法，不仅建成了工程管理体系，还形成了具有中国特色的航天工程的技术与管理思想。① 具体来说，第一，紧扣基本国情，遵循自力更生方针，以政策和规划为航天工程提供策略保障。根据我国所处的空间地理位置、辽阔幅员的地质地貌条件，以及复杂多样的场景，不断进行技术优化和迭代升级。第二，系统工程管理思想和技术的运用，展现了航天科研生产联合体的优势，以“竞合”机制解决核心技术攻关“卡脖子”的问题。第三，利用后发优势，及时以前沿技术赋能既有研制，如运用工业 4.0 及建筑信息模型（BIM）技术提高航天工程的数字化、自动化、柔性化和智能化水平。

中国航天工程的发展有力地提升了国家战略威慑能力，维护了国家安全，充分体现了大国技术和大国产业的特征与价值。航天技术的发

① 麦强，陈学钏，安实，等．重大航天工程系统融合原理、模型及管理方法[J]．管理世界，2021，37（02）：214-224，15.

展，展示了国家的军事实力和战略能力，为国家安全保障提供了重要的技术支持，为遏制外部威胁创造了良好的发展环境。例如，“长征”系列火箭直接促进了卫星应用、载人航天和空间安全等技术的发展。① 卫星导航与通信技术的高精度信息收集能力，可提供实时情报支持，及时预警和应对风险。深空探测技术的研发与应用，也向世界展示着中国正从航天大国迈向航天强国。中国跻身全球航天大国，基本建成了独立自主的空间基础设施体系，极大提高了我国的国际地位。通过深入开展空间科学研究，可推动全人类的空间科学、空间技术、空间应用全面发展。在未来，只有加快航天技术转化，才能加快航天产业与资本融合、创新商业模式，从而助推航天产业更好、更快地发展，真正实现空间技术发展惠及民生。

第三节　港珠澳大桥

港珠澳大桥被称为“工程界的珠峰”，是中国实现由桥梁大国到桥梁强国跨越的重大基础设施项目，是国家工程、国之重器。作为我国第一条集桥梁、人工岛和海底隧道为一体的世界级跨海通道，港珠澳大桥体现了我国的综合国力、自主创新能力，极具国家战略意义。

一、港珠澳大桥的建设背景

（一）珠三角经济结构调整的需要

改革开放后，珠三角成为我国发展最快的改革开放先行地区和经济中心区域，对周边地区发挥着至关重要的辐射带动作用。虽然珠三角的内地城市、香港、澳门有着频繁的贸易往来，但整体发展仍面临着结构调整的难题。一方面，香港越来越受到土地和资源紧缺的制约。珠江东岸承接来

---

① UCS 卫星数据库显示：中国发射的卫星总数与在轨工作卫星总数均居世界第二位；截至 2022 年 5 月 1 日，中国在轨工作卫星 541 颗，居世界第二，仅次于美国（3 433 颗），比第三位俄罗斯（172 颗）多 369 颗。

自香港的产业转移已经基本饱和，并且珠江东岸的城市带也需要优化产业结构，因此向珠江西岸寻求拓展和产业转移势在必行。澳门也迫切需要连接珠海和香港，以改变交通末端的状况。只有这样，才能与香港形成更好的产业分工和社会格局。另一方面，20 世纪 80 年代，香港与珠江西岸的交通联系因伶仃洋的阻隔而受到限制，珠江西岸的发展落后于珠江东岸。1989 年，为了缩小内地与香港的收入差距，珠海市人民政府首次公布伶仃洋大桥计划。然而这个计划经过多轮论证之后，还是被搁置一旁。

（二）修复金融危机的影响

1997 年亚洲金融危机后，香港特区政府为振兴香港经济，寻找新的经济增长点，认为有必要尽快建设连接香港、澳门和珠海的跨海陆路通道，以充分发挥香港、澳门的优势。① 1998 年，国务院正式批准伶仃洋跨海大桥的工程项目。随着香港、澳门的回归，珠三角有更高层次继续发展的需求，需要修建跨海大桥来打通区域经济发展的瓶颈。然而，1999—2002 年，伶仃洋大桥工程项目因多种原因被搁置。

（三）港珠澳三地政府的合作

2003 年，港珠澳大桥项目取代伶仃洋大桥项目。2008 年 12 月，港珠澳大桥的工程可行性报告通过专家评审，确认了三项工程：一是海中桥隧主体工程；二是香港、珠海和澳门三地口岸；三是香港、珠海、澳门三地连接线。海中桥隧主体工程由粤港澳三地共同建设；三地口岸和连接线由三地各自建设和管辖。港珠澳大桥工程投资估算为 729. 4 亿元，三地共建的海中桥隧主体工程估算投资为 347. 2 亿元，采用“政府全额出资本金方式”，资本金总额为 157. 3 亿元，其中内地政府出资 70 亿元，香港特区政府出资 67. 5 亿元，澳门特区政府出资 19. 8 亿元，资本金以外部分由粤港

① 张毓书．港珠澳大桥：桥是连接三地浓情，梁是腾起国之脊梁[J]．人民交通，2018（12）：20-23.

澳三方共同组建的项目管理机构通过贷款来筹集。①

二、港珠澳大桥的建设历程

港珠澳大桥从2009年12月15日正式开工建设，到2018年2月交工验收，具备通车试运营条件。大桥总长55公里。其中，海中桥隧主体工程总长29.6公里，由6.7公里长的海底沉管隧道和长达22.9公里的桥梁工程组成，隧道两端建有东、西两个人工岛。

（一）主体桥梁工程建设

2012年7月，港珠澳大桥主体桥梁工程全面开工。主体桥梁工程包括3座通航孔桥（九洲航道桥、青州航道桥和江海直达船航道桥）及深、浅水区非通航孔桥，共分六个标段。其中九洲航道桥是工程量最大、结构形式最复杂的标段。2015年2月2日，九洲航道桥主塔采用整体竖转提升方式安装上塔柱，填补了我国大型桥梁在此方法应用领域的空白。2015年11月22日，九洲航道桥段主体工程完工。

青州航道桥是港珠澳大桥跨度最大、主塔最高、施工区域离岸最远的通航孔桥。2016年4月11日，青州航道桥全线顺利合龙，正式打通了港珠澳大桥从西人工岛至深水区通航孔桥的主通道，向实现港珠澳大桥主体工程全面完工迈出重要一步。

江海直达船航道桥首座钢索塔于2015年8月23日完成吊装，其类似大型钢塔整体吊装，在国内外尚属首次。2016年6月2日，最后一座钢塔顺利完成安装，标志着港珠澳大桥主体工程全面进入最后的冲刺阶段。至2016年9月27日，港珠澳大桥主体桥梁工程全线贯通。

（二）人工岛建设

受香港机场的标高及伶仃洋主航道要求的限制，港珠澳大桥必须采用

---

① 赵实．港珠澳大桥建设之路回望：从设想到建成历时35载，终成坦途[EB/OL]．（2018-10-23）[2023-10-01]．https：//www.thepaper.cn/newsDetail_ forward_ 2553231.

桥隧模式。为实现桥隧转换和设置通风井，主体工程隧道两端各设置一个海中人工岛。在设计和施工上，不仅要提供稳固的深基坑支护结构，还要考虑保护白海豚栖息地、节省工期和保障施工安全，因此，港珠澳大桥建设者创造性地采用了“深插钢圆筒快速筑岛成套技术”。① 西人工岛于2010年5月15日振沉入海首个钢圆筒，同年9月11日顺利成岛；东人工岛则是从2011年9月22日开始施工至同年12月21日完成。东、西人工岛皆实现了“当年动工、当年成岛”的目标。在功能上，人工岛上设置有办公管理、紧急救援、运行养护等功能区域，用于满足大桥运营管理需要。东岛为综合运营中心，开放游客观景览胜功能；西岛则以桥梁的养护服务及办公为主。两座人工岛的主题是以生态为理念、海文化为背景的“蚝贝岛”，集功能美、艺术美、生态美、人文美于一体。②

（三）沉管隧道建设

西人工岛和东人工岛之间就是海底沉管隧道，沉管隧道的上方海面是深水航道，便于轮船穿梭通行，海底隧道通过两个人工岛实现了与两侧主体桥梁的无缝连接和完美转换。6.7公里长的海底隧道，是我国建设的第一条外海沉管隧道，也是目前世界上规模最大的公路沉管隧道和世界上唯一的深埋沉管隧道。岛隧工程项目团队相继突破了深埋沉管、快速成岛、隧道基础、外海深槽安装等一系列世界难题，为我国工程建设标注了全新的高度。③

三、大国重器的创新价值

港珠澳大桥是新时期举全国之力建设的里程碑工程，在建设过程中面

① 王彦林，闫禹．港珠澳大桥外海人工岛快速成岛技术[J]．施工技术，2012，41(08)：47-51，66.

② 韩小锐，肖珈．港珠澳大桥人工岛工程美学考量[J]．中国港湾建设，2019，39（05）：81-84.

③ 人民日报海外版．港珠澳大桥：粤港澳大湾区上飞架的“巨龙”[EB/OL]．（2017-07-01)[2024-04-24]．https：//china. chinadaily. com. cn/2017-07/01/content_29957020. htm.

临诸多管理和技术挑战，如三地政府的不同体制、三地设计和技术标准规范的不统一、跨界通行的复杂性等。也正因为挑战的存在，才推动了诸多管理模式的创新和技术攻关。

（一）大国重器的创新

就大桥的桥梁工程来说，有13个方面的技术创新，包括工程材料、设计技术、文化艺术、工业化制造、施工装备、钢桥面铺装、结构耐久性、管理养护等。就岛隧工程来说，也有多方面创新，其中的筑岛方法，建立了涵盖设计计算理论、施工工艺、装备制造等多方面的快速成岛技术体系，创造了“当年开工，当年成岛”的工程奇迹，比传统抛石围堰工法施工效率提高近5倍，走在了世界前列。① 作为“一国两制”下的开创性工程，港珠澳大桥建设规模大、技术标准高且界面复杂，构建了一个以国家为主导、以企业为主体，来整合全球资源的产学研一体的技术创新模式。②

在管理创新方面。从决策治理体系来看，以“适用属地法律”为行动准则，以“三级架构、二级协调”为决策结构，以多主体“友好协商”为行为指导。在此过程中体现了全景式创新的治理逻辑，即全方位将创新资源和信息整合，做到“资源全球化”和“思维广域化”，全过程考虑跨专业、跨系统和跨阶段的相互交叉与融合，全主体强调核心主体深度嵌入重大工程的创新活动和过程。③ 岛隧工程的施工，通过总承包平台形成团队整体优势，发挥国内企业全产业链优势，实现外海岛隧技术突破，体现了全寿命周期的绿色工程理念、“质量+体验提升”品质工程理念、“五保+三化+人心工程”的本质管理理念的内涵品质。④

---

① 闫禹．港珠澳大桥主体工程运营维护技术策划与实施[EB/OL]．(2019-08-03)[2024-04-24]．https：//max. book118. com/html/2019/0802/8045045063002040. shtm.

② 高星林，张鸣功，方明山，等．港珠澳大桥工程创新管理实践[J]．重庆交通大学学报（自然科学版），2016，35（S1）：12-26.

③ 陈宏权，曾赛星，苏权科．重大工程全景式创新管理：以港珠澳大桥工程为例[J]．管理世界，2020，36（12）：212-227.

④ 林鸣．建造世界一流超大型跨海通道工程：港珠澳大桥岛隧工程管理创新[J]．管理世界，2020，36（12）：202-212.

在制度创新方面，一方面是建设合作机制创新。香港、澳门和珠海三地政府重视法治保障，通过友好协商，形成了《港珠澳大桥建设、运营、维护和管理三地协议》（简称《三地协议》）和《港珠澳大桥管理局章程》（简称《章程》），《三地协议》和《章程》成为三方开展项目合作的基础。《三地协议》中确定“适用属地法律原则”，界定了粤港澳三地负责的工程采用各自的法律和行政法规，而主体工程采用内地法律和“共同投资和共同建设”的管理模式。① 另一方面是运营合作机制创新。在港珠澳大桥公路口岸出入境的客车、货车全部实行“一站式”自助查验，只需“停一次车，提交一次资料”，即可完成查验。在珠澳方向，有全国率先实施的“合作查验、一次放行”的“两地一检”通关创新，最快 20 秒旅客就可完成内地与澳门双方边检查验手续，大大节省了粤港澳三地的通行时间成本。②

港珠澳大桥的建成，充分展示出大国技术实践中全过程布局的管理创新思路，成功探索、实施了三地共建共管的协调决策机制和投融资模式，建立、运行国际通用的职业健康、安全与环境保护（HSE）一体化管理体系，以及实行跨界通行政策。

（二）建设意义

港珠澳大桥是一个高质量建设的超级工程，被英国《卫报》誉为“新世界七大奇迹之一”。作为集科学技术大成之作品，它是“工程+艺术+文化”的融合体。工程建设中最具有挑战性的是海域沉管隧道工程，这也是中国工程技术发展的一大见证。港珠澳大桥的高质量建成是国家经济实力和社会发展上升到重要历史阶段的一个重要标识。可以说，是国家的综合经济实力和社会发展成就支撑了港珠澳大桥的高质量建设。③ 港珠澳大

① 李迁，朱永灵，刘慧敏，等. 港珠澳大桥决策治理体系：原理与实务[J]. 管理世界，2019，35（04）：52-60，159.

② 徐金鹏，王浩明. 一桥越沧海：超级工程港珠澳大桥谱写“湾区新篇”[EB/OL].（2021-04-17）[2023-05-16]. http：//www.gov.cn/xinwen/2021-04/17/content_5600215.htm.

③ 訾谦. 中国桥梁建设：向世界展示“中国建造”的非凡实力[EB/OL].（2022-05-26）[2024-04-24]. https：//m.gmw.cn/baijia/2022-05/26/35764126.html.

桥是我国经济实力、科技实力、工业化实力的体现，是改革开放四十多年来国家发展繁荣的缩影，彰显了“中国精神”“中国智慧”“中国制造”和“中国力量”。它也标志着中国在超级跨海通道领域里已经进入强国之列，意味着中国已经开启建设交通强国的新征程。

第十一章

中国装备与工程：从输出产品到输出标准

中国作为全球制造业第一大国，已形成比较健全的现代产业体系，其中，装备制造业经过多年积累，拥有了较为完整的系统集成能力。纵观历史，中国装备与工程“走出去”先后经历了破冰尝试、走出国门、闯荡世界几个重要发展阶段。中国装备制造业在国际市场上展现出质量优势、创新优势、服务优势和规模优势，未来中国装备制造业在全球布局中孕育着巨大的机遇，同时，中国企业“走出去”也面临着前所未有的严峻国际环境与挑战。

第一节　走出国门的破冰尝试

改革开放以来，中国对外开放经历了由出口创汇和引进外资向“引进来”和“走出去”并重的发展历程。20 世纪 80 年代，对外开放的重点是引进外资和出口创汇。外商通过直接投资，将他们的技术、管理、国际销售渠道同中国低成本的劳动力、土地等要素相结合，创造了一个双赢局面。跨国公司通过产业转移获得了丰厚的利润，同时解决了我国制造业没有国际竞争力的问题。中国的开放缓解了制约中国工业化发展的外汇约束，我国通过鼓励出口及吸引外资积累了大量的外汇储备。在 20 世纪 80 年代，中国企业海外投资的规模很小，主要是一些大型外贸企业在国外设立分支机构并开展相关业务。1991 年，国家计划委员会递交给国务院的《关于加强海外投资项目管理的意见》，仍然认为当时“中国不具备大规模到海外投资的条件”。

随着中国企业竞争力增强，企业“走出去”的条件逐渐成熟。2001年，《中华人民共和国国民经济和社会发展第十个五年计划纲要》第一次提出要实施企业“走出去”战略。此后，历届党的全国代表大会报告都强调要“走出去”。党的十九大报告提出“坚持引进来和走出去并重”。中国经济发展已经进入结构调整、产业升级的高质量发展阶段。中国融入全球化的方式转向参与全球规则的制定，以双向投资融入全球价值链，实现引进外资和对外投资的协调发展成为提升对外开放水平的关键所在。

20世纪50年代中期到20世纪70年代，中国装备制造企业就承担了对外经济技术援助的任务，到其他发展中国家承建援外成套项目。1978年改革开放之后，中国的装备与工程公司开始走出国门，闯荡世界。装备与工程“走出去”，成为助力中国企业走出去的重要载体。

一、第一阶段（1978年以前）：借助援外工程“走出去”

在这一阶段，中国对外承包工程全部都是援外工程，由各部委援外办和各省（自治区、直辖市）援外办组织实施。这些援外项目的实施对打破国外势力对中国的封锁，加强中国和世界的联系，帮助第三世界国家的经济发展起到了积极的作用。其中，最具代表性的援外项目有坦赞铁路、缅甸滚弄钢索吊桥、尼泊尔逊科西水电站等项目。

1967年9月5日，中国与坦桑尼亚、赞比亚签订《中华人民共和国政府和坦桑尼亚联合共和国政府、赞比亚共和国政府关于修建坦桑尼亚—赞比亚铁路的协定》，中国政府提供无息贷款9.88亿元人民币。坦赞铁路起自坦桑尼亚的达累斯萨拉姆港口，在坦桑尼亚境内长约976公里，后入赞比亚境内，在卡皮里姆波希与赞比亚既有铁路接轨，在赞比亚境内长约884公里，全长1 860.5公里。坦赞铁路由铁道部援外办公室组织实施，项目于1970年10月开工，1975年6月完成全线的铺轨任务，1976年7月14日，坦赞铁路全线正式通车，并移交给坦、赞两国政府组成的铁路局TAZARA共管。

坦赞铁路建成后，中国政府继续提供无息贷款以保障铁路的正常运营。此时铁道部援外办已改制为中国土木工程公司，由中国土木工程公司派出专家和技术人员参与坦赞铁路的管理并提供咨询，迄今为止已进行多期技术合作。坦赞铁路被誉为自由之路、友谊之路。

二、第二阶段（1979—2000 年）：企业走出国门，闯荡世界

在这一阶段，中国公司开始走出国门，闯荡世界。这一阶段以“窗口企业”为主，是中国对外承包工程的起步阶段和稳定发展阶段。在 20 世纪 90 年代初，央企“走出去”还肩负着资源保障使命。党的十四大提出要积极扩大我国企业的对外投资和跨国经营。中央企业以油气、矿产资源领域为重点，加大了对外投资力度。例如：中钢集团与力拓集团合资建设的澳大利亚恰那铁矿是我国在海外投资的首个矿山；中国能源建设股份有限公司承担了我国在海外建设的第一座电站；中国石油天然气集团中标秘鲁塔拉拉油田区块，实现了我国海外油气业务“零”的突破。

这个阶段主要实施援外项目、劳务（分包）项目、国际招标的工程项目。援外项目主要是农业项目、体育场馆等；劳务（分包）项目主要是为西方和日韩公司在中东、北非地区的总包项目服务；国际招标的工程项目主要是世界银行等国际金融机构贷款项目和石油国家的政府预算项目。这个阶段最具代表性的项目是：尼日利亚全国铁路更新改造项目（1996. 6—1998. 6），资金来自政府预算，合同额为 5. 28 亿美元；吉布提工商学校项目（1991. 6—1993. 10），资金来自非洲开发银行贷款，合同额为 995 万美元。

三、第三阶段（2001—2012 年）：加快“走出去”的全面发展阶段

这一阶段开始于 2001 年，实施“走出去”战略被写入《中华人民共和国国民经济和社会发展第十个五年计划纲要》。在这个阶段，一方面，中国加入世界贸易组织，融入全球化；另一方面，中国企业竞争力增强，

企业“走出去”的条件逐渐成熟。“窗口企业”业务缩小，工程公司、设计院和装备制造企业纷纷“走出去”。企业境外股权并购快速发展，工程承包数量由单一施工转向“投、建、营一体化”，以投资带动劳务、设备、技术服务“走出去”，实现跨国经营从以商品、劳务输出为主到以资本输出为主的转变，不断推动企业境外投资经营迈上新台阶。

其中，中国五矿承建的巴基斯坦山达克铜金矿是中国企业首个海外“投、建、营一体化”项目，中交集团承担的牙买加南北高速公路项目是中国企业首个境外BOT①公路项目，中国有色集团在赞比亚投资的谦比希铜矿是我国首个在境外收购的有色金属矿山项目。起源于以资源换项目的安哥拉模式在非洲国家推广，使非洲成为中国对外承包工程的最大市场，实施的项目规模越来越大。市场国别也从第三世界国家向相对发达的地区扩展，并开始尝试BOT项目，这是中国对外承包工程的高速发展阶段。

这个阶段主要实施援外项目（以医院和学校等公共设施为主）、“两优”项目（援外优惠贷款项目、优惠出口买方信贷项目）、施工项目、工程总承包（EPC）项目、园区项目、投资项目（房地产、矿业等）等。这个阶段最典型的项目是：巴基斯坦瓜达尔港项目（2002.3—2006.12），经援项目；阿尔及利亚东西高速公路项目（2006.9—2012.4），资金来自政府预算；苏丹麦洛维水电站项目（2003.6—2009.3）；柬埔寨甘再水电站项目（2006.4—2012.8），BOT项目。

其中，阿尔及利亚东西高速公路项目全长1 216公里。2006年5月，中国公司中标中、西两个标段，合计里程528公里，合同金额为62.5亿美元。西标段共分12个小标段，自2009年起陆续建成通车，2010年10月全线359公里建成通车。中标段共分7个小段，自2009年起陆续建成通车，2012年4月全线169公里建成通车。同期日本公司中标的东标段未能如期完工，阿方将其中一部分路段交由中国公司实施。阿尔及利亚东西高速公路被称为世纪工程，中西标段建成后，极大地推动了当地经济发展。

2008年金融危机后，全球资源资产估值偏低，给中国企业带来机遇。

---

① BOT，build-operate-transfer，建设—经营—转让。

我国国内有巨额外汇储备，再加上国内产业转型的需要，中国企业“走出去”的步伐明显加快。中国对外投资实现了逆势上扬，制造业、房地产以及科技信息领域对外投资迅速增长。同时，这一阶段的“走出去”，表现出以投资并购形式购买战略资产，实现在发达国家布局的投资日益增多的特点。2010 年，中国吉利汽车收购瑞典沃尔沃汽车的消息出现在中国和欧洲的诸多报刊上时，欧洲业界、工会组织起初对此都不看好。然而，经过几年的发展，在国际化团队组建、高度市场化的本土运营经验等方面，中国企业迅速成长。2008 年，中远集团竞标获得希腊比雷埃夫斯港集装箱码头 35 年特许经营权，布局地中海。2010 年，中远集团接管时，比雷埃夫斯港不过是一个设备落后、年吞吐量仅 68.5 万标准箱（TEU）、有巨额亏损的港口。当时希腊在欧洲债务危机背景下，整体经济面临崩溃的局面。经过十余年的建设，如今的比雷埃夫斯港已经成为一颗耀眼的明珠，焕发出勃勃生机，成为地中海核心枢纽港。年吞吐量从 2010 年的 68.5 万标准箱增长到 500 万标准箱，增长超 6 倍，全球港口排名由第 93 位跃升至第 32 位。经营状况由巨额亏损转为累计完成净利润 1.42 亿欧元，推动了希腊经济发展，实现共赢。

在这一阶段，中国企业“走出去”已初具雏形，年均增速超过 40%。我国 80% 以上的省份进入对外直接投资高速增长甚至增速快于引进外资的发展阶段。2002 年，中国对外直接投资仅 27 亿美元；2005 年，迈上了百亿美元台阶。2010 年，中国全行业对外直接投资居世界第五，金额达 688.1 亿美元，比 2002 年增长了 24 倍多。

21 世纪以来，中国企业对外直接投资开始明显加速。2005 年突破 100 亿美元，2013 年超过 1 000 亿美元，2016 年对外直接投资流量达到 1 961.5 亿美元，占全球当年对外直接投资流量的 13.5%，位列全球第二。2016 年中国对外直接投资存量达 13 573.9 亿美元，位居全球第六。从 2015 年开始，中国对外投资的规模连续两年大于引进外资的规模，这标志着中国利用外资从最初的以“引进来”为主进入当前的“引进来”与“走出去”共同发展的阶段。在引进外资与对外投资 40 多年演变的过程中，中国双向投资驱动经济发展的格局已经形成。

第二节　中国制造："一带一路"由点到线

党的十八大以来，中国特色社会主义进入新时代，以习近平同志为核心的党中央全面深化改革，扩大对外开放，提出"合作共赢""人类命运共同体"等全球治理与发展新理念，推动形成全面对外开放新格局，为世界经济与社会的发展增添新活力。由此，中国制造走出国门，进入了第四阶段（2013 年以来）。特别是自 2013 年提出"一带一路"倡议以来，中国企业"走出去"从原来的单一项目"点与点"的合作，发展到与所在国"面与面"的合作。通过参与"一带一路"共建、国际产能与装备制造合作以及创新能力开放合作等，中国制造成为践行新发展理念、"合作共赢"发展模式的主力军。

一、逐步构建陆、海、天、网"四位一体"的互联互通体系

"一带一路"倡议将海路与陆路联通，改变了数百年来世界交通的格局。中国企业参与"一带一路"建设，实现了"一带"与"一路"的交通大融通，逐步构建起陆、海、天、网"四位一体"的互联互通体系，为打造陆海内外联动、东西双向互济的开放新格局奠定了良好基础。通过建设斯里兰卡汉班托塔港、巴基斯坦瓜达尔港、希腊比雷埃夫斯港等多个港口，中国将"海上丝绸之路"的关键节点串点成线。通过建设中老铁路、中泰铁路、蒙内铁路、亚吉铁路等，将"丝绸之路经济带"的"大动脉"由线连成面。通过建设中俄跨境路缆、中尼跨境路缆，亚欧 5 号海缆，"阿尔及利亚一号"通信卫星项目等信息高速路，由平面到立体，织就了覆盖全球的复合型陆、海、天、网基础设施网络，改变了数百年来世界交通的格局。

中远集团在共建"一带一路"国家加快点、线、面的布局。一是以码头为点，优先布局共建"一带一路"国家关键枢纽港，为中国企业参

与各国基础设施建设、特色园区打造、产业结构调整、实现优质产能输出，提供海外支持发展支点。二是以航运为线，打通中国与世界海上运输的生命线。截至 2023 年 12 月底，中远集团经营综合船队运力 1.16 亿载重吨/1 417 艘，排名世界第一，其中，干散货船队、油汽轮船队、杂货特种船队规模均居全球第一，集装箱船队规模居世界前列。中远集团构建起承运全球的海上运输网络，对繁荣世界经济往来，服务中国企业和中国产品“走出去”，以及保障进出口货物海上运输安全发挥了重要作用。三是以物流为面，着力提升陆上延伸服务能力，着力解决货物运输在航运两端的短板问题，打造“门到门”的物流配送能力，推行行业运输方式和商业模式的变革，从而实现中国与世界其他国家之间各类贸易物资的流通顺畅、高效，搭建中国连接世界的桥梁与纽带。截至 2023 年年底，中远集团港口码头组合遍布中国沿海五大港口群及长江中下游地区，欧洲、中东、东南亚、南美洲及非洲等地区的重要枢纽港，运营 38 个港口，管理 371 个泊位，年总处理能力达约 1.23 亿标准箱，为“一带一路”互联互通和中国企业参与“一带一路”建设提供了有力的保障。

亚吉铁路是继坦赞铁路之后，我国在非洲建设的又一条跨国铁路。亚吉铁路项目全长约 752 公里，其中，埃塞俄比亚境内约 662 公里，吉布提境内约 90 公里。2018 年 1 月 1 日，亚吉铁路开始商业运营。截至 2023 年年底，亚吉铁路货运总量达 210 万吨，高于 2018 年投入运营时的 88.5 万吨，每年的运输收入以年均 39%的幅度上涨。这一增长反映了对亚吉铁路运输网络的强劲需求，目前亚吉铁路货运量约占两国间进出口货运总量的 15%，高于 2018 年的 8.5%。亚吉铁路采用中国铁路 II 级标准建设，为电气化铁路，客车设计速度 120 公里/小时，货车设计速度 80 公里/小时。亚吉铁路实现了中国铁路从设计建设到轨料和机车车辆制造、运营和维护、人员培训全产业链“走出去”。亚吉铁路连接埃塞俄比亚工业园和吉布提港口，以“建设一条铁路，拉动沿线经济发展”的亚吉模式，形成了前景广阔的亚吉铁路经济走廊，成为“一带一路”倡议的旗舰项目。

二、海外工程进入“投建营”阶段，项目规模大、产业链条长

自“一带一路”倡议提出之后，中国对外承包工程蓬勃发展。“一带一路”项目成为主题，2016年亚洲（不含中东）取代非洲成为中国对外承包工程的最大市场。实施的项目由工程项目总承包到“工程项目总承包+融资”(EPC+F)，再到“工程项目总承包+融资+运行与维护”（EPC+F+O&M)，并进入“投建营一体化”全产业链阶段，即工程承包类项目逐渐由单纯的建筑施工向设计、建设到运营、维护的转变，带动了境外项目投资和收益的快速增长。项目不但规模大，而且产业链条长，情况越来越复杂。

境外工程承包的竞争焦点正在发生重大改变，政府和社会资本合作模式正在加速成为“一带一路”项目主流，这对完善企业布局、实现跨越式发展的强大推动作用日益显著。例如：中国建筑集团积极探索“投建营一体化”的实践，并在2018年取得突破，签约了海外首个政府和社会资本合作项目——阿根廷国道B线“投建营一体化”项目；签署了刚果（布）1号公路特许经营协议，高质量建造出刚果（布）等级最高、通行体验最好的公路，这条公路被刚果（布）人民誉为“梦想之路”，实现了首次在非洲项目设计、建造加运营的全产业链运作。

这个时期的重要项目有：中巴经济走廊系列项目，自2015年4月起；援非盟疾控中心项目，自2020年12月起；巴基斯坦拉合尔橙线轻轨项目，2015年4月至2020年10月；亚吉铁路项目，2011年12月至2017年12月；莱基港“投建营一体化”项目，2019年9月开工。

2015年4月20日至4月21日，国家主席习近平访问巴基斯坦。4月20日，习近平主席和巴基斯坦总理约瓦兹·谢里夫出席了中巴经济走廊五大项目破土动工仪式，并签订了中巴51项合作协议和备忘录，其中超过30项涉及中巴经济走廊。至少15家中国公司参与其中，包括：中国工商银行与巴方签订43亿美元融资项目，涉及巴基斯坦苏克阿瑞水电站、大沃风电站、萨希瓦尔燃煤电站、塔尔煤电一体化四个能源电力项目；丝路基金“首单”投到巴基斯坦卡洛特水电站项目，卡洛特水电站采用

BOT模式运作，总投资16.5亿美元，2015年底开工建设，2020年建成运营，运营期30年；拉合尔橙线轻轨项目，合同金额16亿美元，2020年10月通车运营；苏库尔—木尔坦高速公路项目，合同金额29亿美元，2020年12月移交通车；等等。中巴经济走廊是“一带一路”倡议高质量发展的示范性工程。

三、以优势产业带动中国标准与品牌走向国际

中国制造发挥在铁路、公路、航空、港口、电力输送、油气管道、通信网络等产业上的技术优势，在共建“一带一路”国家承担了一批基础设施互联互通项目，推广应用中国技术、中国标准。中央企业在45个国家、12个行业实施了近300个钢铁、建材、机械制造等项目，带动国内产品和装备“走出去”。国家电网建立了规划设计、工程建设、装备制造、技术标准全产业链“走出去”的国际产能合作模式，带动电工装备出口到100多个国家和地区，打破了西方跨国公司的长期垄断；同时通过积极推进与“一带一路”相关国家标准对接和互认，推动262项中国标准在菲律宾、巴西、巴基斯坦、埃及等共建“一带一路”国家电力建设和运行中得到应用，成为推进技术标准软联通的典型案例。中国建材集团有限公司积极推行水泥和玻璃行业的中国制造、中国标准，开辟出了“中国建材通道”，水泥技术、工程及装备市场占有率连续9年保持全球第一。

2019年4月，中国通用技术集团旗下中机公司承建的斯里兰卡南部铁路项目一期工程正式通车运营，此项目的建设充分体现了“共商、共建、共享”的理念：项目设计和施工是中国标准和当地标准的融合，项目主要桥梁、隧道等重点工程的关键技术人员都来自中国，主要机具和轨道等材料均为中国制造。

四、业务领域多元化发展趋势日益明显

中国制造在传统三大业务领域——交通、房建和电力工程——继续保

持优势地位，同时在新能源、石油化工、工业建设领域保持增长态势，业务领域多元化发展趋势日益明显。

交通工程业务规模继续稳居首位。2022 年，新签合同额为 586.9 亿美元，同比下降 8.8%；完成营业额 411.2 亿美元，同比下降 0.8%。在坦桑尼亚、塞尔维亚、澳大利亚、尼日利亚、几内亚等市场的交通工程业务签约规模领先，签约金额较大的项目有坦桑尼亚标准轨铁路项目、哥伦比亚马道斯 PPP 项目、塞尔维亚 E763 高速公路项目等。

新签房建工程合同金额较为稳定。2022 年，新签合同额为 582.9 亿美元，同比增长 15.4%，完成营业额 297.3 亿美元，同比增长 3.1%。签约规模领先的市场有中国香港地区、菲律宾、马来西亚、伊拉克、阿拉伯联合酋长国等，主要为城市综合开发、医疗基础设施等项目。

电力工程中的新能源业务快速发展。2022 年，中国企业在境外新签电力工程项目合计 364.3 亿美元；完成营业额 216.8 亿美元。在应对气候变化、大力发展可再生能源成为全球共识的背景下，中国企业境外电力工程项目构成发生变化，煤电项目加速退出，以太阳能、风电为代表的新能源以及蓄/变电站、输变电业务正成为电力领域新的增长点。其中太阳能和风电等新能源领域签约合计 206.7 亿美元，在电力工程签约总额中占比 56.7%。

石油化工、工业建设等业务同比增长，通信工程、水利建设、制造加工设施建设、废水（物）处理等领域签约同比下滑。2022 年，石油化工领域新签合同额为 273.3 亿美元，同比增长 31.4%，主要签约市场有伊拉克、加纳、沙特阿拉伯等；工业建设领域新签合同额为 186.3 亿美元，同比增长 17.2%，连续四年实现增长，业务广泛涉及钢铁和有色金属加工厂建设、非金属矿物制品厂建设、矿产资源开发领域；通信工程建设领域新签合同额为 152.3 亿美元；水利建设领域新签合同额为 57.9 亿美元；制造加工设施建设项目新签合同额为 40.0 亿美元。

五、业务模式创新融合发展，技术创新和数字化转型不断推进

在推进传统工程总承包业务、挖掘传统市场潜力的基础上，中国企业

积极探索业务模式创新，开展投资类业务，探索“投建营一体化”、综合开发等业务。产业链不断延伸，向设计咨询、运营维护管理等领域拓展。BOT政府和社会资本合作等业务模式取得实质性进展，拓展高端市场和高附加值项目初有成效，业务发展质量逐年提升，成为行业转型升级的新增长点。其中，中国铁建中标智利5号公路塔尔卡—奇廉段第二期特许经营项目和医院特许经营第二计划科金博医院项目、乌拉圭C5公路14段和15段特许经营项目等，有效开拓拉美市场；中工国际发挥内部单位协同优势，业务包括设计咨询、高端装备与工程承包，聚合优势凸显。

在新领域方面，业务板块不断延伸。中国企业紧抓国际市场发展机遇，加大绿色项目的市场开发力度，培育发展低碳业务，业务板块延伸至绿色产业、生态环保（固体垃圾、水环境治理等）、农业开发、资源开发、新型城市建设等新领域。2022年中国企业新签清洁类工程项目合同额为337亿美元，占当年新签合同额的13.3%，涉及风能、太阳能、水力等清洁能源电站以及污水处理、废弃物处理等环保类项目。如中国电建国际实现年度海外新能源项目新签合同额为675.5亿元；中国能建的海外新能源项目签约占总签约比例升至30%，同比增长66%；中国港湾的生态环保产业规模累计四百多亿元。中国企业积极开发资源、农业综合、新城综合等类型项目，在印度尼西亚、蒙古国、尼日利亚、刚果（金）、马里、莫桑比克等市场投资开发矿产资源，在塞拉利昂、赤道几内亚、柬埔寨等市场开发、建设农渔业项目，在菲律宾、埃及等市场推动城市综合开发项目等。

在新合作方面，中国企业加强行业融合、三方合作和属地经营。

1. 加强行业融合

行业内产业链上下游企业的分工合作不断深化，总承包企业、设计咨询企业、设备制造企业和金融机构等各方构建分工明确、优势互补的行业生态圈。部分企业主动拓展与能源资源、港口航运、公共交通运营、农业综合开发、供应链等领域企业的跨界合作。如中信建设积极发挥综合优势和协同优势，聚焦新兴产业合作，打造差异化竞争优势；三峡国际联合国内设计、施工、装备制造企业组成联合体，编队抱团出海，增强中国企业的国际竞争力和影响力。

2. 加强三方合作

有的企业积极拓展国际合作渠道，推进第三方市场合作，延伸产业链，显著提升业务承接能力和实施水平；有的企业深化与外国和多边金融机构的合作，探索多元化融资新路径，在一些项目中取得突破。如乌兹别克斯坦锡尔河燃气联合循环独立电站项目，开创了中国、沙特阿拉伯、日本、乌兹别克斯坦企业在技术、资金、建设等领域多边友好合作的局面。

3. 加强属地经营

中国企业积极融入当地，加强对属地资源的开发和利用，带动项目所在地的就业和经济发展。2022 年，中国企业平均属地外籍员工占比超过 75%。如中国建筑在埃及新行政首都中央商务区项目施工过程中，与超过 300 家埃及当地企业开展合作，直接或间接创造了约 3 万个就业岗位。

在新技术方面，随着技术创新和数字化转型不断推进，中国企业更加重视技术创新和应用。中国企业大力推进绿色能源、绿色和智能建造等关键技术的研发，大力推广绿色工艺和可再生、耐用和适应性强的材料应用于在建项目，开展绿色施工，集约化设计和施工。如北京城建在香港国际机场项目中应用大跨度钢屋盖综合模块拼装技术、大跨度钢结构施工全过程应力分析技术、基于 BIM 正向设计的智慧化建造技术、智能工业信息化管理等技术，保证项目在达到预期质量的前提下，减少工程材料用量、加快施工进度、节约施工成本，同时减少运营期能耗。中国建筑在埃及新行政首都中央商务区项目中，在规划、设计、施工环节中，引导绿色生活方式、降低生产和运营能耗，提高能源使用效率。

推动数字业务合作。中国企业顺应时代要求，与信息科技类企业深度合作，积极抢占新型基础设施建设领域业务先机，推动数据中心、通信、充电桩等业务发展；谋划数字赋能，布局智慧交通、智慧城市等业务；结合实际需求，有效采用 BIM、物联网、大数据等相关技术，提升建造信息化水平。

开展数字化管理转型。中国企业通过数字化转型优化资源配置、进行科学决策、提升管理运营效率。如中国中车进一步强化系统思维，着眼于全生命周期服务，构筑从规划设计、工程建设到运营维护的轨道交通大系统，推动全系统业务协同发展；中国电建加快推进业务数字化、产品数字化、数字产业化、管理智慧化，发展壮大“数字电建”。

第三节　中国企业“走出去”的全球布局：机遇与挑战

当前中国企业“走出去”正面临着前所未有的、严峻的国际环境，如地缘政治动荡，大国博弈加剧，全球经济复苏基础不牢，部分国家债务问题累积，安全问题突出等。

一、认清新挑战

（一）世界通胀压力加剧，世界经济复苏乏力

2023 年，全球通货膨胀率持续上升。国际货币基金组织在 2024 年 1 月发布的《世界经济展望报告》中披露，2023 年全球平均通胀率为 6. 8%，远高于主流经济学家和美联储经济学家认定的适度通胀率 2%。全球通胀压力持续加剧，主要原因在于发达经济体长期实行宽松货币政策，导致全球流动性泛滥。加之俄乌冲突爆发，导致全球大宗商品价格飙升，尤其推动粮食和能源价格高涨，全球通胀水平持续上升。全球高水平通胀会导致消费以及企业信贷的缩减，进而导致经济增长乏力。该报告预测发达经济体的通货紧缩速度将加快，2024 年通胀率预计下降 2. 0 个百分点至 2. 6%，而新兴市场和发展中经济体的通胀率预计仅下降 0. 3 个百分点至 8. 1%。2024 年，虽然通胀有所好转，但是依然保持高通胀，进而影响经济增长。世界经济脆弱复苏增加了中国企业开展对外投资合作的不确定性。

（二）地区安全形势不容乐观，俄乌冲突负面影响扩大

俄乌冲突爆发后国际安全形势发生深刻变化，大国博弈演进加剧，世界进入新的动荡变革期。特别是能源、粮食价格上涨，全球通货膨胀压力

骤增，西方国家仍在不断采取措施对俄罗斯进行经济制裁，俄乌冲突没有明显降温之势。这给中资企业在俄乌及其周边地区开展贸易投资活动带来不利影响，海外项目的生产、建设、运营可能遭受严重冲击，使中国海外资产和人员安全面临威胁和挑战。

（三）全球投资保护主义抬头，外部营商环境复杂

受日趋复杂的全球经济环境影响，相关国家加大了对跨国投资审查的力度。一些国家出于对国家经济安全的考虑，试图凭借国家安全审查、贸易壁垒、经贸摩擦竞争中性、防止战略性资产和关键技术被外国收购等理由，阻碍外来资本进入本国市场，甚至想借此重新制定全球贸易投资新规则。2021 年，美国外国投资委员会（CFIUS）共审查了 164 项简要申报案件和 272 项正式申报案件，这是近十年来美国外国投资委员会审查正式申报案件最多的一年，审查交易的领域主要集中在金融、信息服务以及制造业领域。2021 年，欧盟 13 个成员国根据《外资审查条例》第 6 条共向欧盟委员会提交了 414 个可能损害成员国安全和公共秩序投资的通知。其中，涉及中国投资者的通知占 7%，仅次于美国（40%）和英国（10%）。这严重影响了全球外国直接投资的进展，也使中国企业“走出去”面临越来越多的不确定性。

（四）债务风险积重难返，合作模式亟待转变

中短期内发展中国家债务问题难以缓解。国际金融协会（IIF）表示，2023 年，全球债务创下新纪录，达到 313 万亿美元。2023 年第四季度，全球新兴市场债务从 2022 年第四季度的 9. 77 万亿美元增至 10. 46 万亿美元。新兴市场债务占 GDP 比例在 2023 年达到创纪录的高位，主要受印度、阿根廷等国家债务增加的影响。二十国集团（G20）缓债倡议落地难，也无法从根本上解决最不发达国家经济结构性问题。发展中国家整体经济恢复情况依然不容乐观，外债负担重、政府财政实力不足、外汇储备紧缺等问题普遍存在，债务危机频现，或有可能再度发生大规模的债务违约或缓债延期。金融机构避险情绪上升，投资意愿下降，因此引发的市场萎缩、审批放

缓、支付中断等问题长期存在。我国企业的融资能力和信心受到影响，导致境外项目开发和执行面临空前压力。传统的“工程项目总承包+融资”模式难以持续，由政府主导的主权类融资项目推动越发困难，“投建营一体化”、投资拉动项目已成为众多合作国家开展基础设施建设的首要选择。

二、抓住新机遇

（一）新技术革命推动全球产业变革持续推进

以新一代信息技术、生物技术、新能源技术、新材料技术、智能制造技术为代表的新技术革命快速推进。技术的快速发展和应用，将推动产业技术迭代升级，并促进产业形态、生产方式、国际分工发生根本性变革，重塑全球产业体系。从科技进步到产业变革的周期越来越短，新技术革命对产业的影响更加直接、迅速，科技与产业融合趋势更加明显。5G、互联网、大数据、人工智能等技术的快速发展推动全球产业数字化转型，产业数字化和数字产业化交互发展，共同推进全球产业体系的数字化进程。科技对产业发展、经济增长，以及提高国家综合国力和全球影响力的作用更加明显，国家间竞争逐步回归到科技竞争层面。新技术革命为中国企业在全球布局创造了新的机遇和空间，中国企业应当通过开展对外投资合作，整合海外优质技术资源，开展国际技术交流，推动技术引进和优势技术对外输出，助力世界经济发展。

（二）全球数字经济建设需求旺盛

近年来，以大数据、云计算、物联网、工业互联网、人工智能、虚拟现实、区块链等为代表的数字经济快速兴起，推动了大量新业态和新商业模式的产生。数字经济的发展带来持续扩大的数字消费市场，有效扩大了消费需求，同时也带动了投资需求的增长。数字经济的兴起给国际投资方式和国际生产组织形式带来深刻影响，引发全球价值链、供应链的重构。《中华人民共和国国民经济和社会发展第十四个五年规划和二〇三五年远景目标纲要》已将数字经济放在突出位置，并提出2025年数字经济核心产业增加值占 GDP 比例提高到 10% 的目标，数字经济将为中国企业进入海外市场带来更多新的机遇。特别是在“一带一路”合作中，数字基础设施建设对互联互通的重要性不断加强，这方面的需求也日益突出。鉴于中国基础设施建设经验丰富，当前全球信息基础设施、融合基础设施、创新基础设施等数字基础设施建设的巨大需求将为中国企业“走出去”提供巨大的市场机会。

（三）绿色发展日益催生全球范围内产业升级

当前，世界多国把绿色发展作为科技革命和产业变革的重要方向，“碳中和”问题成为国际社会关注焦点，国际贸易投资中的绿色规则加速演进。习近平总书记强调“要顺应当代科技革命和产业变革大方向，抓住绿色转型带来的巨大发展机遇”。①《中华人民共和国国民经济和社会发展第十四个五年规划和二〇三五年远景目标纲要》明确提出，要贯彻新发展理念，促进经济社会发展全面绿色转型，推动建设绿色丝绸之路。从世界范围来看，经济的“绿色化”已经成为经济增长的新引擎，发展绿色投资成为一种潮流与趋势。中国当前正处于经济结构调整和发展方式转变的关键时期，对外投资合作绿色化的需求不断扩大。

在国际社会加速推进绿色经济转型，以及我国设定“碳达峰”“碳中和”目标，积极参与全球环境治理和履行节能减排国际责任的背景下，绿色发展理念将融入企业对外投资合作的各个方面。这一趋势也将推动中国企业“走出去”，朝着绿色投资方向转型升级，以满足全球日益增长的环境、气候变化等对绿色经济发展的新要求。

三、利用中国新优势

中国作为全球制造业第一大国，经过多年积累，装备制造业已形成比较

---

① 习近平．共同构建人与自然生命共同体：在“领导人气候峰会”上的讲话[N]．人民日报，2021-04-23（02）．

健全的现代产业体系，拥有较为完整的系统集成能力。中国装备在国内桥梁、道路等基础设施建设方面，得到市场的充分检验，拥有较强的国际竞争力。中国装备在价格、质量、总承包工期、维保服务方面的优势明显，性价比高。随着国际化程度不断提升，中国企业在国外建立起大量的分支机构、研发中心，能够更好地把握国际市场商机，适应不同国家的市场环境。我国企业的一批高端装备成功进入欧美发达国家市场，不少工程机械、发电设备、航空制造等企业通过收购国外知名公司，建立境外工业园，布局全球，发展成为行业领头雁。中国企业在布局全球制造业中展现出巨大的能力和潜力。

（一）中国装备与工程适合众多经济体需求，且有承接能力

现阶段，发展中国家以及中东欧的一些国家的基础设施都有很大的提升空间，甚至有些发达国家的基础设施也面临老化问题。中国企业在基础设施建设方面有成熟的经验和技术。中国的工程机械等装备质量上乘、性价比高，具有很强的规模和技术优势，在许多国家受到欢迎。中国企业"走出去"开展国际合作，既能帮助所在国经济腾飞，又可以服务全球经贸互联互通。更重要的是，中国装备已在一些高端领域占据领先地位。我国高铁、核电等装备的技术水平先进，许多国家有这方面的需求。中国企业"走出去"，完全可以实现共赢。

同时，中国装备与工程在国外市场展现出强大的探索和突破能力。在欧美发达国家，中国装备制造业通过并购、合作等方式实现了技术引进和市场拓展。例如：中航工业并购美国艾联公司后，成功开发出全球最先进的飞机起落架系统；中铁建承建的尼日利亚城际铁路是非洲最长的现代化铁路；"华龙一号"出口至阿根廷，采用的是我国自主研发的三代核电技术路线；中国中车承建了波士顿地铁橙线车辆项目和红线车辆项目，共计284辆地铁车辆，这是中国地铁车辆首次进入美国市场，并且采用了最新的铝合金车体技术，提高了车辆的安全性、舒适性和节能性。

在共建"一带一路"国家，中国装备制造业通过工程总承包、援建项目、合资合作等方式为当地经济社会发展提供了有力支撑。在非洲，中国承建了埃及开罗地铁1号线项目，这是中国地铁车辆首次进入非洲市

场，并且采用了最新的空调系统、乘客信息系统和监控系统等技术，提高了车辆的适应性、舒适性和安全性；在南亚，中国中车承建了巴基斯坦拉合尔橙线项目，这是中国地铁列车首次进入南亚市场，并且采用了最新的永磁同步牵引技术、轻量化设计和智能控制系统等技术，提高了列车的运行效率、节能性和智能化水平；在东南亚，中国中车还承建了泰国曼谷橙线项目，这是中国地铁车辆首次进入东南亚市场，并且采用了最新的不锈钢车体技术、永磁同步牵引技术和智能控制系统等技术，提高了车辆的耐久性、可靠性和智能化水平。

（二）共建"一带一路"高质量发展，已经具备坚实基础

一是"一带一路"合作成果丰富。截至 2023 年 8 月，中国已与 152 个国家、32 个国际组织签署了二百多份共建"一带一路"合作文件。共建"一带一路"项目遍布全球，覆盖范围不断扩大。许多国家都将本国的发展规划与共建"一带一路"项目对接，共建"一带一路"项目已成为广受欢迎的国际公共产品。2021 年年末，中国境内投资者在共建"一带一路"国家设立境外企业超过 1.1 万家，对共建"一带一路"国家的直接投资存量为 2 138.4 亿美元，占中国对外直接投资存量的 7.7%。世界银行研究报告显示，若共建"一带一路"框架下的交通基础设施项目全部实施，到 2030 年，将有望每年为全球产生 1.6 万亿美元的收益，占全球 GDP 的 1.3%，其中 90%的收益由伙伴国分享，低收入国家和中低收入国家受益最多。

二是有序推进重点项目。中资企业积极推进共建"一带一路"国家基础设施建设，持续拓展国际运输线路，完善物流网络，促进资源要素跨区域有序流动和优化配置。中老铁路全线建成通车，比雷埃夫斯港、雅万高铁、匈塞铁路等重点项目取得积极进展，在共建"一带一路"国家建设的境外经贸合作区累计投资 431 亿美元。

三是促进与东道国互利共赢。境外中资企业年均雇佣外籍员工近 150 万人，一批农业、水电、风电、光伏等"小而美"的民生项目相继落地，为当地民众带来实实在在的获得感，构建人类命运共同体理念已在共建"一带一路"国家成为广泛共识。目前，共建"一带一路"国家和地区已

经成为中国对外直接投资的主要增长点。中国同这些国家或地区的投资合作正逐步由传统领域向高技术含量和高附加值的高端服务业、智能化行业和跨境电子商务等新经济领域方向发展。在复杂的国际形势下，与共建“一带一路”国家的合作有着广阔的发展空间和机遇。

（三）中国参与制定全球投资规则的话语权不断提升

投资规则是影响中国企业全球布局的重要因素，现有国际投资规则以双边和区域协议为主，具有碎片化、复杂化的特点。近年来，中国积极参与全球对外投资规则重构的有关讨论与制定。《区域全面经济伙伴关系协定》（RCEP）于2022年1月1日起正式生效，该协定的生效实施将极大促进各成员扩大经贸合作。各成员对非服务业投资采用负面清单方式，做出高质量承诺，在清单之外不得新增限制。同时，该协定加强投资保护水平，既有利于区域内各国企业相互扩大投资，也有利于中国企业“走出去”。该协议生效实施以来，显著拉动了区域内整体的经济、贸易和投资增长，促进了区域产业和价值链的融合，为区域经济一体化提供了强劲动力，对全球贸易和投资增长起到了积极的促进作用。随着RCEP实施的逐步深入，区域内的投资自由化和便利化程度不断提高，这对全球国际直接投资产生巨大的吸引力，也必将为中国企业布局全球带来难得的发展机遇。中国通过和区域内有关国家的投资与合作，可以不断提高在RCEP区域内的市场竞争力。同时，中国还可以加强与东盟、日本、韩国等RCEP成员的合作，共同营造双赢、稳定的区域产业链、供应链合作体系。

当前，中国正积极推动加入《全面与进步跨太平洋伙伴关系协定》（CPTPP）和《数字经济伙伴关系协定》(DEPA)，推动与挪威、韩国、新加坡等国家的自贸协定谈判进程，开启中国—东盟自由贸易区3.0时代。这将为中国企业提供更广阔的发展空间和机遇。

第十二章
大国产业培育与崛起中的中国经验与启示

完善的产业体系是大国向现代化转型发展的物质技术基础。从薄弱的产业基础到现在的全球最完整的产业体系，中国在产业体系培育方面，究竟做对了什么？我们常提到中国拥有制度优势，这种制度优势应用到促进产业发展领域，就突出表现为政府在不同阶段采用了与发展阶段相适应的产业政策，并集中优势要素和资源为产业发展奠定了坚实基础。而当发展阶段发生变化时，产业政策在具体的制度设计和实施方式上，会相应做出调整，以此适应不断升级的产业组织新模式。产业政策是观察大国崛起的一个重要窗口，中国产业体系培育与崛起的重要经验，无疑也可以成为“他山之石”。

第一节　通过产业政策之争读懂大国产业发展逻辑

产业政策是政府为实现规范产业准入、优化产业结构、提高产业竞争力等目标，针对特定产业提供的政策性支持或管制。广泛实施产业政策，是大国特别是发展中大国产业培育以及构筑产业竞争优势的重要举措。关于产业政策的作用，学界一直以来存在较大争议。

一、产业政策之争的焦点从来不是政策存废问题

改革开放以后，我国经济高速发展并建立起了完备的产业体系。从物

质生产看，我国已由生产资料和物资短缺的经济体迅速成长为世界工厂；从产业发展能力看，我国已经成为工业产出大国，在全球500多种主要工业产品中，我国产品产量位居世界第一的超过220种；从产业体系构建看，我国建成了门类最为齐全、独立完整的产业体系，成为全世界唯一拥有联合国产业分类中全部工业门类的国家。总体来看，之所以取得这样的辉煌成就，相关领域的产业政策功不可没。

通常情况下，大家会认为，产业政策是为规范产业运行、协调产业发展、提高产业竞争力等而针对特定或某一类产业提供的政策管制。学界关于产业政策的作用确实存在较大争议，且争论从未停歇。支持者认为产业政策能够弥补市场失灵，政府能够利用产业结构演进规律，政策有助于培育主导产业、发挥规模经济效应，因而产业政策能够促进经济健康发展。持不同意见的学者认为，产业政策是政府对市场正常运行规律的干预，既不公平也缺乏效率。甚至有人认为，迄今为止产业政策鲜有成功的范例。支持者将第二次世界大战后日本经济成功崛起、中国近几十年的经济腾飞归功于产业政策的作用。反对者则以西方的成熟市场经济国家没有系统性产业政策为由，力主自由市场高效率体系。两类观点持续交战，没有一方败下阵来，每种观点都有鲜活的例证。

关于产业政策最有影响力的一场争论发生在2016年11月，北京大学两位著名学者林毅夫教授和张维迎教授，围绕着产业政策进行了长达三小时的公开辩论。总体来看，林毅夫教授认为“经济发展有产业政策才能成功”，但张维迎教授持相反态度，认为“产业政策是穿着马甲的计划经济”。两位学者的观点针锋相对，支持和反对产业政策的逻辑也能够自洽。从争论的主要焦点来看，主要集中于以下五个方面：

一是如何定义产业政策。林毅夫教授给出的产业政策定义相对宽泛，政府为产业发展提供的广泛支持性政策环境以及针对特定企业的补贴和优惠，都可以被划分到产业政策的范畴中。而张维迎教授对产业政策的定义相对狭窄，主要聚焦以行政干预等手段帮助特定产业或特定企业发展的那些政策。

二是技术进步到底是企业家精神还是政府支持的结果。林毅夫教授认为基础科学离不开政府的支持，企业家也能够带来创新。企业家的创新主要在产品层面或者技术应用层面，而基础研究的创新需要政府的大量投入和支持。张维迎教授认为产业政策会扼杀企业家精神，扭曲企业家的激励，企业家和企业家精神是技术创新的来源。

三是政府与市场的关系如何处理。林毅夫教授认为，经济发展需要“有效市场”和“有为政府”共同作用，“有为政府”通过基础设施、法律、法规等制度环境建设，可以支撑“有效市场”。张维迎教授对政府应该提供制度环境、产权保护、法治保障等作用持赞同意见，但同时也主张政府职能也只限于此。

四是对产业政策实施方式的争论，即政府应该不应该奖励第一个“吃螃蟹的人”。林毅夫教授主张政府补贴第一个“吃螃蟹的人”，张维迎教授则认为政府既不要阻止别人“吃螃蟹”，也不需要为第一个“吃螃蟹的人”买单，那会诱使许多人假装“吃螃蟹”。

五是如何发挥比较优势。两位学者都赞同发挥比较优势有助于经济增长。林毅夫教授强调政府可以发挥作用识别产业的比较优势，张维迎教授则认为市场交易的基础是比较优势，企业家更能够发现和发挥比较优势。

这场著名的产业政策之争背后，实际上也存在很多共识：两位学者都不否认市场资源配置的决定性作用，也都承认需要更好地发挥政府作用。不过他们对产业政策的范围界定，存在较大差异。事实上，迄今为止，虽然关于产业政策存在诸多争论，但是这些争论并非指向其存废问题，而是聚焦产业政策的目标导向、工具选择和政策效果等方面。

二、政府主导的产业政策实施要有微观基础

（一）用好产业政策，政府要“站得高”“看得远”“走得稳”

从世界经济发展史来看，无论是当年英国、美国的赶超发展，还是近年来一些经济体从低收入国家进入高收入国家行列，都不曾离开产业政策的支撑。政府主导的产业政策若要成功，则必须满足三个条件：

第一，政府要“站得高”：政府必须知道什么样的产业结构是好结

构、什么样的市场结构有利于竞争。只有有关产业结构演变的市场统计算得上真规律，政府才能按照规律设计政策。西方工业革命之后的产业结构演进统计到底适不适合我国的国情，政府是否应该按照西方国家的发展规律谋划和调整自己的产业结构，这些是值得考量的。

第二，政府要“看得远”：政府必须具有前瞻性，知道哪些产业能够成为主导产业、新兴产业或战略性产业。事实证明，在经济发展初期，政府对哪些产业能够带动经济发展的认知程度较企业可靠；但随着市场成熟、技术成熟，政府对前瞻趋势的把握以及对信息的获取，并没有系统性地优于企业。

第三，政府还要“走得稳”：政府必须能够自我纠偏。因为由政府来实施产业政策，所以要求政府对产业发展规律的把握比市场更精准。如果政府把握不准规律，那么也要由责任主体承担损失。若政府对经济损失没有切肤之痛，那么它对产业政策是否合理就不会太在意。

政府能否做到上述三点，学界争论不休。因此，学界关于产业政策的分歧通常大于共识。尽管存在分歧，但是政府协助产业层面实现目标，还是有目共睹的。特别对于后发国家的每个发展阶段与消费水平相适应的主导产业，我们都可以找到一定的共性特征。政府实施产业政策，可以降低市场试错的成本。政府要理解产业政策背后的微观理论基础：产业本身不仅是资源配置的结果，产业结构及组织演进也是资源的再配置过程。在资源配置过程中，如何处理政府和市场的关系，是产业政策转型绕不开的根本问题。

（二）产业政策的本质是协调微观企业行为

从产业经济理论来看，产业是提供同类产品或服务的企业集合，但从行动学逻辑来看，产业并不是经济行为的主体，企业才是能够采取行动的微观主体。因此，“提升产业创新能力”“促进产业结构调整”“传统产业转型升级”等一系列立足于产业层面的政策导向，最终都需要产业中的具体企业来完成。换句话说，产业政策的本质，就是政府介入资源配置的过程。

这意味着，产业层面的目标实现，有赖于微观企业个体行为的协调。市场是配置资源的有效方式，这个看法已经达成共识。而从产业视角来看，市场同样存在协调不足的困境，为产业政策的实施提供了空间。有的企业在生产上表现出技术或市场的互补性，若以集群发展则更有利于降低企业成本，那么这时候由地方政府通过产业政策支持、主导企业的上下游环节共同招商，就会比通过市场机制协调企业单独行动更有效率。有的研发投资则具有较大的正外部性，特别是对技术路线尚不明确的行业。企业前期为探索哪一条技术路线可行而投入巨资，若没有相应的风险补偿，这样的“冒险”行为将大大弱化。归根结底，政府提供的产业政策如何协助或介入企业决策，是和国家发展阶段以及产业本身的经济特性有关的。

第二节　中国的产业政策逻辑与企业的战略决策

自20世纪八九十年代开始，以选择性和差异化为特征的产业政策系统性出台，成为我国经济管理和宏观调控的重要政策工具。时至今日，选择性产业政策实施条件发生了重大变化，其非普惠性特征既对市场机制运行形成约束，也对当下推动以原创性创新为重要内容的经济高质量发展形成掣肘。为此，我国需要进一步优化产业政策的实施机制。

一、我国为什么要引入产业政策：决策过程及其历史逻辑

20世纪80年代初，国内围绕经济体制改革的方向进行了激烈讨论，特别是1984年召开的党的十二届三中全会，明确提出要建立在公有制基础上的有计划的商品经济。自此之后，如何从计划经济向商品经济平稳过渡，成为摆在我们面前的重大问题。在“二战”的经济体制转型期，日本、韩国等国家和地区积极承接产业转移，并通过产业政策主动干预产业发展路径。这种“东亚模式”引起了全世界特别是中国学者和政府的关注。当时国内官方权威研究机构对日本产业政策进行了系统梳理和研究，

普遍认为战后日本经济快速发展得益于政府主导的产业政策实施，而产业政策又可以把国内的经济建设和经济体制改革有机结合起来，因而产业政策能够作为推动计划经济向有计划的商品经济过渡的政策性工具。

1987年，党的十三大报告明确提出新的经济运行机制，总体上来说应当是“国家调节市场，市场引导企业”。以产业政策主导产业发展、调整产业结构、选择产业技术路线的做法，正是顺应了这一改革思路。在这样的背景下，1988年，国家计划委员会成立了产业政策司，该司在大量调查、研究的基础上提出了初步研究成果——《关于我国当前产业政策的若干要点》。经过反复征求意见、修改，国务院于1989年3月发布《国务院关于当前产业政策要点的决定》，它成为中国第一部以产业政策命名的政策文件。该文件中明确提出，制定正确的产业政策，明确国民经济各个领域中支持和限制的重点，是调整产业结构、进行宏观调控的重要依据。其中的产业政策特别是产业结构调整政策取向，是改革开放初期，在中国初步引入市场机制以及确立“有计划的商品经济”的经济体制这一特殊历史背景下制定出来的，因此主要的政策措施仍然体现出较强的计划经济特征。

1992年10月，党的十四大确定建立社会主义市场经济体制。次年，党的十四届三中全会通过《中共中央关于建立社会主义市场经济体制若干问题的决定》。该文件明确指出，建立社会主义市场经济体制，就是要使市场在国家宏观调控下对资源配置起基础性作用。自此之后，在产业政策设计中，我国明显弱化了计划指令的作用范围，更加突出利用市场配置资源的方式。1994年4月，国务院发布的《90年代国家产业政策纲要》明确提出，制定国家产业政策必须遵循的原则之一便是“符合建立社会主义市场经济体制的要求，充分发挥市场在国家宏观调控下对资源配置的基础性作用”。

随着市场的不断开放以及为加入“关贸总协定”（1995年起由世界贸易组织取代）做准备，我国也对外商投资企业投资的产业方向进行行政规制。如1995年，国家发布《指导外商投资方向暂行规定》与《外商投资产业指导目录》，将外商投资企业分为鼓励类、限制类、禁止类三类，后来又对《外商投资产业指导目录》进行了修订，鼓励外资投向特定产业，这一政策体系延续至今。后续关于汽车产业、钢铁产业、高技术产业、软件和集成电路产业等领域的产业政策支持体系相继出台。

由此，我国基本形成了以产业结构政策、产业组织政策等为基础，以选择性产业政策为主体的产业政策体系。随着宏观经济周期性波动，尽管对特定产业发展有保有压，但这一套产业政策体系的政策框架基本延续下来。其核心特征突出表现为：政府对特定产业、特定企业甚至特定技术进行选择性干预和非普惠性对待，采用包括目录指导、市场准入、项目审批与核准、供地审批与价格优惠、税收返回、财政补贴、信贷资金行政配给、强制性清理等政策措施，挑选和奖励“赢家”，以此实现合意的产业结构、产业规模和产业技术水平。

二、选择性产业政策实施的现实困境

选择性产业政策能否成功实施，与国家层面、产业层面和企业层面的因素息息相关。支撑选择性产业政策实施的基础在我国已经发生了重大变化，产业政策系统性转型已经十分迫切。

（一）产业政策在不同发展阶段的实施方式和效果不同

从国家层面看，在经济追赶阶段更容易实施选择性产业政策。从国家发展的战略部署来看，在过去一个发展阶段，我国表现出较为典型的赶超型经济特征，因此可以较好地利用后发优势。在过去的经济发展中，我国只要按照“雁行理论”效仿先行国家的产业政策，就能形成产业比较优势，因此，政府利用选择性产业政策快速形成相对完善的产业体系和相对合理的产业结构，就可以有效降低市场的“试错”成本。

当前，随着我国经济由高速增长阶段转向高质量发展阶段，政府和市场对消费、投资等领域越来越难以进行前瞻性预判。从消费需求看，过去我国消费具有明显的模仿型排浪式特征。而现在个性化、多样化消费逐渐成为主流，保证产品质量安全、通过创新供给激活需求的重要性显著上升。从投资需求看，过去投资需求空间巨大，只要有钱敢投资，就会有回报。而现在，经历了高强度、大规模开发建设后，传统产业、房地产投资相对饱和。

未来，哪些产业能够成为发展的驱动力，什么样的产业结构是合理的产业结构，政府并不比市场更具有信息优势。在这样的背景下，以选择“赢家”为特征的传统产业政策必须转型。转型后的产业政策可以提供一个公平竞争的市场环境，营造全员参与的创新氛围，让市场筛选出真正的“赢家”。

（二）技术进步加剧产业政策实施的不确定性

从产业层面看，技术水平远离全球前沿阶段的国家更容易实施选择性产业政策。在产业技术水平远离全球前沿阶段，选择性产业政策的实施对“选对产业”和“选对技术”的信息要求比较低。先行国家掌握的成熟前沿技术具有相对明确的技术标准和技术路线，这降低了后发国家引进技术时选择错误技术路线的风险。

过去，中国工业整体技术水平与发达国家存在很大差距，在技术、工艺、设计、商业模式等方面，发达国家的经验可供借鉴、模仿，可能还存在实施选择性产业政策的一些有利条件。而在新科技和产业革命背景下，随着产业的技术进步，部分企业、行业正在逐步走向全球技术前沿，这使得选择未来技术路线的不确定性大大增强。国家若继续实施选择性产业政策，一旦选错技术路线，就会导致全军覆没，甚至失去技术开发的先机。

（三）企业组织发育得越成熟，产业政策越宽松

从企业层面看，在组织发育不足的初期阶段，企业更容易实施选择性产业政策。在从计划经济到市场经济的转型阶段，我国的市场体系不健全，制度性交易成本高，开办和运营企业都要应对巨大的市场和制度的不确定性。而选择性产业政策作为引导产业发展的预期手段，使得人们对于未来产业的发展前景形成共识。有产业政策作为指引、受产业政策支持的企业，在与政府部门、金融机构等打交道的时候，交易成本大幅降低。

因此，从经济学角度来看，产业政策事实上有助于抵消体制转型过程中的制度性成本。在被选择的重点支持发展产业中，政府通过一系列标准

确定扶持企业，在各种资源配置上对它们加以倾斜，这使得企业家进入相关产业的门槛降低，有利于企业的组织发育和企业家的成长。这些举措迅速地弥补了当时短线产业的不足。而随着我国市场体系建设的不断完善，特别是近年来“放管服”改革和营商环境重塑，开办一家企业的时间不断被压缩。2020 年年底，我国已压缩企业开办时间至 4 个工作日之内。利用选择性产业政策对冲制度成本、促进企业组织发育的必要性大大减弱。与此同时，放松“行政选择”、鼓励“普遍准入”的必要性大幅提升。

三、由选择性产业政策逐步转向功能性产业政策

2018 年 11 月，习近平总书记在民营企业座谈会上提出，推进产业政策由差异化、选择性向普惠化、功能性转变。① 所谓功能性产业政策，是指政府通过维护公平竞争，降低交易成本，创造有效率的市场环境，使市场功能得到发挥的产业政策。普惠化则要求政府行为聚焦为产业创新发展提供有利的制度环境，而不是只针对少数目标产业进行补贴。

在功能性产业政策体系中，政府职能要聚焦创造公平竞争的制度环境，并以此促进产业创新。确立竞争政策的基础性地位，就是要从以选择性产业政策为主的政策体系转向以竞争政策为主的功能性产业政策体系。

其中的竞争政策是指在公平竞争的规则和制度环境下，进一步约束政府行为，而由市场力量来决定竞争胜负的制度化准则。竞争政策的本质是在更好地发挥政府作用的同时，由市场发挥资源配置的决定性作用，旨在激发市场主体创新的内生动力，营造公平的竞争环境。强化竞争政策的基础性地位，建立公平、开放、透明的市场规则和法治化营商环境是关键所在。

近年来，由选择性产业政策向功能性产业政策转变已经有了清晰的制度设计。2016 年 6 月，国务院印发了《关于在市场体系建设中建立公平竞争审查制度的意见》。2017 年 10 月，国家五部门联合印发《公平竞争

① 新华社．习近平：在民营企业座谈会上的讲话[EB/OL].(2018-11-01)[2023-10-01]. https://www.gov.cn/xinwen/2018-11/01/content_5336616.htm.

审查制度实施细则（暂行）》。全国各级政府、各个部门在立法、政策制定中逐步建立了公平竞争审查制度，为强化竞争政策的基础性地位奠定了制度基础。

四、企业如何在功能性产业政策下做出战略决策

当产业政策由选择性、差异化执行方式转变为普惠性、功能性导向时，企业也需要顺势而为，在发展思维和发展战略上进行调整，适应以强化市场职能为主的新型产业政策环境。

（一）产业政策导向不同，企业赢家就不同

可以肯定的是，选择性产业政策筛选出来的企业赢家，未必一定成为功能性产业政策竞争出来的市场赢家。选择性产业政策盯住的对象，主要是行业内规模较大的企业，对其给予政策优惠和财政补贴等差别对待。因此，大规模企业容易成为选择性产业政策的赢家。在发展过程中，其他企业也会更多考虑如何达到规模标准从而享受相应的政策补贴，甚至有的企业还在地方政府出台的不同优惠政策之间套利。功能性产业政策重在强化市场机制，主要盯住行业市场发展环境，而不再明确盯住企业个体，同时也会考虑规制大规模企业可能存在的垄断势力，防止其妨碍市场公平竞争。此时，能够在竞争中脱颖而出的不一定是规模大的企业，而是那些拥有“独门绝技”、能影响产业发展关键环节的企业。从规模来看，它们可能只是一些中小企业。在功能性产业政策环境中，行业内竞争对手都不再享受非普惠性的政策性补贴，企业在发展过程中也就不会把更多精力集中到争取政策性优惠等行动上来。正因为产业政策主要用于引导和协调企业行为，所以我们注意到，不同的产业政策导向给企业带来的行为选择是不同的。企业若不顺势调整发展战略，在未来的市场竞争中可能就会处于不利地位。

（二）在新型产业政策体系下企业应更重视竞争优势

那么，企业如何在功能性产业政策下做出更好的战略决策？企业要将

“遵从比较优势”思维转向“塑造竞争优势”思维。过去，企业的规模扩张依赖低成本要素支撑。当遇到要素真实成本上升时，选择性产业政策的政策措施往往会对其给予大量补贴。然而依赖低成本要素形成的企业发展比较优势和规模扩张优势，并不必然构成企业长期发展的市场竞争优势。如果企业的规模扩张主要依赖低成本要素支撑，那么，这样形成的比较优势是非常容易被竞争对手模仿或替代的，即企业所从事的业务领域被替代的风险较高。

可以预计的是，在功能性产业政策导向下，通过资金补贴对冲企业成本上升的举措，未来将显著减少。在这样的趋势下，企业必须把以比较优势思维为主转化为以竞争优势思维为主。特别是随着我国人力资本、土地要素等成本不可逆的上升，企业更要积极培育、提升要素成本消纳能力，不断提高市场觅价能力和水平。在企业发展战略上，企业要摒弃政策性套利的想法，通过培育企业创新能力和市场竞争优势，逐步找出与高成本生产要素兼容的企业发展路径，创造有利于激发企业内在活力的创新生态环境和发展战略。

五、产业政策为什么行：中国经验及其阶段特性

（一）产业政策成功实施的中国经验

成功的产业政策大都一致，不成功的产业政策却各有各的缺陷。我国建立工业基础、用足分工优势、提升竞争能力，产业政策功不可没。自由主义者认为政府主导的产业政策难以有效配置资源，那么，我国的产业政策为什么行？从我国产业政策的实施机制来看，以下两点经验值得重视。

第一，政府通过产业政策可以统一认识，从而降低市场交易成本。在一定程度上产业政策是引导产业发展预期的手段，使得人们对于未来产业发展蓝图形成共识。我国的政治制度不同于西方，政府在统一认识和行动方面的协调能力远超过其他国家。从经济学角度来解释，这是降低交易成本的一种有效方式。有了产业政策作为指引，在支持性产业政策覆盖之内

的企业，在与政府部门、金融机构等打交道的时候，由于多方达成共识，交易成本大幅降低。比如，国务院确定金融支持工业增效升级的产业政策措施，通过引导金融机构加大对高新技术企业、重大技术装备、工业强基工程等的信贷支持，促进培育、发展新动能。

第二，地方政府的区域竞争使产业政策实施更灵活且有针对性。我国的产业政策取得成功的另一个重要因素是区域间的竞争制度。产业政策的运行成本实际上并不低，具有补贴性质的产业政策执行成本与监管成本更高。产业政策执行和监管部门的运转费用、监管部门分配的补贴资金、企业为争取补贴资金而浪费的精力和资源，都是产业政策的实际运行成本。这些成本的降低，依赖于产业政策的竞争性实施。这里的竞争分为两个层面。一个层面是不同地方政府间就产业规划进行竞争。当产业政策鼓励某产业发展时，不同区域的地方政府竞相将其作为地区重点发展的产业，比如国家鼓励机器人产业发展，2/3 的地方政府都出台了机器人产业重点发展方案。政府的效率决定了产业的布局，低效率的政府必然在产业竞争中出局。另一层面是不同地方政府间就新企业设立开展竞争。在产业政策指引下，企业对市场前景容易形成共识。在鼓励发展的产业中，政府会新增或加大投资；"分灶吃饭"的地方，政府为增加财政收入，积极吸引新企业，提供各种优惠政策。企业可以选择对自己最有利的区域，不必为争取补贴资金浪费太多的精力。这时，在区域竞争下，产业政策已经成为集税收、土地、金融等多方位为一体的综合政策措施。

（二）产业政策成功实施的阶段特性

不可否认的是，随着市场经济深化，政府推动的产业政策遭遇了前所未有的挑战，产业政策带来的负效应也不容忽视。产业政策调整为以竞争政策为主线的转型，正在发生。2008 年，我国首部《中华人民共和国反垄断法》的实施，是我国产业政策史上的里程碑。类似的转型曾经发生在 20 世纪 70 年代末 80 年代初的日本。20 世纪 80 年代，日本提出以"创造型知识密集化"作为产业结构发展方向。20 世纪 90 年代，日本放宽了对石油、电力等领域的限制，有效地促进了这些产业的竞争与发展。

第三节　发展大国产业要充分发挥新型举国体制优势

一、传统举国体制与新型举国体制

2009年，新型举国体制这一概念被明确提出，把社会主义集中力量办大事的优势和市场配置资源的竞争优势有机结合，探索健全市场经济条件下的新型举国体制。①

需要明确的是新型举国体制并非新鲜事物，而是以传统举国体制为基础，结合新时代的发展需要对传统举国体制的辩证传承。② 因此，对于传统举国体制，既不能全盘否定，也不能全面继承，必须从国情出发完善新型举国体制。③ 面对新时代的社会矛盾与严峻的外部环境，必须对新型举国体制与传统举国体制的内涵进行区分。如表12-1所示，笔者认为传统举国体制与新型举国体制有五点不同之处。新型举国体制特征如下。

表12-1　传统举国体制与新型举国体制的区别

项目	传统举国体制	新型举国体制
运作模式	项目制	方案设计制
资源配置手段	以行政力量为主	以市场为主
参与人员	以政府为主导	以多元化参与为主导
产品类型	以军工产品为主	以民用产品为主
开放度	保密性强	加强对外合作

资料来源：作者整理。

① 中华人民共和国科学技术部．刘延东主持召开2009年国家科技重大专项组织实施推进会[EB/OL]．（2009-11-27）[2023-10-01]．https：//www.most.gov.cn/szyw/yw/209911/t20091127-74390.html.

② 郑士鹏．新型举国体制的内在特质[J]．理论导刊，2023（08）：50-56.

③ 游光荣，蒋金利．新型举国体制的特征、分析框架与实施路径[J]．科技导报，2023，41（06）：6-12.

（一）采取方案设计制，全面统筹大国产业发展

在传统举国体制下，大多采取封闭的“项目制”，即通过行政命令进行计划管理。如20世纪70年代至20世纪90年代的“708项目”“701工程”“718工程”“728工程”，所有技术研发人员均在项目上挂职，直到项目成功为止。

而新型举国体制更强调“方案设计制”，从规划设计到建立平台，再到制定标准，吸引人才和企业共同参与，是一整套的方案设计模式。以大飞机产业为例，21世纪初，党中央迅速作出产业规划和顶层方案设计，并在《国家中长期科学和技术发展规划纲要（2006—2020年）》中，将大型客机项目列为16个重大科技专项之一。2008年，中国商飞组建，以平台为载体聚集创新要素。

（二）以市场为主，高效配置资源

传统举国体制主要靠行政力量来统一配置资源，而新型举国体制主要靠市场来进行资源配置：坚持有效市场和有为政府相结合，目标从任务导向转向任务与效益并重。现阶段对新型举国体制的需求，是因为关键技术存在堵点，必须依靠创新来进行技术突破。

创新在本质上是一个市场现象，市场竞争是甄别创新价值的试金石。在模仿和赶超阶段，政府支持的创新是有效的。而在一个接近技术的前沿阶段，自主创新充满着不确定性。这时就需要依靠市场机制来探索，由市场来分散风险，企业家也要通过市场机制来获取垄断利润。① 中国现在面临的更多是前沿性技术而非模仿性技术，因此，更需要新型举国体制。新型举国体制强调市场的作用，以市场这只“看不见的手”来进行资源配置，弘扬企业家精神。政府主要解决关键技术堵点和基础性研发，从而降低市场进入门槛，让本土创新链运转起来。同时，政府来配合市场，弥补市场失灵。

---

① 张晓晶．“十四五”时期我国经济社会发展的战略重点[J]．经济学动态，2020（05）：15-27.

（三）政、产、学、研深度融合，攻克“卡脖子”技术

传统举国体制是以政府为主导，工人、农民、科研人员广泛参与实施，服务国家安全、国家工业化转型以及国民经济建设。而新型举国体制的运行，则以多元化参与为主导，以关键核心技术攻关为主要任务。因为关键核心技术往往是一些综合性较强的重大科技创新问题，所以需要多个部门协调配合。目前与关键核心技术创新相关的组织管理部门主要包括科技部、中国科学院、中国工程院、中国科协、国防科工委以及各重点高校，这些单位和机构之间围绕关键核心技术开展创新工作。

（四）以民用产品为主，攻关成果由产品向商品转变

传统举国体制下的产品多以军工产品为主，如原子弹、氢弹、航天工程等，只追求实用和安全，无须考虑经济效益。在新型举国体制下，整个模式由“产品导向”转为“商品导向”。产品逐步由军用变成民用，与人们的生活质量与就业息息相关。除了安全性、实用性，我们还必须考虑产品的经济性。因此，攻关成果的商品化转变成了可持续性的重要考验。

以高铁为例，在国内市场，国家还能依靠行政手段进行推广，然而中国高铁想要“走出去”，则必须考虑经济性因素。因此，在产品研发阶段必须考虑产品的经济性。产品只有转变成可以在市场上得到认可的商品，才能具有可持续性，才能有持续不断的财力、物力去支撑创新、研发工作，以保证持续竞争力，才能有机会打造中国的百年本土民族企业。

（五）加强对外合作，注重知识产权保护

传统举国体制是在一个外部环境相对封闭且极其艰难的特殊历史时期形成的，是为保卫国家安全和政权独立而进行的科研攻坚，因此实行高度的保密机制。当时，我国在知识产权保护方面意识不强。现如今，在经济全球化时代，高科技产品是全球产业链分工协作下的产品，因此，新型举国体制充分利用国内、国际两种资源、两种市场，以突破资源、技术、人才等要素的瓶颈，呈现出与传统举国体制不同的开放发展

特征。①

同时，新型举国体制更注重知识产权保护。西方在数百年前就开始注重知识产权保护，专利保护成了中国科技迅速发展的一大阻碍，中国要避开发达国家的发明专利，只能另辟蹊径。因此，知识产权保护也日益受到国内各行各业重视。一旦实现技术突破，相关单位必须迅速申请专利保护。当前，中国制造正在向中国智造、中国方案、中国标准转变，这离不开日趋完善的知识产权制度。

二、依托新型举国体制助推大国产业发展

（一）界定新型举国体制边界，发挥政府与市场的优势

举国体制不是万能的，也有其固有的弱点。尤其在社会主义市场经济条件下，要发挥市场在资源配置中所起的决定性作用。在中国特色社会主义市场经济体制中，一方面，要发挥“集中力量办大事”的制度优势；另一方面，要充分利用市场经济的规律和特点，有效配置资源。因此，应该明确哪些领域适用新型举国体制，哪些领域不适用新型举国体制。② 在新时代，界定新型举国体制的边界至关重要，否则会造成资源的极大浪费。现如今国家财力、物力强大，新型举国体制绝不需要调动全国性资源去攻关某一领域，而是在小区域范围内发挥资源动员能力即可，否则会影响资源的高效利用，从而造成物质财富的极大浪费。

（二）建立国家基础性研究平台，弥补企业研发短板

技术进步与基础研究的关系是具有关联性的——前者为后者提供问题的方向、需求、手段和验证，后者为前者提供原理性知识和扩展的可能性。越是重要的核心技术，其所需要的基础研究的“深度”和“独创性”

---

① 谢宜泽，胡鞍钢．新型举国体制：时代背景、基本特征与适用领域[J]．深圳大学学报（人文社会科学版），2021，38（04）：18-26.

② 黄寿峰．中国式现代化视域中的新型举国体制：演进、内涵与优化[J]．人民论坛·学术前沿，2023（01）：34-41.

越显著，这往往意味着较长的研究周期。虽然企业是产业创新的主力军，但是开展原创性基础科技研发的高固定成本、参与研发的高技术门槛以及研发结果的不确定性，并不是所有企业都可以承受的。企业的根本使命是追逐可预见的财务回报，它们对技术储备的投资始终是有限的。[①] 因此，由政府组建国家基础性研究平台尤为重要，它可以为战略性任务提供基础性、关键性支撑，以补齐企业基础性研究不足的短板。国家要加大国家实验室和地方实验室的建立，以提升国家基础研究水平。这些实验室通过承接国家重大任务、组建高水平科研团队、形成高水平科研成果，促进高水平研究型大学形成对接国家战略需求、形成未来科学和未来技术等的新优势。

（三）加强法治基础与问责制度建设，为技术创新提供制度支撑

法治是现代市场经济有效运作的制度保障。在社会主义市场经济中，法治的作用主要是约束政府和界定与保护私人产权。若没有法治保护私有产权，那么，企业不可能真正独立自主，市场不可能形成竞争环境并高效率运作，经济的发展也不会是可持续的。对于知识产权类的创新尤其是技术创新，政府可以通过制度建构和执行在其中发挥重要的作用。政府作为有充分法治能力的第三方来保证专利保护法和相关市场合同的执行，以帮助创新者实现合理、合法的短期超额市场利润。政府的法治能力或者说维护市场有效健康运转的能力可以降低企业开展技术创新活动的制度性交易成本。

法治在一定程度上可以促进市场经济有效运行，然而国家只进行法治建设还不够，还需要加强对官员的问责制度。举国体制一旦形成，由于体制自身不断固化，所以会不可避免地产生一定程度的官僚化问题。对于政府官员，除了进行法治约束，还需要强化问责制度。党内问责制度作为新时代以来的重要创新制度，是全面从严治党的“利器”。通过问责制度可以及时制止和纠正这些错误行为，从而真正发挥政府这只“看得见的手”的职能。

---

① 封凯栋．新型举国体制中的政府与市场关系[J]．中国科技论坛，2022（10）：3.

参考文献

[1] 约瑟夫·斯蒂格利茨，布鲁斯·格林沃尔德．增长的方法[M]．陈宇铁，译．北京：中信出版集团，2017.

[2] 兰德斯，莫克，鲍莫尔．历史上的企业家精神：从古代美索不达米亚到现代[M]．姜井勇，译．北京：中信出版集团，2016.

[3] 李芃达，姚进，马春阳，等．加快建设现代化产业体系[N]．经济日报，2023-03-09（1）．

[4] 王国平，唐珏岚．以人民为中心推进中国式现代化[N]．光明日报，2022-10-31（10）．

[5] 薛丰．建设现代化产业体系[N]．经济日报，2022-11-03（3）．

[6] 徐飞．中国高铁“走出去”的十大挑战与战略对策[J]．人民论坛·学术前沿，2016（14）：58-78.

[7] 新华社．习近平在第二届“一带一路”国际合作高峰论坛开幕式上的主旨演讲（全文）[EB/OL]．（2019-4-26）[2023-10-01]．https：//www.gov.cn/xinwen/2019-04/26/content_5386544.htm.

[8] 支东生．中央企业“走出去”的历程与进展[J]．国有资产管理，2020（01）：9-16.

[9] 袁立．中国对外承包工程发展历程[J]．施工企业管理，2021（02）：109-113.

[10] 唐宜红，张鹏杨．后疫情时代全球贸易保护主义发展趋势及中国应对策略[J]．国际贸易，2020（11）：4-10.

[11] 马小芳，李佳杰．“一带一路”高质量发展下的人民币国际化进程[J]．理论视野，2022（02）：73-78.

[12] 刘乐明．演进·势能·路径：新型举国体制助推中国式现代化的逻辑理路[J]．求索，2023（02）：144-149.

[13] 林毅夫，付才辉．中国式现代化：蓝图、内涵与首要任务：新结构经济学视角的阐释[J]．经济评论，2022（06）：3-17.

[14] 李明．充分认识健全新型举国体制的重大意义[J]．人民论坛·学术前沿，2023（03）：86-92.